イデアへの途

小池澄夫

京都大学学術出版会

目次

第一部　風景

第二部　測量

第三部　迂回

イデアへの途

第一部　風景

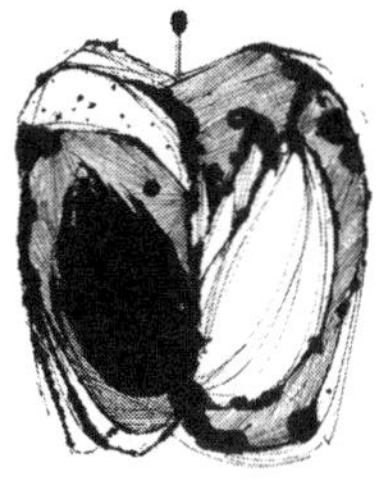

第一章　ソクラテスとソフィスト・弁論家たち

紀元前五世紀のアテナイに展奏された生の形を正面に配し、内側から貫く問いの衝迫がソクラテスという一個の謎であると見立てると、これと交叉するソフィスト現象はいわば舞台を斜いに移動する軌跡を描く。そこに真先に迫りだす情景は(1)――

一　空《から》の霊柩

都市国家

冬の日。市の北西ディピュロン門からアカデメイアに抜ける沿道の、アテナイ随一の景観を誇るケラメイコスの地で、女たちの哀悼の声につつまれて戦死者の埋葬が行われている。その日に先立つ二昼夜の間、遺骨は天幕に安置され供物がささげられた。そして三日目、死者たちは生前に所属していた十の部族（*phylē*）ごとに十個の糸杉の柩に納められ、この郊外の墓地に向かって葬列が進行する。しかし、この儀式の象徴的核心は、もう一台の棺衣に覆われた空の柩車にあった。遺体が見失われた死者の帰還先は部族ではなかった。彼らは都市国家そのものに帰属させられたのである。そこには目に見えない死者たちが充填する国家という白地があり、部族はそこに描かれた擬制の区画にすぎなかった。「部族」はもはや共通の祖霊によって死者を生者と結ぶ紐帯ではなかったのである。

そのときから百年前にさかのぼると、アテナイは文芸と哲学の精華が開いたイオニアの、はるか後塵を拝している。しかしソロンの立法（前五九四年）からはじめて、彼らは一世紀におよぶ政治的実験をつづけ、国家内部の階級闘争を減殺する独創的な装置を考案した。その世紀の末には、これまで寡頭貴族の跋扈とその反動として独裁僭主政治を育んだ温床が撤去される。クレイステネスは、政治・軍事の基本組織として、区（*dēmos*）という純然たる人工地理的基盤[2]に立つ新しい十部族性を創設することによって、古い四部族制の基幹をなす擬血縁組織（氏族 *genos*、胞族 *phratria*）には一指も触れることなしに、これを政治権力機構から宙吊りすることに成功した。四部族制は「誰ひとりその墓碑銘を書いた者がない[3]」ほど巧妙に葬りさられたのである。

十部族のそれぞれから抽籤で選ばれた代表が任期一年の政務審議会を構成し、「ここは一人の人間が支配するところではなく、自由の国家だ。民衆こそが主であって、年々交替に統治をうけつぐ。富める者に特権をあたえず、貧しき者も平等の権利をもつ」（エウリピデス）[4]と謳われた民主制の礎石が築かれたのは、このときである。

この抽籤・俸給制度の適用はペルシア戦争を生き延びることによって一層の弾みをつけられた。それまでは貴族の独占していた官職すべての特権性が漸次削られていった結果、将軍（*stratēgos*）の地位が国家の中枢に移動する。国家存亡の危機に直結する職掌は抽籤によってではなく選挙により、また再選回数の制限なしに、軍事・外交的力量に照らして人材を充てねばならなかった。

親衛隊や秘密警察の網を張りめぐらして政権を維持した独裁僭主ならばいざしらず、疫病にたおれるまで長くこの政治体制のもとで、「名目上は民主制だが、その実は第一人者による支配」[5]と評されるほどの独裁的指導力を発揮したペリクレスが稀代の政治家であったことは疑いない。彼はその政治能力の範を情勢判断と行動に示さねばならなかった。それは私的な野心や欲望に曇らされぬ冷静な判断力と、他方で未来に賭ける決断を支える高い価値意識を要請するだろう。

しかし衆目に明らかなのは、そういったことではない。民衆が最終的な政治的選択を委ねられた議会においては、自己の意見を表明し政敵を反駁し人々を説得する雄弁の才がなければ、すぐれた識見も生かされなかった。それゆえ、政治的野心が切望したのは弁論の技術であり、やがてその伝授を約束する一群の人々が登場したのである。

アテナイ帝国

さて前五世紀中葉、アテナイはペリクレスの指導下で空前の活況を呈した。かつての地方都市はすでにエーゲ海を制覇し、東は黒海地方から西のイタリア・シケリア方面にひろがる大交易圏に君臨する「帝国（アルケー）」に変貌している。「その掌握には不正の疑いありといえども、今やこれを放棄しては危うい[6]」支配（アルケー）の自動装置にからめとられる一方で、そこには凄まじい活力の奔騰がみられた。ペリクレスの大建築計画の着工とともに始まった厖大な物資の流通と多彩な人の活動のひしめくさまは、その一端を伝えるだろう。

> 材料は、石、青銅、象牙、黄金、黒檀、糸杉。これを加工製造する技術を営む者は、すなわち大工、塑像師、青銅鋳造師、石工、鍍金師、黄金・象牙細工師、画工、刺繡師、浮彫細工師。材料を輸送供給する者は、海では貿易商人、水夫、舵取人、陸では車造り、役畜の飼育者、馭者、綱作り、織工、革細工師、道路工、鉱夫[7]。

そして各々の職匠の宰領のもとに下請仕事がさらに細分され、大規模な雇傭をうみだした。職人たちは腕を競い、工事は驚異的な迅速さで進む。かくしてアテナイの最盛期を飾るわずか一世代のうちに、他の追随を許さぬ壮麗な殿堂が次々に誕生するという一大奇観を呈したのである。

この激騰が周辺にひきおこした広大な渦の中を、物と人が動き、人とともに情報と知識が運ばれ、濾過され、組替えられた。プラトンの素描した「魂の糧を商う貿易業者」（『プロタゴラス』313C）という一つのソフィスト像は、ソフィスト現象のこのような発端を示すものである。彼らは穀物商人と同じく、東地中海のアテナイ交易圏における都市国家間の移動者であった。

われらは美を愛して……

ソフィストたちの「魂の糧」が商われたアテナイという中央市場ではどのような生の様式が織りなされていたかをみるためには、ふたたび郊外の冬の墓地に戻らなければならない。

ペロポネソス戦争開戦一年目の冬（前四三一／三〇年）、戦没者国葬の儀において弔辞の壇に立ったペリクレスは、アテナイを「全ギリシアの学校（パイデウシス）」と自画自賛する名高い演説[8]を行った。それは死者の追悼という機会を超えて、アテナイ人の生死の基底に横たわるかたちに強烈な光を当てることになった。

父祖の業績の追想から始めたペリクレスは、アテナイの国制を民主主義・法的平等・政治的自由に集約し、そこにおける自由な気風、快適な生活、国力の充実を礼讃したあと、ようやくアテナイの讃美と一体化した死者の顕彰に移る。

われらはホメロスのごとき顕彰者を毫も要しない。言葉の綾で刹那の感動をつくりだすものの、真実の光のもとでは虚像を暴かれる詩人を必要としない。われらはすべての海と陸をおのれの果断の進み行く道となし、いたるところに貴い犠牲の跡をとどめる不滅の記念碑を打ち建てた。かかる国家であればこそ、この人びとはそれが失われることをよしとせず、雄々しくも戦場で最期をとげた。残された者もまた、この国のために艱難辛苦を厭わぬことこそ至当であろう。(9)

ここには国家と個人の間に緩衝帯がない。生と死の意味を照らす光源は、国家の閾のうちに取りつくされている。すると国家は市民の犠牲を要求する一方で、逆にその死の意味をになう何ものかを象徴化しなければならない。かくしてペリクレスはカリスマ的な威光をもって、自らが亀鑑となって一身に体現した存在様式を描きださざるをえない。およそ二十年後の敗戦と内乱の暗黒のなかで、それは逆光のようにトゥキュディデスを射して「われらは美を愛して奢侈に流れず、知を愛して柔弱に陥らない」という銘に刻まれた。

行動に先立つ徹底的な思考と果断な行動、この二つが同じ一人の人間のものであるアテナイ人の生と死の意味は、他国人のそれと類を絶しているとペリクレスは断言する。なぜなら彼我の隔たりは、「無知が暴勇を、勘考が躊躇を産む」者と「恐怖も快感もはっきり知っていて、しかもなお危険を回避せぬ」最上の勇者とのそれに等しいからだ、と。

戦時の心得と日常の快適との交換が無礙に行われ、死に交接されたこのような生き方は、アテナイ国家を価値の光源とも美の規範ともするものであった。その「美」は、イオニア的優雅と華奢を極めることにではなく、行動のうちに求められ、「祖国の自由」のために勇戦奮闘することに帰着されたのである。

しかし、不慮の出来事が日常を急激に破壊するとき、その衝撃は人々を目前の安危に縛りつけ、美醜の感受を転倒せしめた。そして国家もまた生々流転する。内戦と対外戦争が縦横に入り組んだペロポネソス戦争の展開は、このペリクレスの規範が空洞化し、国家の腫瘍が内攻してアテナイの自壊に終わる過程であった。この戦乱の推移において、かつて「人間の教育」を宣言したソフィストは戦略の変更を強いられ、徳については沈黙し、その弁論術を表面に掲げることになる。ソクラテスがデルポイの神託を受け取るのは、あるいはこの崩壊の予感のもとにではなかったろうか。

二　ソフィスト現象

発端の地

ソフィストたちは、少なくともその初期形態においては、アテナイ交通圏の内を移動し競合する個性の一群であった。

代表的な人々は、たとえばソフィストの最長老アブデラのプロタゴラス、[10] また言葉の微細な意味を区別し、思想の厳密明確な表現によって箴言詩の地位を散文に奪いとったケオスのプロディコス、超人的な記憶力と百科全書的博識を誇ったエリスのヒッピアス、そしてやや遅れて、言葉の魔術的効果を駆使したレオンティノイの亡命政治家ゴルギアスが登場する。

彼らは一つの学派を形成した人々ではなく、共通する特徴を取り出すのは難しい。ソフィスト現象の発端に帰って、治国斉家術の教授を約束する者として最初に公然とソフィストの名乗りを挙げた人物の背景に目を転じてみよう。

アブデラという都市は、エーゲ海の北端タソス島に面したトラキア地方の沿岸に位置している。ネストス河が海に注ぐこの辺りは低い丘陵が連なり、水利に恵まれ、葡萄栽培に適した土壌と銀鉱を擁していた。ところがこの豊かな都市は、ヘロドトスの伝える挿話[11]によると、ペルシアの勢力圏から完全に脱出しえたわけではなく、ひとたび大王の威令が届けば唯々諾々と応ずるよりほかなかったという。そしてアブデラは、ペルシア戦争後は一転してアテナイの支配機構に組み込まれていく。原子論のデモクリトスと大ソフィストのプロタゴラスの母国として、東方先進文化の西漸に重要な役割を演じたアブデラは、東方とギリシア本土との間にある地の利を生かして、中継と交換に徹することに本領を発揮したのである。

「神々については存在するともしないとも、またどのような姿をしているとも、私には知ることができない。けだし事柄そのものはあきらかならず、人の命は短くして、知を阻むものがあまたあるがゆえに」（断片4）[12]というプロタゴラスの断章は、同時代のヒッポクラテス全書とも共通する怜悧な経験的精神のみならず、その知的環境をもほの見せている。後代の伝記作者[13]は、このプロタゴラスの宗教に対する醒めた姿勢の背後にペルシアのマゴス僧からの秘伝伝授を認めているが、しかし同趣の伝承がデモクリトスに関しても残されているのをみれば、それはむしろアブデラという都市の性格を語るものになるだろう。

〈人間＝尺度〉論

アブデラの経済的繁栄は地理的条件に加えて、彼らの目が都市国家の基盤によく届いたからでもあった。彼らはイオニアから輸入した鋳貨技術を活用し、トラキアと小アジアの銀相場の差額を通約する新しい銀貨を鋳造して、交換と流通の円滑をはかる才覚をそなえていたのである[14]。

このような便宜的基準を発見し導入する明敏さは、プロタゴラスの有名なテシス——万物の尺度は人間である——を連想させずにはおかない。「万物の尺度」という奇妙な成句は、いわゆる「通約不可能な長さ」の難問に由来し、尺度を長さそのものに求めることの拒否にプロタゴラスの主張があったと推定される[15]。〈人間＝尺度〉論の根本想定は、事物がわれわれとの交渉から独立に、ただそのものとしてあることの否定である。言いかえれば、尺度は長さそのもののうちにはなく、個々の状況とその実際的便宜に応じた人間の工夫算段に求められるべきである、という主張になるだろう。不可通約量の大・小・相等関係は、適当な単位で測り、適当な段階で剰余を無視して決めればよいのである。

ピュタゴラス派の数的世界観に深刻な衝撃を与えた「不可通約量の発見」とその意味について、プロタゴラスは無知ではなかった。彼の親しい友人のなかには、この問題に関する当代の（すなわち、テアイテトス以前の）最高権威、キュレネの大数学者テオドロスがいたからである。プロタゴラスは明確な数学観をもっていたとみなして大過ないだろう。彼は感覚される事実に訴えて「円がただ一点において直線に接する」ことを否定した（断片7）。むろん、幾何学者が円の接線をただ一つの点によって定義することは禁じられないし、またそれが幾何学的真であることも認めなくてはならない。しかしプロタゴラスは、感覚的事実に依拠する素人の見解を偽であるとは考えなかった。〈人間＝尺度〉論は、もし数学的真理の基礎を問われたなら、数学者の間で承認されている規約をはっきりと指さすだろう。

ノモスの意識

法習慣、規約などノモスの人為性の意識に、プロタゴラスの知はするどく貫かれている。それは自然（ピュシス）の凝固した岩盤を掘削し、国家の基礎装置を透視する洞察をもたらした。前四三三年、ペリクレスは汎ギリシア主義と連動したアテナイの西方政策の一環として、かつて伝説的栄華を誇ったシュバリスの再興を企てる。南イタリアのこの新都市建設は、ペリクレスの信望篤い二人の人物によって指導された。都市の設計をミレトスの建築家ヒッポダマスが担当し、そして法律の起草はわれらが大ソフィストに託されたという。

模写とパロディの名手だったプラトンの対話篇『プロタゴラス』において、その中心人物が語る文明社会の起源説話は、プロタゴラスのこのような知の性格がいかんなく発揮されたものである。

プロタゴラス説話は、人間の生存装置としての国家社会の根底をポリティケー・テクネーという技術の形で露わにするために、発生論的図式を採っている。すなわち、人間の生存を脅かす外力や対立葛藤を描き出し、その解消を次の段階への転換として説明するのである。

最初に定着される図柄は、自然の暴威にさらされた人間の悲惨な原初状態である。次に、「火の贈与者」プロメテウスによって、人間は自然を加工し生産・製作する技術を獲得する。しかし仕事の分業も神々の祭祀も言語も、国家の契機をなすものではない。では国家とは何なのか。まずプロタゴラスは「野獣の襲撃からの自衛」というモデルの導入によって、内なる共同体と外部を分割する。

(1) 人々は集まって城砦（ポリス）を築き、外敵を撃退しようとした。しかし、内部の軋轢を解消する技術、ポリティケー・テクネーをもたなかったがために、分裂解体し滅亡に瀕することになる。

(2) この窮状を救うために主神ゼウスはヘルメス神を遣わして、人間たちにアイドースとディケーを贈った。

説話の舞台に登場する神々も、また国家成立にいたる段階的発展も、説話そのものに属する形式とみなしてよいだろう。祭祀の成立がゼウスのヘルメス派遣以前の時代に置かれているのは、宗教を国家機能（法）に還元しなかったことを示すとともに、プロタゴラスの懐疑論的な神観とも釣り合っている。

いずれにしても説話の眼目は道徳の神的起源にあるのではない。慎み（アイドース）と戒め（ディケー）の心情の深層に洞見されているのは、「国家の秩序をととのえ、友愛の心を結集する絆」としてのノモスである。国家の本質は、そのような絆を禁忌（アイドース）と刑罰（ディケー）、そして評価一般によってつくりだす教化システムとして把握されたのである。

プロタゴラスを先駆的モデルとするソフィストは、このようにしてその固有な活動領域をみいだした。国家がいわば無意識のうちに作動する陶冶機能の精髄をとりだし、「書かれざるノモス」を発語化する。そのような高等教育を独立に施す職業人を自覚することにより、彼はソフィストを名乗る者となったのである。

しかし翻ってアテナイ帝国の影の下にはいると、ソフィストのもう一つの貌がみられるだろう。そこには政治の中心舞台への途を閉ざされた失意の政治家がいる。プロタゴラス説話がポリティケー・テクネーの階層分割を含意していることは、ほかならぬソフィスト自身の位置を暗示している。一方には徳、すなわち親和秩序化の機能、そしてもう一方に、それを人々の心に言葉（ヘルメス）を駆使してつくりだす王者（ゼウス）の知がある。ソフィストたちは、支配と被支配の空隙に、都市国家を横断する言葉の領域を自らの位置に重ねるようにして見いだし、浮動しつづけるのである。

三　ロゴスの巧緻と狡智のロゴス

散文と文化の伝統

しかしまたソフィストたちは、国家社会の教化機能を代行することにおいて、ホメロスに遡る詩人の陶冶的伝統を独自の流儀で継承した。経済社会構造と価値体系の変容は、言葉の意味の層に不透明な厚みと捩れを形成し、これらが彼らの新しい流儀を生みだしたのである。

プロタゴラスは詩の教訓的側面に照明を当てた解釈と批判を、その教育の柱とした。多義的な表現が排斥され、(16)詩作品の理非はまずもって意味の整合性によって弁別された。一方また、エリスのヒッピアスとも共通する統辞論的関心が、ホメロスの措辞の批判――滑稽な論難と思われなくもないのだが――を可能にした。すべてこれらは、散文の規範化による明確な伝達コードの作成という文脈でみるべきだろう。

教訓詩人シモニデスの同国人ケオスのプロディコスもまた、同義語の細かいニュアンスを識別して意味の厚みを切開するとともに、伝達媒体を改鋳した人である。彼がヘシオドスの道徳理念を「説話と対話」(17)から構成された新しい文学形式に表現したことは、その熱心なひとりの聴講者の著作によって知られている。これらのソフィストは詩的遺産を明快な散文に組替えて選択的に継承したといってよいだろう。

ここにしかし、もう一人のソフィストの劇的な登場がある。前四二七年、アテナイに救援を求めて来訪したレオンティノイの使節ゴルギアスは、その華やかな議会演説によってアテナイ人を驚倒せしめた。この演説の効果は、政治的意義よりもアッティカ散文の歴史に刻んだ痕跡によって記憶されることとなる。それまでの散文が文を単位とし、修辞的技巧は頭韻を主として用いるにとどまったのに対し、ゴルギアスは禿鷲を「生ける墓碑」と呼ぶたぐいの大胆な詩的修辞をとりいれ、語句の対照とバランスと響きをととのえるなどして文彩を凝らした。ゴルギアスの文章は、このような表現効果を上げるために短い節の塊が相称的に対置され、脚韻を踏んで括られるという特色をもったのである。

もっとも、押韻とシンメトリーの過度の追求が弊害を生むことも確かである。同韻語のトポス化は発想を月並みにし、また不必要な同義語を詰めこむ装飾趣味は文意の進行を渋滞させた(18)。とはいえ、ゴルギアスの修辞が仰々しいものとして飽きられ、その反動としてリュシアス風の平明達意の文が一方で高く評価されることになったのも、ゴルギアスが人々の文体意識を飛躍的に高めたからにほかならない。彼は彼に学んだイソクラテスを通して、古典的人文主義の幕開けに大きく貢献した。だがそれを措いても、ゴルギアス的なものは、いわゆるアジア風スタイル、マニエリスム、バロック嗜好として、やがてヨーロッパの修辞的伝統の一大水脈をなすのである。

ヨーロッパの学問的伝統にとっては、数学史上に残る求積曲線の業績とともに、一般教養のうちに天文、幾何、算術、音楽を包摂したヒッピアスの意義も逸することができない。ほぼ一千年後、ボエティウスの命名した自由学芸の「四科」(quadrivium) の淵源をなすとみられるからである。

エリスティケー

ところでさて、プロタゴラスがその生涯を終える頃の前四二三年の春、アリストパネスの喜劇『雲』が上演され、舞台にソクラテスという——月の軌道と回転を観照し、「空理空論をもてあそぶソフィスト」として唯一プロディコスをのぞいて比肩する者のない——怪人物が登場した。その主宰する学校には「どのような題目についても二つの論、つまり強い論と弱い論があって、そして不正を主張する立場にある弱い論のほうが論議の上では勝つ」のだという。このような噂を聞きつけた無学な劇中の主人公は、窮余の策として、負債を帳消しにする邪論を学ぶためにソクラテスに弟子入りしようとする。

言葉の巧緻・機略を用いて脆弱な論拠を強固にする、いわゆる「弱論の強弁」は、プロタゴラスがその伝授を約束したと言われる。[19] むろん、プロタゴラスがそれを表看板にしたとは信じがたい。じっさい『雲』の舞台でも、「ソクラテス」というソフィストは邪論の教授を約束も実行もしていない。

弱論の強弁は、一つのソフィスト像として外部から定着されたものであろう。

プロタゴラスがはじめて「どのような事柄についても相反する両論が存在することを主張した」と証言するディオゲネス・ラエルティオス[20]は、プロタゴラスの新機軸について、もう少し詳しい情報を記載している。たとえば、機会（カイロス）のもつはたらきをとりだし、議論の試合を編みだし、訴訟屋に論争のための術策を授けた——つまり、話し手の言わんとする意味は無視し、語そのものに着目して問答をかわすことによって、エリスティケーの基礎を発明したという。

ではエリスティケーとはどのようなものか。ソフィストの扱う言論技術は、聴衆を魅了する長い演説のパフォーマンスだけでなく、反対論者を駁し、打倒する戦闘的側面をも含みもっている。闘争としての反駁は流暢な長広舌によるのではなく、むしろ短い問答形式によって相手の滔々たる弁舌の流れを切り刻むことからはじまる。エリスティケーは、勝敗の決着をつける競技として、一問一答で議論を進める形式を固守しながら、反論技術の工夫が独自の展開をとげていったものである。遊戯の域にまで達したその実例は、プラトンの『エウテュデモス』篇にみられる。たとえば、「ものを学ぶのは知ある人か、知なき人か」というように、「AはBかBでないか」を問う。そしてBという答に対しては、AならばA₁という定義ないし実例の承認をとりつけてから、A₁ならばBでないという結論を導くことによって、相手の最初の答を反駁する。さらにBでないと答えられた場合には、AならばA₂、A₂ならばBである、という結論に導くのである。

ディレンマ論法はエリスティケーの典型をなす。だが議論に勝つことだけがその目的であるために、エリスティケーには、語の多義性の利用のほかにも、さまざまな詭弁的推論が動員されたのである。『エウテュデモス』の対話の舞台は、プロタゴラスの死後とほぼ確実にみなせる前四二〇年以降に設定されており、登場するソフィストは新式のタイプとして描かれている。したがって、純粋にこのような形でのエリスティケーとプロタゴラスの関係は、むしろソクラテスのそれより稀薄[21]だと見るべきである。

しかしもちろん、両論（A&〜A）を否定形の連言に組替え、さらにディレンマ論法の途筋をつけることは難しくない。また、一つの前提（P）から矛盾した結論（Q&〜Q）をひきだす方法による反論は、エリスティケーの原形をなすだろう。エレア派に遡るこの論法を、形而上学的領域から議会と法廷の場に転用する能力ならば、プロタゴラスに不足はなかったであろう。プラトン対話篇におけるソクラテスに鮮やかにみてとれるように、論駁の技術は反事実仮定の能力を要求する。狭い日常経験を超えて種々の可能性を吟味しなければならないからである。すでにみたプロタゴラスの知の特質は、この要請にこたえるに充分であろう。

プロタゴラスを相手としてペリクレスが終日、論じあった議題が伝わっている。[22] あるとき、槍投げ競技中の選手が人を誤射して殺すという不幸な事件があった。この事件の原因（責任）は、「最も正しいロゴスによれば、槍か、それを投げた本人か、それとも競技の主催者と考えるべきか」というものである。この逸話がペリクレスの醜聞とされた事実は、日常経験や習慣の枠を打破るロゴスの力が「弱論の強弁」という世評を醸成する一つの源であったことをうかがわせる。

言葉、幻影、情念

だがもう一つ、ソフィストの位置に密着した重要な問題がある。四十年にわたって、ギリシア世界を歴遊し成功裡にソフィスト活動を続けたプロタゴラスは、ソクラテスと異なり、政治家に対するときと同じ貌を民衆にさらす愚を犯さなかった。明らかに〈人間＝尺度〉論は、ロゴスの正しさを発話状況によって変動する関数とするだろう。だとすれば、論理性の追求の一方で、語り手の人柄を示す言動、聞き手の心理と時と場合が、より一層、考慮されねばならない。弁論における機会（カイロス）の概念はプロタゴラスがはじめて指摘した、といわれていた。

プロタゴラスの教説は、こうして「真実らしきもの（エイコス）」を指導原理として展開されたシケリア産の弁論術と合流する。プロタゴラスの職業が非難された正当な理由をアリストテレスが確認するのは、このような文脈においてである。(23) 暴力行為のかどで訴えられた人が、力の強い男である場合、単純に「そんなことはありえそうもない」と否定するのは弱論である。これを言葉の機略によって強い論にかえるものこそが、シケリアのコラクスとティシアスの、そしてゴルギアスの説得の技術であった。

たとえば、次のような論法が案出できる。「そのようないかにも本当らしく思われることを、私が――ほかならぬ原告が狡智と形容したこの私が――するだろうか。ならば、私は愚か者であろう。原告は、私という同一人物について、知恵がまわり、かついっこうにまわらぬという矛盾を主張している。すなわち、自分でも何を言っているのかわからずに、ただやみくもに私を罪に陥れようと画策しているのである。気違い沙汰である。常識では考えられぬ性格的欠陥による錯乱である。それに関して私に思い当たる節がないでもない。実は……」。むろん、語り手の誠実な人柄を印象づける周到な工夫が凝らされねばならない。そしてとくに原告を直接反対訊問する機会が設けられていれば、緻密な計算と冷静な演技によって、相手の度胆を抜き茫然自失の態に追い込み（「みるがいい、何も言えぬではないか」）、また怒りを喚きたて正気を奪い去る。その効果は侮りがたいだろう。

このような弁論術を洗練化したゴルギアスは、一方でまた、『あらぬものについて（もしくは自然について）』（断片3）において、エレア派の論理を逆手にとった破壊的な手腕を披露している。相手の主張の前提を組織的に系列化し、それぞれの系列を詳細に場合分けして各個撃破する。このような論法を自家薬籠中のものとしたゴルギアスは、トロイア伝説に取材した『パラメデスの弁明』（断片11a）と『ヘレネ頌』（断片11）に、これをさらに応用した。

『パラメデス』は、訴えられた犯罪行為の「実行不可能」「動機の不在」「原告論弁」の不備を審らかにし、「原告の主張が事実無根である」と反駁する法廷弁論の模範であり、格調高い序論にはじまり、陪審員の自尊心に訴えた恐喝的賛辞とでもいうべき呼びかけで締め括られている。

『ヘレネ』は、「事実は認めるが、その非難は不当である」という擁護論だが、最後に「戯れ」と断られているように演示弁論的色彩が強い。しかし、このヘレネ弁護としては効果が疑わしい箇所にこそ、むしろゴルギアスのロゴスがその姿をあらわにしている。ゴルギアスはロゴスの機能を、それぞれの効能に応じて種々の体液を吐瀉することによって「病気／生命」の終熄をもたらすところの、「薬／毒」に喩える。ロゴスは心に働きかけ、情念と行動を産出するのである。情動のメカニズムと言葉の構築とを精緻に対応させることは、非合理なものの記述と分析によるロゴス化の方向を内包するものである。

『パラメデス』の中心も、実は心理的動機論にあるといってよいだろう。なぜなら、扱われている状況の仮構性が実行不可能論の説得力を相殺してしまうので、むしろ原告の教科書――訴訟事実を裏付ける手続きの指示――として読めるからである。その「動機論」はたしかに社会常識に立脚したものにすぎないけれども、精緻な作業の開始は、やがて欲動の束がロゴスに囲周され、「心の内奥」に呟かれる声が聴きとられるだろうことを告げている。

四　ソクラテスの謎

仮面

ソクラテスはその魁偉な容貌で知られているが、しかしとりたてて醜怪であったかといえば実は疑わしい。ソクラテスを諷刺したはずのアリストパネスには、その種のことを示唆する科白がない。ソクラテスの容貌の醜さに触れる人々は、それを表層の記号としたのであろう。クセノポンは例によって、有用性の逆説的な強調に利用し(24)、プラトンはむしろソクラテスに秘められた謎が、外部や表面を途方もなく強調させ、外見を奇怪な半獣神的な仮面として映し出したと言っているようにみえる。プラトンの『饗宴』に登場するのは、そのようなソクラテスである。

　この人は結局、人間などにではなく、例のシレノスやサテュロスどもにこの人とこの人の語るところをなぞらえることのみが可能なのだ。(221D)

戦場のソクラテスは、凄絶な白兵戦のなかにあっても、傷ついた僚友を救出する余力をもち、隊伍を崩して潰走する敗軍にあっては、その殿を沈着につとめる真に屈強豪胆な兵士であった。よく辛苦に耐え抜く頑丈な肉体の持主であり、飢渇を奉然自若として凌ぐことができた。しかしソクラテスは窮屈な禁欲主義ではなかった。饗応にあずかる機会があれば、料理を堪能し酒杯を重ねて、これを楽しむ術を心得ていた。そしてどれほど酒量をこえても酔態を見せたことがなかった。

こういった挿話はソクラテスの身体の頑健さを、またそれにもまして不撓不屈の意志を強く印象づける。けれどもソクラテスは、その枠を踏みこえた不気味なものをかかえた存在であった。

ペロポネソス戦争の前哨戦、ギリシア北部のポテイダイアの戦に出征したソクラテスは、そのとき三十七歳の壮年であった。厳冬のさなかとて厚着を重ね、履物には獣皮やフェルトを詰めてなお寒気に耐えかねた兵士たちを尻目に、ソクラテスは例のごとく外衣一枚の服装で野外に出て、裸足で氷の上を平然と歩いた。

この行動はもはや、強靭な耐久力を物語るというよりは、心身現象の亀裂のようにみえる。同じ軍営で、今度は夏のさる朝、ソクラテスは突如、脱我状態にはいり、その場に佇立して久しく翌朝に及んだ。ソクラテスは憑依的体質をもった人で、それがしばしば外界に対して特異な知覚的反応を示したのではないかとも想像させるのである。

より穏やかな、短い「硬直症的トランス」はその後も間歇的にソクラテスを襲った。ところで奇妙にも『饗宴』の登場人物たちは、ソクラテスのこの体験を瞑想や知恵の啓示のごとく受けとめていながら、その内容には関心を示していない。誰よりもソクラテス自身がそれについて一言も触れていない。この体験の中身は絵解きのできるヴィジョンではなく、むしろ虚無だったのではないだろうか。もちろん、事の性格は一方的な断定を許すものではない。『雲』のあの自然観照者と重ね描きすることも、またほかならぬ『饗宴』のエロース修行の奥義のようなものを推量することもできるかもしれない。

しかしながら、ここで重要なのは、ソクラテスがいわゆる憑依状態を知とみなすことを徹底的に拒否したという事実である。知恵は、空虚な器に一種の通路を伝って流入するといったしかたで訪れるものではない。すぐれた詩人の言葉は「霊感」に摶たれて吐露されたのであり、知によるものではない。ソクラテスは、その行為の始原に脱我状態を据えることを、けっしてしなかった。体験そのものがあたかもなかったかのように置きざりにされ、その後のソクラテスの行動に何らの残響もとどめていないのである。口をぽかんと開けたソクラテスが青とかげに小便をかけられるというアリストパネス喜劇における戯画は、没我現象の表面をなぞることにより、かえってそれがソクラテスの外部を構成するにすぎないことを正確に示している。

ダイモーンの声

このような場面を立ち去るソクラテスの足どりは際立って軽快にみえる。しかし、一方「ダイモーン（神霊）の合図」は、ソクラテスの歩行をとめ、たえず行動の始原に引き戻す未知の強力な制御装置として働いた。

ソクラテスが川を渡ろうとする。するとダイモーンの合図が訪れ、ソクラテスをひきとめる。しかしそのとき、ソクラテスは制止の声に操られるがままにその場に硬直し佇立するのではない。行動の制止は、何かを「待て」ということなのか、別の行為を「起こせ」ということなのか、また何が禁止されたかもソクラテス自身が判断せねばならない事柄なのである。

その声はソクラテスの年少の頃からはじまり、「全くとるに足らない些事に関しても」頻々と訪れた。とすればこれを「良心」の声と解するのは、かえって強迫神経症的な異様な病理を捏造する結果に終わるだろう。ダイモーンの声はあくまで行動の流れを切断する未知の力であり、ソクラテスはそのつど行為を形づくる連関の糸を自身にたぐりよせなければならない。そのようにしてダイモーンの合図は、ソクラテスという存在の芯を貫くのである。

前三九九年、ソクラテスは国の認める神々に対する不敬罪に問われ、若年層に頽廃をもたらす元凶として処刑された。

この裁判の朝ダイモーンは沈黙し、二度とソクラテスに合図を送ることはなかった。かりにもしソクラテスがこの強大な制御装置の操り人形だったとしたら、この日のソクラテスは、糸の切れた木偶となって崩壊したであろう。ダイモーンの合図がソクラテスにとって何を意味したかは、かくて、その沈黙において露わになったのである。

『ソクラテスの弁明』は、黙したダイモーンに向かいあうソクラテス劇の独白をそこから聴きとらねばならない。さもなければ、ソクラテスが自らを追い込んでいく、死刑か哲学の放棄かという選択は、全く不透明とならざるをえないだろう。まず、そこにいたる過程を逐一、確認しておこう。

(i) ソクラテスの哲学の仕事は神の命令である。

(ii) 神命にそむくのは不敬罪にあたる。

(iii) 哲学の放棄を交換条件に無罪放免をかちとるならば、原告訴状のとおり、ソクラテスは有罪である。

そしてここから、法廷は徐々に根源的な選択の場に転換されていくのである。ソクラテスはまず、原告の政治的レトリックを意図的にくりかえし、「無罪」の意味を陪審員に銘記させ、中途半端な妥協の余地がないことを確認させる。この法廷で、原告を使嗾した政界の大立者は、次のような恫喝をすでに行っていたのである――ソクラテスを裁判にかけた以上は、死刑にしないでは済まない。無罪放免となれば、今度こそ諸君の子弟はソクラテスの教えに一路邁進して、ひとり残らず底無しの堕落にはまるだろう。

無罪放免の可能性は、最初からソクラテスの念頭になかったであろう。しかしアテナイ法においては、本審の有罪判決は必ずしも原告求刑を確定しない。判決後も、被告による刑量申告が採択される可能性は、まだ残っている。したがって——

(iv) アテナイの現法廷の選択は、死刑／国外追放刑に絞られる。

(v) 国外退去はアテナイでの哲学の放棄である。

しかしながら、ソクラテスのアテナイへの愛着とは別に、(v)が神命にそむくかは断定できないだろう。それゆえ、問題は次の判断の是非である。

(vi) この場所を放棄して哲学が可能な他の場所はない。

絶対的な確信をもって、アテナイ法廷を自他の吟味の場へ転換するソクラテスは、そこへ移行する前に、ゆっくりと助走をくりかえす。

もし諸君が私を釈放しても、……（中略）……、もし諸君がアニュストの言に対してこう言うとすれば、つまり「ソクラテス、今日のところは、われわれはアニュトスにしたがわず、おまえを釈放しよう。ただし条件がある。もうけっして、さような詮索にふけってはならぬ。哲学することはあいならぬ。もしこの先まだそれを行ない、現場を押さえられたら、もうそのときは命はないぞ」、もし諸君が、くどいようだが、私をそういう条件で釈放するとすれば……

このときダイモーンの合図が待たれ、そしてダイモーンは答えなかったのだ。とすれば、ソクラテスの内面の劇において、アテナイにその惰眠を破るべく「一匹の虻」を遣わしたデルポイの神として、ダイモーンはその正体を現わしたのである。ではしかし、神命としての哲学とは何だったのか。

デルポイ神託と哲学

さて、「ソクラテスにまさる知者はなし」というデルポイ神託は、ソクラテスにとって紛れもなく凶事の報せであったと理解しなければならない。ヘロドトスやギリシア悲劇に展開されるフォークロアの地層がそこに横たわっているのである。神託の隠れた意味を悟らぬ者は愚か者であり、解釈を間違える者は破滅した。

この神託の謎は、無知なる者を引合いにだして、神が最高の知者であることを示す逆説であるとは(25)、はじめからソクラテスにとって疑いえなかったであろう。神託はソクラテスに無知の自覚を命ずるものにほかならない。神託は、反論の達人であり、かつまた、同時代の学識に通暁していたに違いないソクラテスを、ソフィストや自然学者から分断するだろう。なぜなら、神託は知の傲りが破滅をひきよせることを暗示しているのだから。

政治家、詩人、職人を歴訪し、そこに存在する知と自己の非知を対照して、神託の表面的な意味を反駁するというソクラテスの奇矯な行為は、かくて、神託の暗示する知者たちの倒錯を避ける唯一の作業、不知の知の不断の作業であった。

しかし、神託を反駁するための遍歴は、あろうことか、神託の言葉どおりの実現にほかならなかった。最も重大なことは何かについて人々は「知らないのに知っていると思う」という最大の無知を病んでいたのだ。ソクラテスは、神託の謎が、自分一個の運命に関わるのではなく、幻影の上に築かれたアテナイの破滅をささやく衝撃的な予言であることを痛切にさとるのである。

哲学、すなわち「知を求め、自他を吟味しつつ生きること」が神命となるのは、このような国家社会の基底の崩落においてである。美とは、善とは、正とは何であるかの問われる場そのものが、魂としてみいだされねばならなかった。

ならば、すでに法廷は訴訟を争う場ではありえない。ソクラテスは、生あるかぎり哲学を放棄することはないという不退転の決意を表明する。「私は問うであろう、吟味するであろう、論駁するであろう」。それは、とりわけてもアテナイ人に「魂への配慮」を勧告するものであり、そしてこのようにして、ディアクレティケー（問答法）がエリスティケーから選別されたのである。

注

（1）Thucydides, II. 34.
（2）それぞれの区（デーモス）は、海岸地域、市街、内陸地域の三部分から構成されることで在来の地縁関係も弱められていた。参照、田中美知太郎『ソフィスト』講談社学術文庫、七六―七九頁。
（3）A. Zimmern, *The Greek Commonwealth*, Oxford, 1961, 152.
（4）『救いを求める女たち』*Supplices*, I. 405-408.
（5）Thucydides, II. 65.
（6）Thucydides, II. 63. 2.
（7）Plutarchus, *Vitae Parallelae, Pericles*, XII. 6-7.
（8）Thucydides, II. 35-46.
（9）*Ibid*. 41. 1部、久保正彰訳（『戦史』上巻、岩波文庫）を借用。
（10）ヘレニズム期には、タレス、ヘラクレイトス、プラトンの大哲学者と同等に評価されていたことが、近年の考古学的調査で明らかになった。Cf. G.B. Kerferd, *The Sophistic Movement*, Cambridge, 1981, 43.

(11) Herodotus, VI. 46, 48 ; VII. 120.

(12) 断片番号は Diels-Kranz, *Die Fragmente der Vorsokratiker*, Berlin, 1954[7].

(13) Philostratus, *Vitae Sophistarum*, I. 10. 2.

(14) K. Freeman, *Greek City-States*, New York, 1963, 227.

(15) J. Burnet, *Greek Philosophy*, New York, 1968, 92. 田中美知太郎、前掲書、一二〇頁。

(16) Cf. C.J. Classen, 'The Study of Language among Socrates' contemporaries', *Proceedings of the African Classical Association*, 1959, 33–49.（repr. *Sophistik*, Darmstadt, 1976, 215–247.）

(17) Xenophon, *Memorabilia*, II. 1. 21–34.

(18) J.D. Denniston, *Greek Prose Style*, Oxford, 1960, 10–11.

(19) Aristoteles, *Rhetorica*, B 24. 1402a24–28.

(20) Diogenes Laertius, *Vitae Philosophorum*, IX. 51–52.

(21) エリスティケーが下って前四世紀的性格をもつことについては、田中美知太郎、前掲書、一六七—一六八頁。

(22) Plutarchus, *op. cit.* 36.

(23) Aristoteles, *op. cit.* 1402a3–28.

(24) Xenophon, *Symposium*, V.

(25) 田中美知太郎『ソクラテス』岩波新書、一三三—一三四頁。

第二章　プラトン

プラトンの思考を紡ぐ原初のイメージは牢獄である。それは魂を囲む肉体となり、またわれわれを収容して漂流する〈船＝国家〉を囲繞する海と陸と天地を抱擁した巨大な洞窟をかたどるものとなった。

その発端は、脱獄を拒み、しかもこの生の牢獄から静かに脱出した「牢獄のソクラテス」である。ソクラテスの死刑判決の前日に始まったアポロンの祭儀は、神事ゆえに血の穢れを忌み、デロス島に派遣された祭使の船が帰還するまで刑の執行を遅らせたのであった。そして対話篇『パイドン』は、ソクラテスが牢獄で生きた一ヶ月の余白を埋め、今なお死の予行演習を続ける哲学の心髄をわれわれに指し示す。そこでは、知への希求が死へのそれと一つになり、われわれの生死を貫く魂（プシューケー）の不死不滅を語る「不倒の言論」をもって、「あたかも戦場におけるがごとく、あらゆる吟味論駁を切抜け突破していく」（『国家』534C）ソクラテスの姿が彫琢されたのである。

一　意味の裂生態――魂（プシューケー）論――

魂の非還元性

「魂の不死」は、その入り口を探しあぐねて途方に暮れるほかない問題である。ここでは、魂はどのように記述され、そしてその記述を支えるものは何かという観点からプラトンの思考を追跡してみよう。

死の考察にあたっては、想像の足枷がどこまでもつきまとうことを承知した上で、とりあえずそれを「肉体機能の停止、肉体の形の全面崩壊」と想定しよう。この問題の性格を暗示するのは、全身が腐爛しなおかつ意識はある、つまり「生きながら死す」という倒錯的イメージが、ある意味で死の観念を集約するということである。

すると「魂と肉体という二つのものが分離しあうこと」（『ゴルギアス』524B）という死の定義は、このような「自己の死」の想像を可能にする基本的な骨組を構成している。自分の屍体をみつめる、肉体から遊離しそれ自身は不可視な「眼」の設定が、死の観念を形づくるのである。『パイドン』（64B）もまた、この心身分離の配置から出発している。けれども、その「眼」の設置がそのまま魂の不死性を認めることにはならないだろう。その「眼」にもまた、形の前面崩壊が不可避的に侵入するのではないか。

さて、魂を「不可視なもの、非物体的なもの、世にも美しく、神々しいもの」（85E）と形容し、聖別することとは、その不死性を認定することではない。それは、肉体を土台とする随伴現象として魂を記述することと矛盾しない。

> われわれの肉体は、そこにおける熱と冷、乾と湿その他の対極的張力によって、いわば弦を張った竪琴のごとき状態にあり、これによって全体的なまとまりをなしているのだが、それら諸力が適正に調律され、均衡を維持するとき、そのときつくられる全体の調和こそ、ほかならぬわれわれの魂なのである。
>
> （86B–C）

だとすれば、魂がいかに比類なく神々しいものであっても、音階や工芸品の調和美と同じ運命をたどることは避けられない。けれどももしかし、物の動きが一意的に魂の動きを規制するというこの構図は、死を凝視する「眼」を構成しえないこともまた確かである。死の観念が生じるのは、肉体とは独立に振舞う魂の動きが認められるからだと言わなくてはならない。そしてこの、肉体的惰性に抵抗する魂の独立性こそ、魂の善と悪、知と無知が語られる基盤にほかならない。

言いかえれば、魂の悪は魂の「ある」ことに基づくのであって、肉体の悪には還元できない。「不正、放縦、怯懦、無知」を、幾重にも媒介回路を組み立てて、肉体（脳髄）の振舞いに帰着させる物理・行動主義的見解は、悪を治癒する魔法の夢を紡ぐ。けれどもそれは、善悪の、生に固有な位相における意味を隠蔽し、因果系列を倒置するものであることにかわりない。「高熱であれ、その他の病気であれ、はたまた殺戮であれ、さらには全身をどれほど細かく切りきざもうとも、いっさいのそういったことは、魂が滅びるための効力をいささかでも与えるものではない、と主張しなければならない」（『国家』610B）とプラトンは断言する。

魂の消滅

だが『パイドン』が提起する問いは、この点で「魂の不死」が証明されたとするのは速断にすぎないことを示している。

あらためて元に戻って、死を凝視するものとして析出される言葉の領域Ψを魂の純粋領域に重ねてみる。Ψ領域を構成するためには、魂の肉体支配の図柄を織り込まねばならなかった。すなわち、「肉体は人間が生きているその間にも、たえざる変化の流れに滅んでいく。しかし魂はその使い古された肉体を、つねに新たに織りかえしていくであろう」（87D-E）。魂の本性を動の始原としての「自ら動くもの」にみる『パイドロス』から後期プラトンを貫く思考は、明らかに、この方向線上に展開されている。

しかしながら、たとえ魂がいくたび生死の輪廻を潜り抜けるほど強靭であろうとも、それがそのまま不死性を意味するといえるのだろうか。肉体の代謝をつかさどる魂も、いつか老いた機織師のように、最後の着衣を残して滅びるのではないか（87C–E）。そして、魂を「動かす」と「動かされる」の分裂に先行する領域に置いても、この事情は変わらない。なるほど魂は、動の始原からの脱落を、すなわち停止と死を外からの脅威としてまぬかれているとしても、しかし「自分で自分を動かすものはまた自分で自分を静止させることができるのではないか」[1]。

だとすれば、魂は自分自身によって生き、そして自分自身によって死ぬのである。とはいえ、どこで生の原因が死の原因に跳躍するのか。

「魂に固有な死」という謎は、魂を人間化した比喩でしか語られていないことが、まず注意されてよいだろう。この点への着目は、『パイドン』のいわゆる「魂の不死に関する最終証明」の核心をその比喩の解剖にみることを促す。基礎に据えられた次のロゴス（100B–C）は、むしろ「魂の消滅」を可能なかぎり正確に記述するための礎石ということができる。

(1)〈美〉、またその他〈善〉〈大〉などすべてがそれぞれ、まさにそれとして、それだけで存在する。

(2)〈美〉そのものを除いてほかの何かあるものが、もし美しくあるとすれば、それはただかの〈美〉

そのものを分有することによってこそ美しいのである。

(1)(2)を起点として展開された考察を、一般化して次に集約しよう。

まず、「かくかく（F）なるもの」が、(1)Fそのものと(2)それ以外のFなるものとに分かたれる。続いて後者が、Fそのものを分有することによって「〝F〟という名を借りたx」と把握される。すなわち、主述構造において、（2a）述語的性状Fと、（2b）主語的対象xとに分節化されたのである。かくして同一性の相異なる意味の三つの層が露出され、生成消滅を記述する基本的な枠組が構築される。

(1)Fであることの原因としての同一性、すなわちFそのもの。

（2a）xのもつ、（あるいはxに内在する）Fは、けっしてその反対の性状（非共存性を示すため～Fと表記しよう）と混在せず、「そういう状況になれば」その同一性の代償に消滅する（または、その場xから退出していく——この選択肢は、当面の問題を明確にするために、保留条件として括弧に入れておこう）。

（2b）いわば生成消滅の舞台としての同一性xは、Fを担い、かつ自身は変わることなく～Fをも受容しうる。

さてしかし、魂はこの記述枠ではとらえられない。まず第一に、不用意に異名同義性を容認することなしには、魂を生の原因とすることができない。またもし「魂の生成消滅」を語ろうとすれば、

「x／F」に「肉体／魂」を代置しなければならないが、しかしそれは、魂と魂そのものの区別、魂と共存しえない項の指定など、あまりに不透明なものを内包する。

したがって、このような枠組にはまらない項の意味Gを、x／Fに連結させる方途が別にみいだされなければならない。そして次の条件つきで原因の代役機能が認められるGは、x／Fに織り込むことができる。

(3)「xがFである」のは、xがFそのものを分有するからであるが、Fと必然的に結合している（またはFを厳密含意する）Gがxに現在するとき、そのときにかぎり、Gは「xがFである」ことの原因である。(2)

すると、この「結合」のゆえに、Gは～Fの「襲来」においてFの巻添えとなって消滅する、と語ることができる。

このような意味論的関係F／Gは、冷／雪、熱／火、三／奇数のほかに、まさに生／魂によってもみたされるから、「魂の消滅」の記述は次のようになる——生との必然的結合関係のゆえに、肉体に現在して生の原因となっている魂は、生の対極をなす死の襲来に対して、生とともに消滅する。

意味の解体、意味の裂生

しかし、この「魂の消滅」は差異の抹消による意味の解体をひきおこす。われわれは、死を含意しないような「消滅」の意味を知らない。したがって、生が魂を巻添えにして消滅すると言うことは、生の死への同化を認めることである。だがひとたび相反する意味の同化を承認するならば、同じ権利によってFかつ~Fが、そして熱い雪、冷たい火、偶数の三等々が無数に起ちあがり、ここに、意味の解体の全面的な雪崩現象が到来するだろう。

意味の解体が、元の記述枠（Fそのもの／F／x／G）の自爆をひきおこすことは言うまでもない。ではこの枠組そのものは、なにゆえ堅持されねばならないのか、その点検作業が必要となるだろう。

この枠組を構築した(1)(2)の礎石は、〈美〉のイデアと、不断に流動し相対化される多くの美しい知覚対象とを対比する図式を無造作に張りつけ一般化したものではない。その照準は、流動する知覚的「事実（エルゴン）」にそのつど刻まれる〝美しい〟そして一般に〝かくかく（F）〟というわれわれの把握と発語の場を、「ロゴスへと逃れて」確保することにある。この場面を支えるのは、意味の同一性と整合性に照らして遂行される論理・意味論的考察であること（99D–100A）を、念頭に置かねばならない。

そこで、Fそのものが原因として設定された理由は、もし〝Fである〟ことの成立原因を先行する観察事象に求めるならば、差異の融合により、意味が解体されるからにほかならない。知覚事実は、一方でその同じ離合集散がFのみならず～Fの先行事象ともなれば、また他方で同じFの先行事象として、相容れないものの動きがともに指定されることにもなる。したがって、知覚される事象をFの原因とすることは、元の事態〝F〟をFかつ～Fに還元することにひとしいのである。Gに原因の代役機能が認定されたのもまた、この絶対的禁令に抵触することを回避できたからであった。

したがって、この記述枠を基底で支えているのは、Fと～Fの裂生態であり、x／Fの分断の必然性もこれによる。たとえば、Fに大・小などの性格を代入してみる。〝aはbより大きく、cより小さい〟という事態において、aを大きいものとして固定する――この把握様式が感覚ないし知覚と呼ばれるものである――ことは、大・小の融合を帰結するのである。(3)

以上の記述方式は、分有用語が内包する問題として、その後『パルメニデス』篇で存在論的究明をまたれるような、不徹底なものをまだ残している。けれども、この意味論的考察が「魂の消滅」にはたらきかける現像効果はその問題とは独立である。生を失い、死ぬものは肉体（x）であって、魂（G）ではない。(4) それゆえ、「魂の消滅」は魂の肉体への融化から産出された幻像にほかならない。

二　「洞窟」の内部

洞窟の囚人

「魂の消滅」は、魂の肉体への融化から生み出された幻像にすぎない。けれどもそれこそが、われわれに憑いて離れぬ死のイメージだとすれば、そしてそれがわれわれの恐怖と不安の根底にあるのだとすれば、また逆に「死後の魂」もかかる魂の肉化の別の一面を表していることを否定できないとすれば、われわれに必要なのは、プラトンが洞察したように、「悪魔祓い」のための美しいミュートスのほかにないだろう。

一方、魂の肉体への融化は、生き死にする肉体が、ほかならぬわれわれの肉体であることにその強力な根拠をもっている。それゆえ、魂の肉体からの分離を軽々に語ることは憚りがある。まずもってわれわれの現在が切開されねばならない。

プラトンが自在に駆使した多くの比喩形象のうちでも、『国家』第七巻の〈洞窟〉は、ひときわ異彩を放っている。その「奇妙な情景の譬え、奇妙な囚人たちの話」がもつ衝迫力は、それが未開人や幼児の心的世界をではなく、ひとえにわれわれの情況を照射することから生じている。われわれを強くひきつけてやまないのは、洞窟そのものの奇怪な構造である。地底に向かって伸びた長い洞窟の、奥壁に面して体を固定された、生まれながらの囚人たちがいる。その背後の上方に火が燃え、火と奥壁の間を走る横道に沿って、障壁が造られてあり、その上を物具、人形、その他の動物の像が往来する。囚人たちの欲望や恐怖や争いを産みだすものは、壁面に踊る影であり、彼らは自分自身の影、模造品の影に一喜一憂して生涯をすごすのである。

プラトンの〈洞窟〉のモチーフは、人形芝居のそのまた影絵芝居をつくりだしている洞窟内部の二重構造であり、そしてもう一つ、地上の世界へ脱出した人々の再度の洞窟下降である。それはソクラテスの生と死に集約されると言ってよい。〈洞窟〉において、囚人を解放し、上方に連れて行こうと企て、かえって殺される者の運命は、明らかにソクラテスに重ね描きされているからである。

いま一度、魂そのものへの気づかいを強く勧告した『弁明』のソクラテスの言葉をきいてみなければならない。

ひとはあるいは「いや、魂への配慮なら怠りない」と言うかもしれない。けれども私は、そう言う者をすぐに信用して放免もしないし、匙を投げたりもしない。私は問いかけ、吟味し、論駁するであろう。どう見ても魂のよさをそなえてはいない、ただ口先だけのひとを私は非難するであろう。最も大切なことを蔑ろにしている、よしあしの評価が逆立ちしている、と。

(29E–30A)

行為のあり方を吟味論駁し、日常の生を築きあげている評価をただし、それが含みもつ葛藤を暴露するソクラテスは、財貨や評判や権勢への顧慮を剥ぎとった裸の私という場で、善とは何かを問う。魂の純化において遂行されるこの問いを――まさにその性格ゆえに――空虚な問いとして忌避する洞窟の囚人は、肉体に融合した魂としての「私」の情況を示すだろう。

「洞窟の囚人」の像は、すでに『パイドン』(82D-83E)で、より鮮明に定着されていた。魂は「肉体のうちに雁字がらめに縛りつけられ、(中略)何を見るにしても、あたかも牢獄の格子を通すがごとく、肉体を通じてなさねばならず、魂が魂だけで見ることができない」。そして、知を憧憬し追求する行為としての哲学によってのみ、この「牢獄」の怖るべく巧緻なからくりがあらわにされる。それは「肉体的欲望によって、縛られているもの自身がすすんで自分を縛りあげることにできるだけ協力するよう仕組まれている」のである。だからこそ、死が魂を肉体から暴力的に引き裂くのに対して、哲学はこの洞察によって、同じ解放の仕事を「おだやかに励ましの言葉をかけて」行うとされたのであった。

『国家』においても同様に、洞窟の縛めからの解放、転向と上昇の全行程をおだやかに導くものは「問答法(ディアレクティケー)による探求の行程」と銘うたれた哲学の途である。一方、囚人を「地下の牢獄から荒く急な登り道を暴力的に引っぱっていき、太陽の光の中へ引きだすまで放さない」のは、魂を肉体から暴力的に引き裂くもののほかにない。されば、「明るい事物を見る」ことに「慣れ」

を積んでいない囚人、すなわち死の練習を積んでいない魂は、「苦しみ、引っぱっていかれるのを嘆き」、そして肉眼が闇に蔽われるとき、魂の「眼はぎらぎらとした真昼の光でみたされ」全盲と化すのである。

〈洞窟〉の告知するものは、囚人の劇的な転向ではなく、むしろ急激な転回の不可能性であると言わねばならない。

〈線分〉のアナロジー

〈洞窟〉の核心は、真理と認識の序列が逆倒したわれわれの情況を照射することにみられねばならない。そのとき、われわれは〈洞窟〉に先行して語られた〈線分〉のアナロジーに引き戻される。そこに示された明確性と真実性の序列は、洞窟の囚人たるわれわれにおいて、完全に転倒した形で受け取られざるをえなかったのだ、と。

その点にもう少し立入ってみよう。

〈線分〉と〈洞窟〉をつなぐ「魂の眼」のメタファーは、すでに善のイデアを喩える〈太陽〉でその大枠が組まれている。

A　眼は白昼の光が表面の色どりいっぱいに広がっているような事物に向けられると、はっきり見えて、その眼のうちに純粋の視力が宿っていることが明らかになる。

B　夜の薄明かりに蔽われている事物に向けられるときには、ぼんやりと鈍って、盲目に近いような状態となり、純粋の視力を内にもっていないかのようにみえる。（508C–D）

次に、〈善—真と実—思惟されるもの（ノエートン）—知性（ヌゥス）〉の系列が、〈太陽—光—昼の事物—視力〉のそれに投影される一方で、薄明中の事物は「生成消滅するもの」のイメージとなって、そこにおける知性の活動は無きも同然、ただ さまざまの思いなしをするばかりの魂のあり方が示される。

続く〈線分〉では、思惟対象の領域（A）が視覚的メタファーから切離され、視覚風景全体に重ねられた思いなしの領域（B）と合わせて、一本の線分ABを構成した後、これが明確度の差を表示する比例式（$A:B=A_1:A_2=B_1:B_2$）によって内分され、それぞれ対応する精神の四つの状態が命名される。

(1)　影、水や鏡に映る像を対象とするエイカシアー（B_2）。

(2)　似像の元の実物、動植物や人工物を対象とするピスティス（B_1）。

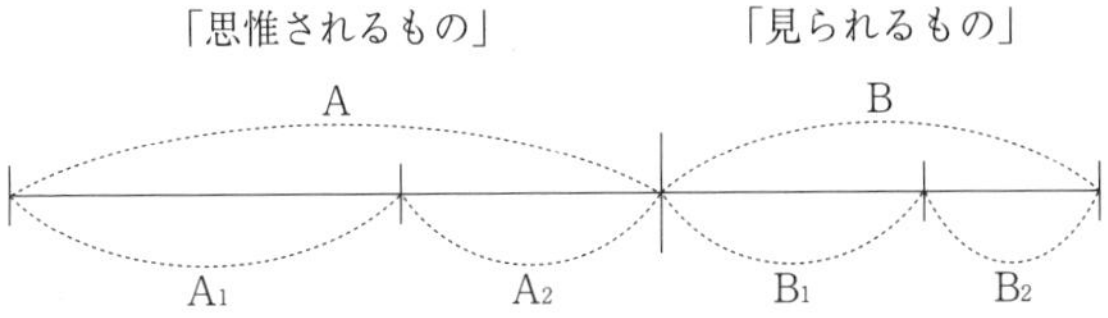

(3) 仮設（ヒュポテシス）から出発し、ピスティスの対象を補助的に似像として用いながら、整合的な体系を導き出すところの、幾何学的諸学術にたずさわる人々の精神に相当するディアノイア（A_2）。

(4) 考察の補助的手段として知覚対象を援用することなく、仮設をさかのぼり無仮定の原理たる善のイデアに到達し、そしてそこからふたたび論理の連鎖をたどって諸帰結を導きだしながら下降していくところの問答法によって演奏されるノエーシス（A_1）。

ここで肝腎なことは、繰り返しになるが、この四区分と序列の意味はわれわれの洞窟の囚人には隠されているということである[5]。「見られるもの」の領域における原物（B_1）／似像（B_2）は、これをわれわれの日常風景に重ねて解読しつくせるものではない。たとえば水面の樹影を眺める状態をエイカシアーに、樹そのものへと目を転じた状態をピスティスになぞらえるのは、両者の明暗を識別する比喩にとどまるだろう[6]。

われわれは映像の元にある実物を指さし、幾何学を学び、問答法を論争ゲームとして行うことができる。けれどもこれをもって、縛めから解放された囚人の、洞窟の外の世界への脱出とすれば、それはわれわれの情況を隠蔽することにしかならないのである。

エイカシアー

〈線分〉の視覚風景は、「思いなされるもの」が知性に映ずる明確度を表示するために、触覚的含意（快・苦）を削りとって、形と明暗だけで造型された「抽象的」な風景である。この視覚的風景は肉眼ならぬ「魂の眼」によって「見られる」ものであり、その風景に埋め込まれた「原物／似像」は数学的模型と射影に移してみなければならない。

エイカシアーは知覚的現われに即応する精神の状態である。洞窟の囚人は窮極の真理基準を、この知覚的現われの「明確さ」とそれが内包する快苦に置くことにより〈線分〉の序列を転倒し、さらにその区分を解消するのである。例をとれば、立方体のさまざまな見え姿はどれも真であり、他方しかし、それらとは別個に立方体は見られない。したがって、立方体そのものは単に考えられたもの、そしてその実は存在しないものにすぎない。私はこの見解に反駁できないがゆえに、「洞窟の囚人」に酷似するのである。

また、さまざまな見え姿に一つの立方体を思いこめ、重ね描きするだけでは、ピスティスの段階への移行を意味しない。なぜなら、そこで考えられている一つの立方体、さらには一般に数学的モデルについて、その正しさの根拠を知覚的検証に求め、あるいは生存の便宜手段に解消しようとするかぎり、依然、あの囚人の見解に同意を与えているからである。

では、数学的真理の根拠をロゴス的整合に求めるとき、われわれはディアノイアの段階に到達し、すでに牢獄からの解放を謳歌しうるのか。否、その擬完結性に内閉し、窮極の実質的な善へと超出しえないならば、数学は「夢の中の必然性」にとどまり、ロゴスは単なる名目、形式的整合性となって、結局、その実を知覚的、経験的検証に依拠せざるをえない。

すなわち、依然として洞窟の縛めから解放されてはいないのである。その首枷は、われわれの次のような痼疾の別名にほかならないだろう。「あらゆる人間の魂は、何かについて激しい快楽や苦痛を経験すると、必ずやそれとともに、何であれ、自分が最もそういう感覚をもって経験するようなものこそ、最も明確で最も真実なものであると——ほんとうはそうではないのに——思いこまざるをえない」（『パイドン』83C）。

〈線分〉と〈洞窟〉は、かくて一つになって、生の自然本来的なあり方がわれわれにあっては完全に転倒していることを告知し続ける。

三　想起《アナムネーシス》

向き変え

〈洞窟〉が何よりもまず、生の奇怪な情況を照射することの確認は同時にまた、われわれの「夜を混えたような昼から真実の昼への」ゆるやかな転回の可能性、というよりむしろエイカシアーからピスティスへの転移が包含する長い行程の開示をもたらすのである。

ピスティスの段階に対応する「洞窟内部の火と模造物」は、時間の中で展奏され生の舞台を綾なす影が一連の射影として統握されるための、対象を象徴する。それは巨視的にみれば、このわれわれの生きる世界がそこに結像する統一的な全体世界（コスモス）であり、私自身に凝集される場面では、個々の行為がその影となる「生の形」であらねばならない。

洞窟の縛めからの解放と転回は、単に一過的な初期段階としてエイカシアーからピスティスへの移行を示すのではない。なぜなら、ピスティスは、模造物という像的対象をもつことに示されるように、より上位の階梯への接続を通して上昇力を獲得することにおいてのみ、自らをエイカシアーから引き離すことができるのだから。知覚的現われに思いこめられていた形が、それとして分離され、それ自体の地平で思惟の対象となるディアノイアの段階にいわば吊り支えられて、ピスティスが成立するのである。

しかしそのためにはまた、思惟対象を照らし活性化する窮極の善そのものへの認識へ向かわねばならない。数学的諸学術は、仮設をつぎつぎと破棄しつつ始原そのものに遡行する問答法の力に先導されなければ、エイカシアーへの萎縮を避けられない。ただ、問答法による探求の行程のみが「文字通り異邦の泥土のなかに埋もれている魂の眼を、おだやかに引き起こし、上へと導いていく」(533D)のである。

したがって、〈洞窟〉の転回―上昇―下降をリニアーな継時的展開とみるのは、事態を単純化するものである。それは、転向の場面に内在する困難を、すなわちソクラテスの吟味論駁をして彼の刑死に導いたものを、あまりに容易に解消した見せかけのダイナミズムを描きかねない。洞窟の奥壁を去来する影に釘づけされた「眼」を太陽の方へ向け変えることは、幾何学的訓練を媒介した問答法への習熟という形で、「洞窟の外への脱出」(死の練習)を内包し、そして徐々に、かつ全体として、精神の四区分の序列を立て直すことなのである。

いわば体勢の回復のような一種の先後倒逆的な知のあり方こそ、プラトンが想起と呼んだものにほかならない。「雑多な感覚から出発して純粋思考の働きによって総括された単一なものへと進み行く」行程は、かつてわれわれの魂が、天の穹窿の極みにのぼりつめ、「真にあるものの方へと頭をもたげたときに目にしたもの、そのものを想起すること」である（『パイドロス』249B–C）。

探求のパラドクス

想起説そのものは、この「真にあるところのもの」の存在論的資格を明確に表明した中期対話篇（『饗宴』『パイドン』『国家』『パイドロス』）のイデア論に先駆けて登場する。いわゆるソクラテス的初期対話篇からこの中期への一つの結節点をなす『メノン』篇で導入されたそれは、ソクラテス的な問いと吟味論駁が逢着した「探求のパラドクス」からの脱出を企てるものであった。

「Xとは何であるか」を探求することは不可能ではないか。なぜなら、何であるかを知らなければ――そのXの同定方式がみいだされない以上――探求の照準設定も完了確定も、ともに不可能だからである。これが「探求のパラドクス」であった。

けれどもそもそも探求の端緒は、探求の目的地に導く地図を作製したり、尋ね人の似顔絵を描くようなしかたで、われわれがつくりだすものではない。なぜなら、すでにわれわれは不知が自らのうちにあることの承認と知へのエロースにおいて、探求の真只中に投げ込まれているからである。

探求の発端をこれとは別のところに求めることは、不知の確認の手前に設けられた場所で戯れることでしかない。プラトンは、探求の端緒に固執することが含む遊戯性を、次のような論争競技（エリスティケー）の常套となっているディレンマ論法を導くことによって暴いている。(1)知っていれば探求の必要はなく、(2)知らなければ何を探求すべきか知らない。

だが、何を探求すべきかを全く知らないとすれば、「Xが何であるかを知らない」というそのことも知らないのである。とすれば、私は不知を含まない、一個の原子的充実体となるのであり、このとき(1)、(2)は対立契機を本来的に内包しない冗談となるのである。

もちろん、探求をそのまま完結させるような形では、われわれは何を探求すべきかを知らないだろう。しかしこの不知は、私の外部に置かれた空無なのではなく、私のなかに巣くう飢渇であり、私自身を構成する缺如すなわちエロースである。探求の基底において不断の吟味と冒険的企図とを結びつける内的決断によって、想起説は選びとられるのである——不死なる魂は「全てをすでに学び終えた」のであり、事物の全体性の同族的連鎖は、或る一つの想起をして他のすべてを可能にする（『メノン』81A-E）。[7]

想起説が「探求のパラドクス」を癒すのは、探求・学習の全過程が本来おのれのものであった知識をつかみ直す過程として、言いかえれば、「知」のあり方が「不知の知」に媒介された自知の構造として把握されることによってである。

かりに「探求のパラドクス」を首肯し、探求が不知から知への動のカテゴリーとしてそれ自身固有にあることを否認するならば、考えられる唯一の「知」のあり方は、事物そのものがわれわれを直撃するという啓示ないし目撃だけになるだろう。しかしながら不意の衝撃は、不知の知に媒介されなければ、ただたんに全く新しい知覚という出来事にとどまると言わねばならない。

ラリサへの道

しかし想起説は、「徳（アレテー）とは何であるか」のソクラテスの問いと吟味論駁によって沈黙を余儀なくされたわれわれを、その失語の窮状から救い出すだろうか。その問いが私の行為の始原を問うことをやめ、不知の知を研ぎすますことなく、生のパースペクティヴの変換を迫ることもないならば、探求の行手が想起説によって照らされることは、もとよりありえない。現在の生の欲求が吟味を拒むとき、徳なるものは秘かな欲望の充足に奉仕する手段として自明化され、そしてそのような意味で行為の有効性をつくりだす能力となるのは必然である。

こうして、行為の有効性と知の関わりをめぐって、「想起」のもう一つの重要な局面が、プラトンの思考の縦糸をなす次のような対比の場面で鮮明に浮彫りにされるだろう。

一方には、(α)木、石、指、鉄、銀、蜜蜂等々の、人々の言葉と動作の指示が一致するタームがあり、これらはその公的な意味の確定に基づいて、ひとつの共同的な生活世界を築きあげている。他方、(β)正・邪、善・悪、美・醜は、人々の意見の間に決定的な相違対立をひきおこし、この世界に破壊的に作用する。

いま、行為の意味が(a)に還元され、行動主義的記述で埋められるとし、そこにおいて行為を導き有効な結果をつくりだす「知」が語られるとしよう。たとえば「私はラリサへの道を知っている」というように。だが、その行路を知っているということは、むろんラリサへの道案内として申し分ないものとはいえ、しかし結果的には、知らなくとも予想が的中しさえすればよいだろう。つまり、正しい臆断〈ドクサ〉は、行為の正しさという点で、知にひけをとるものではない。ここには知と正しい臆断を区別する指標がないと言わねばならない。

だが、「ラリサへの道」の比喩（『メノン』97A以下）で、プラトンは知と正しい臆断を、「事実」に立会うことの有無によって区別したのではない。本質的な区別は、想起、すなわちなぜ正しく、なぜよいのかが問われる全体的な場に遡源する思考によって心につなぎとめられる〈知〉に対して、〈正しい臆断〉はその正しさの根拠を決して自身に内包しえない、したがってわれわれの固有な能力ともなりえない、ということである。正しい臆断はつねに、事実に立会い追認する事後性としてある。とすれば、その「正しい臆断を記憶のうちに縛りつけさえすれば知に転化する」ということは不可能なのである。

「ラリサへの道を知っている」ということは、以上の意味で知でありえない。私はラリサへの道を知っている。しかしそれはその道の行手にラリサがある、ということにつきる。私がそう思い、人々がそう呼んでいるその町がなぜラリサかという問いはなりたちようがない。

したがって、このような場面で語られる「知」は、正しい臆断に、そしてさらに公共的事実に返還されるべきものであるにもかかわらず、あたかもわれわれの心に固有な働きのごとく仕立て上げられた擬・知としてあるのだ。それゆえ、知は、行為の意味と価値が(α)還元を峻拒する場面でのみ、想起というあり方として語りうるのである。

想起説は、すべてこのような局面を包括して、「事物の全本性の同族性」のテシスのもとで、幾何学的方法――(α)領域に重ね描きされ、そこにおける多なるものを統握する――によって見出され構成される固有の対象のシステム(8)を足場にして、善と美と正しい秩序を遡及することにおいて「知る」ことの意味を探ろうとした試みである。

四　イデア（原範型）

知覚の想起性

想起説がイデア論に展開する太い一本の途筋は、知覚的性状（F）が、原範型（とくにΦと表記しよう）への指向性を含みもつ動態として再把握されることにある。言いかえると、イデアは、それ自身は知覚を超えてありながら、われわれの知覚的判別の中に、或る規範的な働きとして機能しているのであり、その働きは、〝F〟がまさにそのもの（Φ）としては何であるかの、われわれの知り方に応じて濃淡さまざまに現われるのである。(9)

　このことを確認するためには、知覚現場における〝かくかく（F）〟という把握に立戻って、判別されるFのあり方を、問いかえしてみなければならない。だがまず、予備的な整理を行う必要があろう。

(1) Fは、〜Fとの対立的差異によって判別される。たとえば、「どれだけあるか」が「ちょうど（等しい）」と判別されるとしよう。そこにおける「等」の範囲を決めるクリシスは、等／不等という差異分岐が焦点化される度合いに応じて生じている。また「不等」は、それが相等性を欠いた単に不定な揺ぎに解消されるものでないとすれば、大／小、長／短、軽／重その他の差異の分裂生成と、一方の形の排他的選別がその判別を決定する。

　ところで、この差異的対立においてFの同一性が語られるとき、われわれはすでに論理・意味論（ロゴス）的考察が遂行される場に片足を踏みいれている。そこではFのあり方は均質化され、その中身の精粗は括弧に入れられているのである。

(2) 一方、知覚現場に密着すれば、Fの内実が問われてしかるべきである。ここで、「主観」に対する「客観的な」物という分断図式は成立しないという肝腎な点を忘れなければ、次のような観察は決して奇異とするにあたらない、むしろ実情に適うものといわねばならない。

われわれが（木や石などのうちに）知覚する〃F〃はFそのもの（Φ）のようであろうと欲し、それに憧れているが及ばず、劣ったあり方にとどまっている。

（『パイドン』74D sqq.）

たとえば〈等〉そのものではないが、しかし「等しい」と判別される、という場面に典型的に現われる事態の構造は、一つの想起経験との類比によって透かしだされる。一枚の肖像画を見て「シミアス！」と、シミアスその人が想起されたとしよう。この経験の含意するところは二つの観点からみられるだろう。(a)追憶の中では、どれほど似せて描かれた像も本人には及ばない、その無窮の距たりが強調される。シミアスを今は亡き友人と等置すれば、事柄がより鮮明になるだろう。(b)想起の契機としては、絵の巧拙（類似性）は問題にならない。つまり、想起のまさにその瞬間にあっては、シミアス像の認知とシミアスその人を思い浮かべることは一体的な経験である。

知覚的性状〃F〃がFそのものではないという意味で、その想起性が認められる知覚的判別もまた、そのような二局面を含みもつ構造としてみられなければならない。(a)Fの像性が顕在化するのは、Fそのものでは原理的にありえぬことから、問われる原範型は知覚を超出する。(b)「F！」の現われには、「シミアス！」の喚起と類比的に、原範型（Φ）がその判別自体に一体となって働いている。

したがって、知覚と知覚的性状はひとつの完結し閉じた能力と所与ではなく、「何であるか」のわれわれの知り方に連動した可能性がそこに認定されるのである。いわゆる感覚所与は、われわれの知覚経験から知性的な働きと時間性を切断し、知覚を現在のパトスに凝固した抽象の産物とみなされるだろう。

知覚世界そのものは、原範型（ウーシア）を指向する動態（ゲネシス）としての像であり、そこにはただそれ自身だけで確固としてあるもの、固定的にとらえられるものはないと言わねばならない。なぜなら、原範型としてのイデアが覆う範囲は「われわれが問答法による探求の途をたどりつつ、〈まさにそれであるところの、そのもの〉という刻印をおす、すべて」（『パイドン』75D）にわたるからである。

二世界論の罠

けれども、そのような概括だけではかえって、石塊や棒切れが遺棄され放置された風景が、イデアとは別個に完結した「見えるとおりにまたそのとおりある」可視的物体世界として頑強にいすわる可能性があるのだ。前節であげた(α)グループの木、石、指その他については、通常「何であるか」が問われない。[10] だがその問いが発動しないのは、われわれの日常性においてばかりではない。いわば素手で、善、正、美の認識に邁進することにおいても同じ陥穽が待ち構えている。それは世界の全体的・基礎的なあり方から分断された閉域に、価値の棲家を探し求め、逆説的に、目的や価値が排除された世界のあり方に客観的な真実を認める態度に連続するだろう。

こうして、『パルメニデス』篇において、若いソクラテスに課せられる試練は、イデアに被覆される範囲の問いからはじまるのである。

若いソクラテスは、「人間」「火」「水」がそれぞれのイデアに根拠づけられてあることに懐疑を表明し、「毛髪」「泥」「汚物」のイデアに関しては、明確にこれを否定する。

しかしながら、イデアから独立な事物の存在を認めるならば、存在の意味基準は二重化されるだろう。かかる二世界論的構図のもとでは、やがてイデア（原範型）が模範的事物に類同化され、「永遠化された感覚物」つまり廃棄さるべき余剰物となることは避けられない。

『パルメニデス』はこのようにして、イデア論の誤解がおちいる退行の途筋を予示することによって、哲学的思考の取るべき途を照射するのである。

まず、ここで批判の対象とされるイデア論は、「ゼノンのパラドクス」の回避策として提起されたのであり、それが覆う範囲は最初から制約されていることを承知しなければならない。若いソクラテスは、Fすなわち~Fというパラドクスが、主語的なもの（x）と述語的性状（F）との同一視に基づくことを察知し、エレア的一元論とは逆の方向をとって、Fと~Fの差異をそのものとしてのイデアに確保する。これによってFかつ～Fを同一事物（x）による相異なるイデアの分有に解消し、パラドクスを否定したのである。

したがって、知覚的性状にゼノンの指摘する葛藤が含まれない場面では、この「イデア論」は、Fとxの融合、すなわち感覚、知覚的把握方式を正当化し、次の命題を容認するだろう。

(A)〈F－xの融合体〉（木、石、指その他）がそれ自身で存在する。

次に、存在のこの意味が基礎にいすわっているかぎり、パラドクスの回避としてはそれで不都合な点はないのだから、次のように見るほうがむしろ当然といえよう。

(B) x／Fの思考上の区別は、Fそのものの離在自存を含意しない。

事実、『パルメニデス』において、イデアは、パラドクス回避とは別の推論から、老パルメニデスの示唆を受けて再導入されるのである。

(C) Fそのものは、「多くのFの上に立つ一なるもの」として思考されるところの実在である。

けれども、この論法で行けば、多くのFとFそのものを一括すると、その上に第二のFそのものが出現することになる。この「第三の人間論」と後に通称される論法は、(A)に(C)を溶接することの不可能、そして(A)(C)が含意する二世界論図式の不可能を明確に示している。

移動

だがもとより、かかる二世界論的構図はイデア（原範型）論に含まれるものではない。ここで『パルメニデス』がプラトンの思考の途筋において、いかなる「転機」を意味するかに関連して、イデア論の用語法における基本的事実とその明白に跡づけられる変遷は刮目に値する。

イデア論が正式に表明された中期対話篇において、イデアと個々の知覚的事象との関係は、二種類の並立する用語によって表現されている。一つは、これを原範型（Φ）／似像（F）の関係として表現する似像用語、もう一つは、知覚的事象を「xはFである＝xはFをもつ」と分節化し、その深層文法を「xはFそのものを分有する」と把握する分有用語である。ところが、『国家』の〈線分〉と〈洞窟〉、そして『パイドロス』から後期対話篇にかけては、この分有用語は――まさにこの「分有」に集中してイデア論が批判の対象とされた『パルメニデス』を唯一の例外として――姿を消し、似像用語の独壇場となる。(11)

したがって、この対話篇において表面化したイデア論の問題は「分有用語による把握方式」に集約されるのである。「xはFをもつ＝xはFそのものを分有する」という記述方式は、FとFそのもの（Φ）の区別を曖昧化し、また「ある」の意味基準を二重に設置することを正当化する方向に働く。なぜなら、そこでは〃x〃が主語として不可欠であり、それが物理的事物に対応する分有主体として、イデアと併行して、否むしろ優先的に存在する、という観念を醸成するからである。

かくて分有用語を廃棄した後期プラトンの思考は、「〃x〃の窮極的な資格を問い、似像用語の使用に内包されるパラディグマティズムの論理と形而上学の基盤を固める作業を進めて行った」[12]。それは一方で、「物」的実体をロゴスの中で解体する（『テアイテトス』）とともに、他方で「似像」を「水や鏡に映る像、影像や画像」の比喩から分離して、その存在論的位置づけに向かった（『ソピステス』[13]）。そしてプラトンは、これらの基礎作業の成果を結集して、『ティマイオス』において、可視的物体世界を描像に還元し、世界形成と世界像が重なるその場面で、人間の魂の運命を、われわれの生き方を明るみにだしたのである。

注

（1）田中美知太郎『プラトンⅡ――哲学(1)――』岩波書店、一九八一年、二五四頁。

（2）このような定式化を導く、テクスト上の裏付け、ならびにG・ヴラストスをはじめとする関連解釈の批判は、次の論文を参照。中畑正志「『パイドン』における、アイティアーとしてのイデア」『古代哲学研究』（XII）、一九八〇年、一二一―一二二頁。

（3）「視覚もまた、大と小を見たわけなのだが、しかしそれは、区別されたものとしてではなく、何かいっしょに融合したものとしてであった、とわれわれは主張する」（『国家』524C）。

（4）（2a）の保留条件。

（5）したがって、洞窟の壁の上に映る影を見ている囚人の状態はエイカシアーに対応するけれども、その意味は隠されていることを知らねばならない。〈線分〉と〈洞窟〉との対応をめぐる諸解釈の総合的な検証は、次の論文を参照。朴一功「「太陽」「線分」「洞窟」の比喩再考」『古代哲学研究』（XV）、一九八三年、一二一―一三四頁。

（6）想像、幻想、幻覚、間接的知覚、二次的情報といった実質をエイカシアーに付与する諸家の解釈に私は賛成できない。

（7）『メノン』篇の想起説は、さらにアポリア・ミュートス・実例の、全体的関連から読みとらねばならない。加藤信朗「プラトンの知識篇」（『初期プラトン哲学』東京大学出版会、一九八八年）。

（8）ここで(α)(β)の対比のほかに、(γ)大・小、軽・重、健康・病気、形など、の領域が現われる。なお、三者の領域における存在把握を明るみに出し、「知と不知」の問題に照明を当てた、次の論文が参照されねばならない。松永雄二「「知と不知」とをめぐる問題――プラトンの初期対話篇に関して――」（『知と不知――プラトン研

究序説——』東京大学出版会、一九九三年)。
(9) 藤沢令夫『イデアと世界』岩波書店、一九八〇年、五三—五八頁。
(10) 「多くの人々の魂は、指とはそもそも何であるかという問いを、知性に向かって問いかけざるをえなくなるようなことはない」(『国家』523D)。
(11) 以上の文献的な裏付けと、用語上の変化の背後に展開されているプラトンの思考の筋目、その哲学的意義については、藤沢令夫、前掲書、九六—一四五頁。
(12) 同書、一二八頁。
(13) 本書第七章。

第二部

測量

第三章　魂と消滅——『パイドン』の魂不死論証の周辺——

はじめに

「魂の不死」ということの意味を見究めるのは、きわめて難解な事柄に思われる。ただし、『パイドン』のこの問題のモチーフそのものは——課題が「魂は人間の死後にも存在して、何らかの能力と知力を持続ける（70B）」ことの証明であることからみても——魂の存在をその知的能力に連関させて確認することにあった、ということは明白である。だからして、その論点を落として単なる不死を願望するというようなことは、哲学を「死の練習」として位置づけた視点からおよそ隔たるものとなろう。別のテキスト（『エウテュデモス』289B）にも使用技術知の優位が示される脈絡のなかで「人間を不死なるものとする知識があったところで、もしその不死を利用する知識がなければ何にもならぬ」

ということが言われているが、実際、不死が邪悪と災厄を累積するものでないとは断言できない。また「魂の不死」によって人間が死すべきものである現実を打消すこともできない。その点を考慮すれば、「魂の不死」の問題の核心は、生物としての人間的生の彼方に拠って逆に生を価値あらしめ、生物的限界を超出する志向に生の意味づけを求めることにある、と言えるかもしれない。だが、この種の主張にどうして不死・不滅の概念を導入しなければならないのかが私にはわからない。そしてその問題は、プラトンが信じていたといった「事実」に置き換えることもできないように思われる。

しかし、以下の考察ではそのように性急に結論を求めることを避けて、問題の逆説性を「死」・「消滅」といった何か漠然とした観念を洗うことから索ってみる。というのも、「消滅」の説明を曖昧にしたままで、「不滅」の意味を理解することは困難だろうから。

「魂の不死」は『パイドン』の時代にあっても証明を必要とするような逆説であった。そうであれば、逆に「魂の死」という根強いドクサから始めて、消滅（生成）の自然学的な説明の枠組とイデア論的なそれとを対比検討しよう。

一　死の描像から消滅の概念へ

まず最初に置かれている死の素描——

魂は一旦身体から離れてしまえば、もはやどこにもなく、人間が死んだその日に消滅する。すなわち、身体から離れ抜け出るとすぐ、いわば息や煙のように散りぢりになり飛び散って、もはやどこにも一点のあとかたもなくなる。（70A）

このプリミティブな描像をさらに整理すれば、消滅を分解・分散から説明する枠組みが浮かび上がってくる。言うまでもなく分解・分散は破片がどこかに残るからこそ分解・分散である。そこで断片化によって滅びるのは、最初にあった構成体である。つまり、「散りぢりになる」が「消滅する」ことになるとすれば、どこまでも壊体されていく（無限分割）ということが意味をもつのでなければならない。そうだとしたら、壊体に対する合成過程はあるとしても漸次劣勢化し、最終的には打消されるものとなる。むろん、この場合にあっても複合体・構成物どうしの結合は可能である。しかし、それがいつまでも続くということは定義上不可能である。つまり、複合体でありながら決してその要素に分かたれない、というのは意味をなさない。そこで、同型な変化の反復は時の推移とともに減り、次々に新しくより微細なものが生まれ、ついには突如、無に帰すということになろう。こういう見方からは、結局のところ、要素への壊体というしかたでは説明しきれぬ「消滅」という観念が残り、一方的な生成（消滅）過程と終末が予想されている。

もしそういったわれわれの理解を超えた「消滅」観念を払拭しようとすれば、決して無に帰するところのない何かを存在の究極単位として想定しなければならない。それ自体は不滅なものを基礎においてはじめて、消滅（生成）するものは、その要素の離合集散が幾層もの段階で織りなす図柄模様として、これをみてとることができるだろう。この方向で魂を構成された一種の形と考えて最初の「魂の死」の描像を洗錬したものが、〈魂＝調和〉説（84C–86D）だといえよう。その骨子は——

> 身体は反対的対極性質力を担う物的諸要素の統一体であり、これを土台として、それら諸力が或る「適正な」割合で構成されるとき産出される融合（*krāsis*）、調和（*harmoniā*）が魂というものである。したがって身体の構造的変容はそのまま上部構造としての魂に影響する、というよりもむしろ、或る特定のパターンをもった物的集合の上にしか魂は存立しえぬのであるから、もともとの集合パターンが壊れると直ちに魂は消滅する。

このように一般に存在と機能の由来をその構成要素から説明する考え方は、素材還元的（materialistic）であるといえるが、同じ説明枠をもったものがソクラテスの自伝風回想の中にも紹介されていた。生物の発生について、冷たい土的要素が熱せられ腐敗して一種の粘液となり、そこから生命組織が形成され育まれたというアルケラオスの説と伝えられるもの、また思考作用の源については、血液説や気息説に加えて、脳髄が感覚を可能にし、そこから記憶と判断が形成され定着することにより知識が生ずるといった説がそれである（96B）。

二　イデア原因論

これに対し、消滅（生成）のイデア論的説明の枠組はどのようなものになるだろうか。最初に挙げられたプリミティヴな死の観念を相手どって、とりあえず壊体という事態がいかなるカテゴリーに帰属するか吟味し、それを合成的複合的なものの属性と規定し、他方で非合成的なものに存在の単位としての不壊の性格をもたせるところまでは（78B–C5）、自然学的説明枠とかわりはないだろう。決定的な岐路は、その先の「非合成的なもの」の基準の設定に現われる。プラトンはまず存在単位の資格として恒常的自己同一性に着目し、変化するものを複合的なものとみなすという仕方で、いわば自然学的説明の終った地点から出発してさらにその先を問う。

(1) 不壊不滅なるものは、この恒常的自己同一性の要請に応じた「まさにそのあるということの説明を問答法においてわれわれが与えるところの実在そのもの」（78D）に求められる。

(2) 変化し生成消滅するもののクラスには、その実在（Fそのもの）と同じ名（F）で呼ばれるところの感覚的個物が入れられる。

この可視的種族に対して、究極の実在(1)は「不可視なもの」と総称される。それは一方で、(a)恒常的自己同一性—常に単一な相—不壊という基本的性格をもつと同時に、他方われわれの或る一定の心的位相に密着して現われてくるものである。すなわち、(b)感覚が把捉する範囲を超え、思惟が「何であるか」を遡及することによってのみ理解される。言うまでもなく、このような実在は具体的感覚的事物やその構成要素ではない。

以上の存在論的区分けは、魂の不死の最終証明を準備する箇所でもう少し詳細に論じられる。そこでは生成消滅が最終的にどういう枠組のなかで把えられているだろうか。生成消滅が演じられるための要因として何と何が導入されるか。それらの存在論的身分はどのようなものであるか。

まず、仮設された命題のうちに、前述の存在区分との明らかな対応が確認されるだろう。

(1) ひとつひとつのエイドスが確在する。

(2) エイドス以外のほかの事物は、いずれもこのエイドスにあずかることによって、エイドスと同じ名前で呼ばれる

そしてこれの、消滅（生成）の場面での意味あいは「シミアスはソクラテスより大きく、パイドンより小さい」と普通には記述される事態の分析を通して、さらにもう一歩解明が進められる。この場合シミアスは大きいものでありまた小さいもの（事物）であり、「大」「小」という相反する名前で呼ばれる。したがってシミアスは「大」そのもの、「小」そのものではなく、仮設(2)によりシミアスが「大」「小」のエイドスをもつからだということになる。そこからして、それぞれの存在位相が三分される。

ただたんに(1)「大そのもの」が決して同時に大でも小でもあることを望まないだけでなく、(2)われわれのうちにある「大」もまた決して「小」を受け容れようとはせず……反対物である「小」が攻めよせてくるときは退却して場所をゆずるか滅びてしまう。……これが(3)私（ソクラテス）という人間だったら、「小」を受け容れ、もちこたえた上でしかも依然私自身であることをやめず、この同じ私という人間が小さいのだということになろう。（102D–E）

これを一般化し再集約すると——

(1) 生成と存在の原因であり、それ自体として存在し、常に自己同一な、存在の究極単位であり不生不滅なエイドスもしくはイデア（Φ）。

(2) この生成界にある内在的エイドス（F）。(3)とともにあり、それ自身の意味を(1)によってもつ。反対的な内在的エイドスの襲来に対して、決してそれと混在することなく、(3)をゆずって退却するか滅びる――しかし、後にみるように一般には滅びる。

(3) 生成消滅の舞台となるもの。内在的エイドスを担い、それと反対な内在的エイドスをも、それ自身は変わることなく受け容れることができる。

ここで以上三つの存在論的身分について、(3)を中心に若干補足を加えよう。

このクラスは、生成消滅のあらゆる場面、つまり反対的エイドス(2)のあらゆる抗争を考慮にいれてみるとき、最終的にはエイドスを担うという役割を果たすだけのものとなる。たしかに、それがエイドスを受け容れる仕方には、最初みたところでは二通り考えられよう。第一に、それ自身が何か本質的属性をもちつつFであり反対のFでありうるという場合（具体的個物）。第二に、そのような本質的属性を欠き、たんにFと反Fを受け容れる可能性であるという場合（場）。しかし、雪とか火とかの通常自然的事物と言われるものが「具体的個物」の身分に当たるかといえば、否と答えなければならない。なぜなら、雪は「冷」のエイドスをもつものであるから、もし雪なるものとして「具体的個物」の身分にあるとすれば、反対の「熱」のエイドスを受け容れ、もちこたえた上で、依然雪でなければならないだろう。しかしながら、「熱い雪」はもはや雪としての意味を失っている。また「冷たい火」にしても同様である。したがって雪や火は「具体的個物」の身分を全うせず、(1)〈雪そのもの〉〈火そのもの〉、(2)生成消滅する内在的エイドスとしての〈雪〉〈火〉、(3)無規定な場所に分析される。

だがしかし、『パイドン』において(3)の事例として挙げられているのは、私（ソクラテス）であり、物体であり数である（105B-C）という異議が出るだろう。また雪などの場合にしても受け容れるエイドスの種類によっては、たとえば「白い雪」「黒い（泥塗れの）雪」等の場合には、依然雪であり続けることから、先の議論は必ずしも正当でないように思われる。しかしそれにもかかわらず、それら——人間、物体、数——の場合、それ本来の固有な意味は無視され、いわば白紙還元されて扱われていると言うことができる。(1) また(3)を割りだすにあたって、あらゆる反対的エイドスを受け容れる最下層まで徹底すれば——これに対する歯止めは与えられていない——持続と受容能力とひきかえに、その他のあらゆる性格規定を失うはずである。

そうだとすれば、自然的事物は、たとえその微粒子といえども、生成界の基定をなすものではなく、場所と内在的エイドスとに解体されるのである。そしてこの内在的エイドスは、生成界を超えたエイドスそのものにその存在理由をあおぐ仮の存在という身分をもつにすぎない。

三　イデア原因論の拡張

ところで生成消滅の具体的経緯の説明はこれだけではまだ不充分である。「反対のものから反対のものへ」という生成現象の大枠は、(3)を舞台とするところの、反対関係にある内在的エイドス間の交替劇と解釈される。しかし、事象の移り行く姿は、必ずしもそれほど鮮やかに両極の間を往復するようには見えない。もし生成（消滅）が「反対から反対へ」という形をとるのならば、そしてわれわれの世界の〈雪〉はあくまで生成消滅するものであってエイドスの純粋な担い手ではないとするならば、〈雪〉のエイドスと角逐する〈反‐雪〉なるエイドスがあるということになるが、果たしてそうか。だがこの問題は、エイドス相互の結合関係を基軸にして、雪の消滅が〈反‐雪〉との対立によるのではなく、〈熱〉によるのだとすることで解消されている。それを次にみよう。

そこではまずエイドス——という言葉では(1)(2)を共通に語る——の様相が区別される（103E）[2]。

(a)　常に自分自身の名に相当する（Φ、F）

(b)　常に(a)の性格をもつ故に(a)の名の意味をも含む（Γ、G）

ここで(a)(b)の関係を便宜上Γ＝Γ＋Φ（G＝G＋F）と書き表すことにすると、その具体的事例も――

①火＝火＋熱、②雪＝雪＋冷、③3＝3＋奇数、④2＝2＋偶数 etc.

(b)の系列をもつこのような性格から、(a)の系列が①と②、③と④のように強い反対関係をなすとき、(b)もまたそれに付随したいわば弱い反対関係の成立をみる。そのことが生成と消滅の場面でもつ意味、つまりGの機能がFのそれに等しいことが次に語られる。

(i) 生成の場面――それが何かを占有した場合、たんに自分自身の性格（G）をもたせるだけでなく、自分が常にもっている或る反対的な性格（F）をも与える（104D）。

(ii) 消滅の場面――あのもの（G）もまた反対的な性格（F）をいかなるもののところへ行くにしても、これに対してくり出すのだとしたら、そういう性格をくり出すもの自体（G）はくり出された性格と反対の性格（反F）を決して受け容れない（105A）。

Gの機能が(i)のようなものだとすると、現象Fの成立原因としてイデアΦだけでなく、現象GとイデアΓを推論することが可能になる。たとえば、（物体が）熱くなるのは〈熱〉のみならず〈火〉にもよると言うことが、「火＝火＋熱」から可能になる。このことは「熱の原因はいつも火である」というような主張と同じだろうか。しかしごく単純に考えても、「Γ＝Γ＋Φ」からは「ΦならばΓ」という推論はできない。また熱さの知覚から火の知覚が導かれはしない。それでは、物体が熱くなるその原因は火である、というのはどういう意味なのだろうか。それはこう考えられる——すなわち、①「熱い」「火」という断片的な知覚事実が、②「火ならば熱い」というエイドス相互の含意関係に基づく認知を通して、③「これが熱いのは火であるからだ」という形で一つのまとまった知覚事実として成立する、というその事情を示すものであると。したがってこの意味では、「火＝火＋熱」は知覚によって認められる何か物理的事実であり、「3＝3＋奇数」といった言葉の含意に関わる命題とは全く性質が異なる、という解釈[3]は妥当でない。言ってみればΓ＝Γ＋Φは全て分析命題である。知覚は一般にこの種の分析を前提してはじめて、現在知覚の制約を脱却し、或る安定性と拡がりを獲得しうるのである。

一方、(ii)からみられたGの機能は、直接の敵役が見られない内在的エイドスの消滅の仕方を説明する。しかしこう言い切るためには問題がもう一つ残されている。すなわち、「反対を受け容れない」ということは、『パイドン』において「場所をゆずって退却するか滅びる」という両義性をもたされて語られているのである。しかしながら「退却する」とは、内在的エイドスについては、ただ魂・生命（これを内在的エイドスとするならば）の場合を例外として、そもそも意味をもちえないのではないか。これが残された論点である。

まず、もともと「受け容れない」の両義性は、受け容れられない当の対象の意味を、分析の手順として一旦切り捨てたことから生じたのである。つまり「（　）を受け容れない」という形式で考えるときに両義性がある、ということなのである。括弧の中が充実し意味が確定すれば、同時に「受け容れない」の意味を一義的に確定するはずである。事実、「奇数は偶数が攻めてきても偶数とならない（偶数を受け容れない）」ということが「奇数が滅びることによって偶数が代わりに生じる」ということでない理由は何もない。むしろこの場合、「消滅する」ことにアポリアはないが、「無事に退却する」がいかなる事態を表わすのかはとうてい理解しうるものでない。それに対して、「死を受け容れない」という場合に限っては、それが「消滅する」ことと同義だと言うわけにはいかない。なぜなら、もしそう言うことができるとすれば、生死の対立する意味が消えることになるからである。この点から「退却する」という概念は、魂の不滅性の説明のために導入されたのだと考えてよいだろう。

だとすれば、生命としての魂だけが——これを内在的エイドスとみた場合——特異な位相を占めることが明らかになる。しかしいかに〝特異な〟と留保するにしても、内在的エイドスの存在資格がまさにこの世界にあって生成消滅することにある以上は、魂はその枠からはみ出ることになるだろう。さらに魂をイデアや場とすることの不可能も、これらに負わされた機能からして、議論の余地はない。

つまり以上は、魂が全く独自な存在身分にあることを示唆するのである（魂不死の最終論証の意味）。

四　随伴現象説は反駁されるか

かくて、消滅（生成）をイデア論の立場で説明すれば魂の不滅性が含意され、他方問題を自然学的説明枠の中で処理すれば、魂の可滅性が——魂を不滅のアトムとするのでない限り——確実に導かれる。むろん、これだけのことが自然学的説明を不可能にするわけではない。そこで両者の争点について、別の方向から考察の糸口をつけてみよう。

最初に〈魂＝調和〉説の反駁（91C–95E）を検討しよう。第一の反駁（91E–92E3）から、この調和説がイデア論の前提と対立する争点をもつことは明白にされている。しかしそれはアド・ホミネムな議論であることから、イデア論以外の立場に対してはさほど有効にはたらかない。また最後の反駁（94B sqq.）は第二反駁（92E4–94B3）のヴァリアントとみなしうる。そこで当面の考察にとっては、第二反駁を吟味するのが上策である。

その議論の争点の根は、⑴魂A、Bは魂であるという点で完全不完全の程度の差はない、⑵魂A、Bは（知性の有無によって）善悪の差をもつ、という魂の両義性にある。この場合、調和説にとっては問題そのものを結局打消す以外に途はないということを確認しておこう。

まず、調和説の前提から——

(a)〈魂＝調和〉は物的構成要素に一意的に規制される。

(b) 調律のされ方には完全不完全の程度の差異があるかないかいずれかしかない。

次に、(b)のそれぞれの選択肢が(a)と結び付けられる——

(1)′ 調律条件が一意的に確定しているとすれば、調和もまた程度の差はない。

(2)′ 調律条件が完全不完全の程度の差をもつとすれば、調和もまた程度の差をもつ。

調和説の難点は、(1)の説明として(1)′、(2)のそれとして(2)′を割りふることが、(1)′(2)′の非両立性から不可能になることである。

果たしてそうか。(1)′(2)′の非両立、及び(1)(2)の両立を認めた上で、これを調和説から別に説明する方策がないか考えてみよう。たとえば——

調和は調律条件Hによってあり、そして調和自身は性格H_1、H_2、……、H_nをもつ。

これはもともと二重調和説（93C3-8）の考えであって、ただ調和が不調和を分けもつというような形容矛盾を避ける目的で形式化したものである。[4] しかしながらそうしてみても、かえって議論の内部矛盾が明確になるだけである。なぜならば、この説明は〈調和＝魂〉が身体から独立に或る性格を受け取ったり取らなかったりすることを仮定しているが、それは調和説の前提(a)に反するからである。魂が或る性格を帯びるということは、当然身体条件の反映（epiphenomena）でなければならなかったはずである。したがって調和自身がそれぞれ相異なった性格をもつことはできない。やはり調和は不調和な性格をもてないのである。

次に、(1)(2)は認め、(1)′(2)′の非両立を調和説の前提から落とすことによって逃げ道がないかをみよう。すなわち——

調和は調律条件H_1、H_2、……、H_nのいずれかによって生みだされる。そしてそれらに共通な一般条件Hによって調和としての調和がある。だとすれば同様に、身体構造が一般条件Hを満たす限りにおいて魂としての魂があり、H_kである限りにおいてk的な魂がある。

とすれば、(1)(2)の両立が説明されるように思われる。しかし、それは実は不正確な言い回しによるのではないか。なぜなら、もし身体がHである限りにおいて魂としての魂があるのだとすれば、H_1～H_nの差異が魂を生みだすことには全く影響しないからにほかなるまい。だとすれば、H_kによってk的な魂があるというのは不可能である。k的な性格はあくまで身体のそれであって魂には波及しない。つまり善悪優劣は魂のではなくて身体のものだということになる。それゆえ、調和説は結局、最初の論点(2)を否定するほかはない。「H_1、H_2、……、H_nによって調和がある」という表現は、実は「端的にHによって」と言うべきところを、あたかも区別された異なるものによってあるかのような錯覚をつくりだしている。

かりにこの反論が間違っていたとしても、われわれは跛足の人間の魂が不具であるということはできない。ということは、われわれはいかに詳細に身体の状態を調べても、そこから魂の性質を推論することが原理的になしえないことを示すのではないか。なぜなら、心身の対応を云々するときわれわれが実際に行っているのは、まず魂の善悪・優劣などのそれ自体としての意味を定めて、しかる後にそれに対応するものを、たとえば脳髄の状態や身体の振舞いにたずねるという形をしかとりえないと思われるからである。そうだとすれば、身体構造を魂の性格の原因とすることは、一種の循環論法である。

今までにみてきたように、「魂のあること」と「魂のよくあること」との間に潜む問題は〈魂＝調和〉説の躓きとなっている。それでは、イデア論の立場からはこの問題に対してどのような説明がつけられるのか。イデア論を前提とするところの想起説は、正しい説明を与える能力があらかじめ魂自身に内在することを意味するものであった。したがってこの問題の解明の途は、魂が身体から独立に振舞うというまさにその点から出発するはずである。そしてこれは第三反駁（94B sqq.）と同じ内容になるのである。すなわち——心的現象は全て身体的条件に還元されるべきものではなくて、それ独自の位相をもち魂の能力は魂自身に由来する。魂は身体の構造変容（胃が空になる）とその感覚的受容（空腹感）とにそのまま従属すること（食べることを指図する）を不可避の過程とするものではなく、しばしば心的葛藤を生みだして、身体に対立する動きをなすのである。ということは魂が現在知覚を超えて未来を予知し、魂が自ら選び自ら動くことを含意する。したがって、魂のよくあること（*phronimos*）は、同様にまた悪しくあることは、魂のあることにその由来と原因（責任）が求められるのである。けだし、ここには尖鋭な倫理性と自由が成立する基盤があると言うべきであろう。魂の自体性、さらには不死性は価値と反価値との両義性をはらんでいるのである。

結び

要するに問題点は次のことである。対象を要素に還元して説明する仕方は、対象が本来もっていた意味を無化する。そしてこれが、第一に原因づけの論理的不整合として現われ、第二に人間の意図的行動の領域を捨象することに、つまりは領域区分された科学的方法を採ることに帰着するのではないか。これらの論点は、ソクラテスの原因探究をめぐる遍歴譚において再び本格的にとりあげられる。ここでは、第二の論点がそもそも説明の遡源が行きつくところがどこに設けられるべきかという善原因論に、第一の論点が事物の真相をどこにみるべきかというロゴス的考察の採用に関わるということへの予想だけにとどめておきたい。

アナクサゴラスの「万物を秩序づけ万物の原因となるものはヌゥスである」との創見に出発してソクラテスが構想した善原因論は、ヌゥスの知性としての意味を捨てることなく、擬人的なとも言われなくはない世界観に固執して、新たに「善という一つの適正な力（結束力）」を志向するものであった。ソクラテスにはすでに、自然学的説明が論理的不整合を含むだけでなく、一つの肝腎な領域——人間の意図的行為——を捨象することによって成り立っているということへの洞察がはたらいていたことは疑いない。すなわち、「ソクラテスがなぜこの牢獄に坐っているか」という場合、身体組織のメカニズムは道具・手段に属する二次的原因であり真の原因はそれとは明確に区別された「ソクラテスがそれを善いと考えたこと」であると明言している。このように目的と意図からの秩序づけ・位置づけをたんに人間行為のうちのみならず、全宇宙的な規模に拡大したところに善原因論の真骨頂がある。そしてそれは非人間的領域を目的の完成に対する手段・道具として包摂する力にも見られよう。だがわれわれの考察の方向にとって最も注目すべき特徴は、それが説明の最終枠を仕切っている点にある。

もし誰かが個々のものについて、いかにして生じたり滅びたり存在しているかというその原因をみつけたいと思うなら、問題の事物がいかなる仕方で存在し、あるいはいかなる仕方で他の何らかの働きをなしたりなされたりするのが、そのものにとって最善であるかを発見しなければならない。(97C–D)

そこで原因遡及の究極するところは「そもそも何が最上であり最善であるか」ということに尽きる。このような究極的定位は、擬人的ということでしばしば論難されるような主観性への頽落や事物の不定な有様をそのまま盲目的に肯定するようなオプティミズムの安易な形をとるものではない。事物の最善な姿はわれわれの恣意を超えたありのままの相との緊張関係において浮かびあがるはずのものである。なぜなら、当の事物が何であるか見当もつかない状態で、その最善なあり方を発見できようはずがない。この点で善原因とわれわれとの間には、そこに到達するまでの紆余曲折が介在する。すなわち、事物の真相が何において見てとられるかということに関する或る予断が、はるかに善原因を望見する行程（「第二の航海」）の出発点にあるのである。

注

（1）R. Hackforth, *Plato's Phaedo*, Cambridge Univ. Press, 1955, 154-155. 松永雄二「Phaedo 一〇二B三—一〇三C九」（『知と不知』東京大学出版会、一九九三年、第三章）。

（2）Hackforth（*op. cit.* 150, n. 1）の解釈の方向にしたがう。A. E. Taylor（*Plato, The Man and His Work*, London, 1960（1926）, 204-205）, R. S. Bluck（*Plato's Phaedo*, London, 1955, 118）を採らない。

（3）Hackforth, *op. cit.* 157.

（4）Hackforth（*op. cit.* 120）からこの着想のヒントを得た。

第四章　想起（アナムネーシス）

過ぎし日の悲しみの償ひをペルセポネーの
受領されしのち、上方の光降りそそぐ地へと、九たびの巡り経し年に
ふたたび彼らの魂を返したまふ。
そこより輝かしき王たちの
膂力すぐれたる勇士の、知恵にひいでし名将の
生まれきて、後の世にも神のごとき英霊と人の口に誉めはやさる。

ピンダロス（『メノン』81B–C より）

はじめに

「『メノン』にはじめて登場する想起説は一つの困難な状況が胎んだ仮設である」という独断から出発し、「その窮境（想起説の地上的根源）、想起説が導入されるに至る固い所与は何か」を探る試みをしてみたい。

最初に、想起説の輪郭を素描し、その図柄を構成する核心をおさえたうえで、問題点を整理しよう。

魂は不死であって、幾度も生まれかわり、この世界でも冥界でもすべての出来事（もの）を見たのであるから、学んでしまっていないものはない。そういうわけだから、徳についても、また他のことについても、魂が想起できるということに何の不思議もないのだ。それらは以前に知っていたことなのだから。というのも、すべてのものの自然的本性は同族関係にあって、魂はすべてを学んでしまっているので、人が勇気を失わず、探求に倦むことさえなければ、一つだけでも想起する――ということを世の人は「学ぶ」と呼んでいるのだが――ならば、その想起がきっかけとなって、おのずから他のすべての発見へと進展する、これを妨げるものは何もない。探求し学ぶことの全過程は想起にほかならないのだから。

(81C5–D5)

その前提は――⑴魂の不死、言いかえれば「すべてはすでに学び終えられた」こと。⑵あらゆる事物の本質的同族性。⑶魂自身の働きかけ――「人が勇気を失わず、探求に倦むことさえなければ」。そして補助仮説――⑷ある一つだけでも想起するならば

結論――⑸その想起がきっかけとなって、おのずから他のすべての発見へと進展する。

この推論そのものに破綻はない。しかし、だからといって結論を容認できるかといえば、それは無理だろう。なぜなら、⑴⑵は伝承説話の世界のことであり、丸呑みするにせよ全面的に斥けるにせよ、その択一の判定には決め手がないからだ。したがって、われわれが想起説に接近する途は⑶のほかにない。⑴⑵はわれわれの外部から、自然の側から、結論⑷⑸を支える。しかしこの場合、いくたび自然が支えようとも魂自身が活動しなければ、それには何の効力もない。条件⑶は⑴⑵から独立である。いや、もしかすると、それらを支える基盤であるかもしれない。

問題は以下のようなかたちをとるだろう。魂自身の内発的な活動がなければ、想起説は効力を失う。では、その裏返しになるが、魂自身の活動があれば、想起説は無用のものとならないか。われわれが探求を断念することはけっしてないのであれば、想起説はそのすべての価値を奪われるのではないか。

然りと答えるのは速断と言わなければならない。想起説の提示にすぐ続く箇所をみれば、魂の内発性と想起説は互いに不可分で、どちらが欠けるのも許されない。

だから、そういった［探求の不可能を論弁する］論争のための説を信じてはならない。それはわれわれを怠惰にするものであり、惰弱な人間が聞くのを喜ぶものであるが、こちらの説はわれわれを活発にし探求心を鼓舞してくれる。私としては、この説が真実であると信じて、君とともに徳が何であるかを探求したいと思っているのだ。（81D5–E2）

この問題は、想起説と「探求のパラドクス」との関係を確認するとき、もう少し明確なかたちをとるだろう。

一　探求のパラドクス

『メノン』の冒頭場面からはじめよう。ゴルギアスの即興芸に感化された青年がソクラテスを罠にかけようとして待ち構え、「徳は教えることができるか」と問う。

こういう問題に答えることができますか、ソクラテス。はたして徳は教えることのできるものなのか。それとも教えられるものではなく、修練によって身に着くものであるのか。あるいは修練によるのでも学習によるのでもなく、生まれつきの素質かあるいは他の何らかの仕方で人にそなわるものなのか？

ソクラテスは青年の魂胆を見破って、逆に彼を問いと吟味にかける。青年は困惑し、ソクラテスをシビレエイに譬える。ソクラテスは自分が徳の何であるかを知らないことをくりかえし表明し、しかしその探求をともにする意欲のあることを告げる（71D-80D）。窮した青年はソクラテスの言葉尻をとらえて反撃に出る。「しかし、それが何であるかも全然知らないのであれば、どうやって探すのか」。以下、これをメノンのパラドクスと呼び、まとめてⒶと表記しよう。

(A_1) あなたはご自分の知らないもののうちから、どのようなものを先に標的として選んで探すつもりなのか。
(A_2) かりに、ほんとうにあなたがそれにめぐり逢っても、どうして、それがあなたの知らなかった当のものだと知ることができるのか。

メノンのパラドクスは真面目なものとみなしてよいのだろうか。対話篇の劇的展開を追ってみれば、この反問がメノンの怠惰と惰弱から発するものであることは誰の目にも明らかである。さらにメノンのパラドクスは、これに続いて、露骨な競技問答的な命題（*eristikos logos*）――こちらはⒷと表記する――に変形されている。

ソクラテスは(A)を受けて、メノンの真意はこの(B)――人は知っているものも知らないものも探求することができない――にあると言う。

(B1) 知っているものは探求することができない――知っているのだから、そういう人に探求の必要は全然ない。

(B2) 知らないものも探求することができない――何を探求したものやらも知らないから。

そして、メノンは暗に自分の意図がそこにあることを認めて、(1)「その議論は実に巧妙にできているとあなたには思われませんか?」と同意を求める。ソクラテスは言下にそれを否定する。

「探求のパラドクス」と想起説

(B)を真向から否定すれば、「ではそのディレンマはどこに難点があるのか」と反問が返ってきて当然だろう。しかし、探求のディレンマが告げる探求不可能説に対してソクラテスは諄々と論駁することはせず、ほとんど頭ごなしに想起説を提示し、いきなり対置の構図をつくっている。これはどういうことなのか。このディレンマはその不純な動機だけで拒否されるべきだというのだろうか。

だが、想起説についてのソクラテスの最終評価は、想起説が少なくとも「探求のパラドクス」をディレンマに解消して拒否したものでないことだけは明らかにしている。想起説の全体像は、その実験的証明を経て「存在するものの真理がつねに魂に内在する」ことを確認し、前提の一つである「魂の不死」を補強することで完結する。ここでソクラテスは、知らないものについては探求すべきであることを力説する。

> 他の点では、この説をあまり強硬に主張するつもりはないが、自分の知らないものについて、人はそれを探求すべきであると思うほうが、知らないものは発見することもできないし、探求すべきでもないと思うよりも、われわれはよりすぐれた、より勇敢な者になるということ、この点をめぐっては、言葉の上でも行為の上でも、可能なかぎり、徹底的に戦うつもりだ。（86C）

これによってみれば、枝葉を刈り取っても最後まで残る想起説の核心は「自分の知らないものについて、人はそれを探求すべきである」ことの根拠にある。またここで対置され斥けられているのは、以下の二つの命題で、それぞれパラドクスの分肢に対応している。

「知らないものは、いつかそれを発見するということもできない」…（A_2）

「知らないものは探求すべきでない」…（A_1）および（B_2）

後者が（A_1）と（B_2）に対応するというのは文字通りには正確でないが、その内容を考えれば問題ないだろう。「探求すべきでない」ということの理由は、探求できないのだからという以外に見当たらない。すると明らかに最終的には、探求のディレンマ(B)はパラドクス(A)に差し戻されている。

では、先の(A)→(B)は何であったのだろうか。

ディレンマ――探求の基底への下降――

(B)においては、探求の完了条件（A_2）が脱落し、かわって始発条件だけに絞られ、その上で（B_1）が追加されることでディレンマが構成されている。パラドクスの療法としての想起説の構造をみるためには、あらためて(A)から(B)への移行が包含する意味を再確認しておかなければならない。

(1)「知っているものは、その必要がないという意味で、探求することができない」（B_1）は、探求を裏から説明したもの（知らなければ探求しなければならない）として、そのまま容認するほかにないだろう。そうすると、(A)→(B)の置きかえは、パラドクスが（B_2）「探求の対象が何であるか知らなければ、何を探求すべきかも知らない」に集中することを意味するだろう。しかし、この探求の始発条件をめぐる困難は、その対偶を取れば、探求の完了を宣言してしまっている。

何を探求すべきかを知っていれば、すでに探求の対象の何であるかも知っている。

探求の照準設定が、いまだ始まってもいない探求を完了させる。これはいかにも奇妙である。したがって、探求の照準設定は「何であるか」の知を包含するほど強いものであってはならないと指摘するだけで、(B)は瓦解するように思われる。しかしこれは、探求の不在の主張に対して探求があるという前提のもとで反論しているだけであるから水掛け論に終わる。探求が可能か不可能かは、これだけではいずれとも決めることができない。しかしこれとは別に、少しあとでみるように、探求は可能でなければならないことが示されるならば、われわれは(A)に押し戻されるだろう。

(2) (A)を(B)に論理的に解消することはできないとすれば、(A)→(B)の移行は、(A)に含まれるその一部――メノンの争論的な下心――に強い照明をあてることにあったと断定できる。そして不純な動機の暴露は逆にまた、もとのパラドクスを純化する洗滌作業であり、想起説の基底を準備するものとなる。「知らなければ探求しなければならない」「しかし、探求の対象Xが何であるか知らなければ、何を探求すべきかも知らない」。これは「Xとは何であるか」の探求から外在的根拠を奪うけれども、われわれがあてのない旅に出ることを不可能にするものではない。なぜなら、探求がいかに不条理であっても、そのことはわれわれにおける「知らない」という事実を消すものでないからである。

(3) 探求のパラドクスは(B)のディレンマに置きかえられることによって、知と無知との相互排除的な分割を強調することになる。この強調は弱点を露呈するもののようにみえなくもない。つまり、ここに知と無知との中間カテゴリーを導入すれば(2)問題はあっさり解決できるのではないかという着想がすぐに浮かぶ。しかし中間項の導入は形式的な論理操作以上のものでなく、またこの問題の対処として正当なものともなりえない。なぜなら、ここで必要なカテゴリーは「中間的な」ものではなく、知への方向を内包する移行・運動のカテゴリーだからだ。実際また、想起説は知と無知との中間を想定することによってパラドクスを回避したのではなかった。知と無知との中間にあるのはドクサであって、「想起」ではない。したがって、この点では隙はみいだされない。けれども、ディレンマ形式を整えることに伴って、別に捨象された事態がある。「知らないのに知っていると思っている」事態は、知と無知のどちらに分類されるかといえば、無知のほうにであろう。しかしその場合(B)はそのまま通用するだろうか。また逆に「知らないという事態をそのとおり知らないと知っている」はどうなのだろうか。

探求不可能説と「無知の知」

探求不可能説は「無知の知」(「不知の知」)と衝突する。(3)

ここで(B)に「と思っている」という反省意識を入れると、様相は一変する。先には容認するほかないと思われた（B_1）も、手放しで認めることはできない。

知っている（と思っている）ものは探求することができない——知っている（と思っている）のだから、そういう人に探求の必要は全然ない。

これはその通りであるが、しかし「知っていると思っているが、実は知らない」、あるいは「知らないものを、知っているものと思っている」のであれば、その人には探求の必要があることになるだろう。といっても、このままではそれは外部からの批評に終わり当人の関知することでないが、論駁によって無知の自覚に転化する可能性は秘められている。「知らないものを、知らないと思っている」状態——「知らないものを、知らないと知っている」と言いかえてよい——がそれにあたり、こちらは（B_2）のほうに関係する。

（知らないと知っている、その）知らないものもまた探求することができない——何を探求したものやらも知らないのだから。

しかし、「何を探求してよいかも知らない」ということはない。なぜなら、その場合には、何を知らないのかも知らないだろうから。「Xとは何かを知らない」というとき、そのXはわれわれの知らないもののどれと交換されても変わりないかのように思われるかもしれない。しかしもしそうであるならば、われわれは「Xとは何かを知らない」と知ることもできない。それは「無知の知」を不可能にするだろう。

探求のディレンマでは「知っている」と「知らないのに知っていると思っている」との区別が消されている。しかしその抹消は、探求に関わる基本的な事実を見落とすことになるだろう。ソクラテスは、このあと想起説の実験的証明のなかで、探求の端緒は「知らないことを覚る」ときに与えられていることを明らかにする。

自分が知らないのに知っていると思っていることを、この子が本気で探求することや学ぶことに取りかかると君は思うか。実は知らなかったのだと覚り、窮地に陥って、知りたいと焦れるようになる前に。(84C)

想起説へ

〈探求の端緒＝魂の内発性〉が「無知の知」において与えられているという事実は、想起説の実験的証明の内に置かれることによって、いっそう説得の効果をあげているとは言えるかもしれない。しかしこの事実そのものは「想起」の概念には依存していない。かえって、端緒が与えられたとなれば、探求のパラドクスの「かりにほんとうにあなたがそれにめぐり逢っても、どうしてそれがあなたの知らなかった当のものだと知ることができるのか」(A2)という疑問は、より強力なものとなるだろう。かりに探求がまったくの盲目的衝動であるとしても、その対象にたまたま遭遇するということはありうるだろう。ここで問題はどうしてそれが求めていた当のものだといえるのかである。それが確実に知っているかどうかの判別が可能な上階の「知」を想定するのは、ここでの解決にならない。というのは、(A2)は、それが確かに知識の条件を充足しているかではなく、そもそも遭遇しているのに気づくことができるのかという問いを含んでいるからである。

「想起」の概念が要請されるのは、このパラドクスへの対処である。とすると、われわれが最初に立てた問題、「魂自身の活動があれば、想起説は無用のものとならないか」という問いは、はっきりと否と答えられるだろう。探求に向かう内的決断と想起とは相補的なのである。

想起説は実験的証明を経て、「魂の不死」の前提が補強されたあと、「したがって、おおいに勇を鼓して、君が今は知らないでいるものを——それはすなわち、想い出せないでいるものなのだが——探求し、想起につとめなければならない」(86B2-4)と結ばれている。想起説が「探求のパラドクス」に対してもつ効力は、知と探求の概念を改鋳することによって、パラドクスを無効なものに書きかえるところにある。なぜなら、「探求のパラドクス」を構成しているのは、その知の概念にあるからだ。以下、「探求のパラドクス」（A_2）は知を目撃に喩えることから発生し、想起に置きかえるとき解消するものであることを明らかにしよう。

(1) **目撃モデル** 「知る」とはどういうことか。目撃する（見る）ということに置きかえてみよう。「まったく見たこともないものを、どうやって探すつもりか」という話になる。そしてたしかに、これは探求にはならない。

（A_2）もしほんとうに、あなたが見たことのなかったものを見ても（知らないものにめぐり逢っても）、どうして、それがあなたの見たことのなかった（知らなかった）当のものだと知ることができるのか。

メタレベルの「と知る」を目撃モデルで置きかえることはできないので、これを落した形で考えてみる。

↓ ′（A_2）どうして、それがあなたの見たことのなかった（知らなかった）当のものなのか。

見たことのなかったものを見ることはできるが、見たことのなかったものは無数にあり、求められていた当該の対象を取り出すことはできない。それ以前に、目撃モデルでは、見たことのないものを見ようとすることができない。「知らないものを知らないと知っている」という事態が「見る」ということでは構成できないからである。こうして知を目撃のメタファーで考えるとき、探求の不可能が成立するかに思える。しかし、その不可能は、過程（時間）が、したがってまた探求が目撃モデルによっては表現できないことに由来すると考えられよう。

(2) **想起モデル**　ここでは不知から知への過程が、「忘却から想起」で表現される。終了条件はどうだろうか。

(A_2) もしほんとうに、あなたが忘れていたものを想い出しても（知らないものにめぐり逢っても）、どうして、それがあなたの忘れていた（知らなかった）当のものだと知ることができるのか。

これもメタレベルの「と知る」を置きかえることができないので、(A_2)′の形式で考えることにしよう。

↓ ′(A_2) どうして、それがあなたの忘れていた（知らなかった）当のものなのか。

すると、この問いが成り立たないことは明らかであろう。もしそれが忘れていたものでなかったなら、想起したということではない。この意味で、想起の完了条件というものはないと言わなければならない。したがって、「探求のパラドクス」は解消される。

ただしかし、「想起の完了」ということについては、少し補足しておかなければならない。想起の完了条件がないというのは、誤った想起という概念は無意味だということにほかならない。しかし別の意味で、つまり想起を「忘れていたことに気づく——ぼんやりと想い出す——次第に鮮明になる——定着する」という過程（「探求し学ぶことの全過程は想起にほかならない」）でとらえるとどうだろうか。探求がやまないかぎり、想起の終了はない。正方形倍積問題の正しい答えを見つけ出した子供について、ソクラテスは想起の未了を強調する。

> 今のところは、それらの［真実な］考えは、夢に現われたばかりのような状態だが、もし誰かがこの子に、いろいろな角度から、繰りかえし何度も質問を重ねるならば、ついには誰にも劣らぬ認識をこれについて獲得するだろう。（85C–D）

最初の発見がそのまま知識であるのではない。同じ問題をさまざまの場面で、たとえば直角三角形の性質、数の系列等々のさまざまの連関を通して考察することによって、最初の発見はより明らかなものになっていく。このような知識概念は、ソクラテスの「無知の知（不知の知）」をまさに真正の知識としてとらえなおすものである。

二　窮境

想起説がメノンによって一応は受け容れられたあと、議論は最初の主題（「徳は教えられるか」）に立ち戻る。しかしこの問いは、すでに「徳とは何であるか」に収斂し、想起説によって事実上答えられたのであるから、徳の想起こそが次の課題となるべきものであった。最初の問いに退行したということは、メノンが想起説を実のところは受け流したことを意味するだろう。しかしそのことによる以後の展開の屈折にこそ、この対話篇の核心がある。議論は二部に分かれる。

⑴徳とは善さに関わる知（*phronēsis*）であり、知識の一形態である（87D–89A）。⑵徳は知識ではなく、正しいドクサ（*orthē doxa*）である（89C sqq.）。

⑴は「徳が教えられるものである」という仮設のもとで、その条件に遡行したものであり、他方⑵は、その「徳は知識である」というロゴスを——またメノンと読者を——現実の試練にかけると同時に「想起説の排除」による背理を導き出すものである。このロゴスと現実の情況との亀裂に想起説の根源が指示される。そこは探求の可能性と並ぶ、ソクラテスのもう一つの確信が披瀝される場所で

あった。

けれども、正しい思い（ドクサ）と知識とが異質のものだということだけは、これはもう推量で言っているつもりはないのであって、もし他にも私の知っていると表明できることがあるとすれば、そう言えるものはわずかしかないだろうが、このことも私の知っていることの一つに数えてよいだろう。（98B）

徳は知識である

この議論の概略は、おおよそ以下のようになるだろう——徳とは、われわれ自身を「すぐれた善き者」とするような有益なものでなければならない。その有益性の源泉はどこにあるのか。一般に有益とみなされているのは、身体の健康・強さ・美や富であるが、しかしそれらはそれ自体が有益なのではなく、正しく活用されることに依存する。また、魂の能動・受動の双方にわたる働きであるところの節制・正義・勇気や好学、記憶力、広大な気象なども、それ自体としては有益ではなく、知（*phronēsis*）に導かれてはじめて有益となり、われわれに幸福をもたらす。

以上は、初期対話篇の集約でもあり、知の先導と「正しい使用」とはここで併行的に語られている。勇気が知を欠くならば、それは一方で軽挙妄動、他方で残忍凶暴に堕す。勇気とは恐るべきものと恐

るべきでないものとが何であるかの知恵である。(4)

勇気の場合はわかりやすいが、節制と正義に知が伴わないと有害だというのは、どんな場合を指すのだろうか。それは臨機応変、融通性を欠くというようなことではなく、結局のところ慣習に還元され、ただ生きることにのみ由来するものを言うのだろう。たとえば、プロタゴラスの「新プロメテウス説話」(5)は、そのような起源を物語る——人間は自然との葛藤から制作技術と集団生活法をうみだし、さらにこの集団内部の軋轢から国家をつくりだした。群生から国家への転化の媒介となったのは、禁忌（つつしみ）と刑罰（おそれ）であり、これが節制と正義のはじまりをなす。

この説話には、たんなる生存以上のもの、人間を超えた存在との関わり（敬虔）が脱落している。われわれの行動が生存と生活必需品の獲得とに終始する場面では、いわゆる徳の価値は国家の法に依拠し、法は集団の保存に基づくというだけであって、けっしてそれ自身が価値の究極に置かれているわけではない。それは生活条件の供給調達を容易にする財貨・物理力と同じ構造にある。のみならずこの構造に内閉されるとき、獲得物の使用ということもふたたび制作、獲得と回帰的に動く、獲得↓使用↓制作↓獲得↓……というように。このとき「正しい使用」の知は、ひとつの制作技術、獲得技術として仕上げられ、その「正しさ」ということも獲得されるものの「よさ」に依拠することになる。知はここで手段的なものとして機能しているのである。しかるに、その目的とされたものも究極のよさを体現しないことから、ふたたび使用されるものへとリサイクルする。

このような場面でのわれわれの行為は回帰的循環であり、その行動範囲をどこまでも拡大して行くほかにない。したがって、「正しい使用」と知とが究極の方向を示す価値の根源となるためには、行為の拡大再生産の次元を断ち、「よく生きる」の「よさ」に関わるのでなければならない。そのような知こそ、もろもろの精神的資質や技術知識を組織し指導する「王者の知」[6]と呼ばれるにふさわしい。してみれば、このような〈徳＝知〉を授ける教師が現存しないことはごく当然のことであろう。しかしそこから導かれる帰結は「徳は知ではない」ということではない。むしろ、〈徳＝知〉の不在の（ソクラテスが不在の、と言うべきか）、そして想起の可能性の排除された情況の窮状を露呈するものなのだ。この窮状がはたして正しいドクサ（思い、臆断）によって救出されるか、これが次の問いである。

ラリサへの道

「正しいドクサ」は道案内の喩えで説明されている。

ラリサへの道がどれであるかの判断は当っているが、しかし実際にそこへ行ったことはないという場合、その人もまた、知識は持たないのであるけれども、正しく導くのではないか。（97B）

そこで、正しいドクサさえ持っていれば、同じそれについて知識を持っている人と比べて、導き手として何ら遜色はない。違うところは、ただ次の点だけである。

真実なドクサもそれがとどまっている間は立派な財産で、あらゆるよき成果をみのらせてくれるものなのだが、とかく長くはとどまろうとせず、人間の魂から逃げ出してしまうものなのだ。(97E6–98A2)

だから、これを原因に遡行する思考によって縛りつける――想起する――ことをしないうちは、それほど大きな価値のあるものでない。真実なドクサは縛りつけられてはじめて、

まず第一に知識となり、次いで永続的なものとなる。(98A5–6)

正しいドクサは永続性をもたない。知識と正しい（真実な）ドクサを決定的に区別するのは、魂のつなぎとめる束縛（想起）の有無である。

この議論の力点は、正しいドクサが知識でないというところにある。しかしここで想起の想定は、むしろその断絶の強調を薄めて、徳の場合も幾何学的知識と何かパラレルなかたちで、正しいドクサ（真なる考え）から知識にゆるやかに転化する途をつくりだすかにみえる。しかしながら、もしそのように検証された正しいドクサがあり、その正しさの根拠に遡源することによって知識化が可能だというのなら、いったい何ゆえに徳も幾何学と同じかたちで知識として確立されなかったのか。ここでの

想起説への言及はかえって、正しいドクサから知識へという連続的過程に強い疑義を抱かせる。

いま想起の内的過程を度外視すると、正しいドクサが知識と異なるのは、ただ永続性をもたないということだけである。この永続性とはいったいどういうことなのか。他方また、ここで言われる正しいドクサはどのような資格のものなのか。行為の正しい導き手としては正しいドクサも知識にひけをとらないと言われたとき、メノンは正しいドクサと知識との区別を次の点にみた。

(a) 知識を持っている人はつねに当たるが、正しいドクサの人は時に当たり、時にはずれる。(97C5–7)

これはすかさずソクラテスの修正をうける。

(b) つねに正しいドクサを持つ人ならば、つねに当る。(97C8–9)

だが続いてメノンは言う、「ですから、ソクラテス、ぼくは不思議に思うのです、ことのありようがそうだとすれば、いったいどうして知識のほうが正しいドクサよりも尊重されるのか。また、何ゆえにこれらの一方が知識で、他方が正しいドクサでなければならないのでしょう」。この修正のポイントは、要するに「正しいドクサ」は知識と同じしかたで持たれるものではないということである。

(a)′ 知識はいったんこれを持てばつねに持たれるが、正しいドクサはつねに持たれるものではない。(7)

メノンは(b)のポイント、つまり(a)を理解しているようにはみえない。このほうがよほど不思議に思われる。メノンの疑問に対するソクラテスの答も何やら謎めいてくる。

(君がそれを不思議がるのは) ダイダロスのつくった神像に注意したことがなかったからだ。もっとも君らの国にはもともとそういうものがないのかもしれないが。(97D5–6)

この謎かけは、ダイダロスの彫刻作品が文明の遅れたテッタリアにはないと言っているのではないだろう。ソクラテスのここでの語り方は、『メノン』の導入部における口調によく似ている。

ところが、ここでは、親愛なるメノンよ、まったく正反対のことが起きている。知恵の干魃でも起こったかのありさまで、どうも、われわれの住むこの一帯から君たちのところへ、知恵が逃げ出したようだ。その証拠に、誰でもよい当地の人間をつかまえて、そんなふうな質問をしてみるといい。一人の例外もなく、笑って言うだろう。「客人よ、この私はよほどおめでたい祝福された人に見えるようだ。徳が教えられるものなのか、あるいは他の何らかの仕方で人にそなわるものなのか、知っていると思われているとは！ 私と来た日には、教えられるものであるかないかを知っているどころか、徳がそもそも何であるのかも知らないのですよ」と。

また別の対話篇では、(8)ダイダロスの動く彫像は、ソクラテスの論駁を受ける問答相手のドクサの動揺の比喩として語られていた。してみれば、これはメノンの母国におけるソクラテスの不在（そしてまたゴルギアスの現在）を指すものであろう。「正しいドクサ」なるものは、ソクラテスの論駁にさらされることのない場所においては、知の擬装された姿をとっているのである。

つまり、正しいドクサの「正しさ」は本質的に事後的なものであり、そのとき事前にあったかのような仮象をつくりだすものなのである。ある場面で偶然に有効であったというにすぎず、われわれの固有な能力として持たれているわけではない。われわれが持っているのは、誤謬の可能性を含むドクサでしかない。したがって、(a)の誤りは正しいドクサとたんなるドクサとを混同しているところにあるだろう。

(a)がそのような混同をしているのは何によるのだろうか。外側から結果のみを観察する——想起の過程をみない——ならば、正しいドクサと知識は区別がつかない。ここで語られる「正しいドクサ」は反語的なものである。ひとつの行動様式が時代を蔽う場合でも、その正しさは人々の思惑と偶然の僥倖にすぎない。これこそソクラテスの吟味によって集中的にさらけだされたことではなかったか。この意味でもまた「正しい」ドクサは永続的でない。

こうしてみると、「徳に関する正しいドクサ」というものは、根拠づけによって知識に転化するどころか、そもそもの正しさ、有効性が根本的な疑義にさらされて否定される可能性を多分にもつといわなければならない。全体的視野を要求される領域では、事後の正しささえ確証されているわけではない。

あらためて、想起説がどのような構成にあったかをふりかえってみよう。その結論部分は「ある一つだけでも想起するならば、その想起がきっかけとなって、おのずから他のすべての発見へと進展する」ということであった。想起説は第一義的には、幾何学的知識の可能性の説明として導入されたのではない。たしかに、幾何学の領域において、〈無知の知〉から出発して発見に至る想起の構造が確認されている。しかし、想起説の導入を促したのは、「徳とは何か」の問いが無知の確認に徹底されたところで、探求可能性についての懐疑に逢着した窮境にあるだろう。ゆえに、「すべての事物の本性的同族関係」は、ここに想起としての知の可能性の展望が開かれるための、取りはずしのできない礎石として置かれているのである。

注

（1）想起説の実験的証明を聞かされたあとで、メノンがソクラテスに「教えてくれ」と求める箇所は、これと対照的である。ソクラテスは「想起させてくれ」と言うべきを、またしてもよからぬ魂胆から誘導的な言い廻しをしたと非難したとき、ここではメノンは自分の意図はそこにないと強く否定している。

（2）あるいは同じ対象についての知と無知とが両立できるような知識概念を導入する。Cf. Aristoteles, *Anal. Post.* 71a17–b8.

（3）想起説の導入は探求のディレンマに対して強く反撥するかたちでなされているが、緩衝をはさまずに、いきなり対置図式を設ける筆法は、冒頭でメノンが「徳は教えられるものなのか」と問いかけたときのソクラテスの反応（70A–71A）にもみられる。メノンの問が論争競技の場から繰り出されたものであることを示唆したのち、「無知の知」がそれを解さない人々との対比で、かつてなく強調されているのである。「無知の知」と探求の継続は、絶対に譲れない一線であるというように。

（4）*Lach.* 194E–195A. *Prt.* 360D.

（5）*Prt.* 320D–322D.

（6）*Euthyd.* 291C5.

（7）「正しいドクサ、真なるドクサは、とかく長くとどまろうとはしないもの」（98A）。

（8）*Euthyphr.* 11B–D.

第五章　イデア・原範型の消息

それを存在せぬもののように偽り、自己の内部にその等価物が常に生成している事実を無視する事は、衛生無害どころかむしろ忌むべき偽善に他ならぬのであり、ひいては我々の生きる世界の構造の重要な一環を見失わせるに至るだろう。

谷川俊太郎「不可避な汚物との邂逅」（『定義』）

プラトンのイデア論は、どのような発想から生まれたのだろうか。発生を現在化する試みとして、アリストテレス『イデアについて』の一断片の論点をたどり、そこからプラトンへ遡行するという方途をとることにしたい。

一　『イデアについて』断簡

アリストテレスの散佚した初期著作『イデアについて』は、その一部が『形而上学』の古注に保存されている。ここで取り上げるのは「より厳密な論法のうち、一方は関係的なもののイデアを立てるが、われわれはこれらの類の独立自存性を否定する。またもう一方は第三の人間を……」(A. 990b15)の箇所に注されたアレクサンドロスの『アリストテレス形而上学注解』(82.11-83.16) の部分である。ただしこの原テクストは錯雑しているので、ひとまず、より整序化された異本[1]によって、その論理の骨組に触れておこう。前提(I)、推論(II)、結論(III)のパラグラフに分けて論述を要約すると以下のようになる。

I．或る一つの述語、たとえば「人間」が複数個の対象に適用されるとき、その述定方式は同名同義的(*synōnymōs*)となるか、同名異義的(*homōnymōs*)となるかである。同名同義的方式には、原義的(*kyriōs*)と転義的(*ou kyriōs*)の二通りがある(これをそれぞれ、(a)範例方式、(b)似像方式と呼び、同名異義的のほうは、(c)混合方式と呼ぶことにしよう――引用要約者)。例は以下の通り。

(a)範例方式…「これら(カリアス、テアイテトス)は人間である」

(b)似像方式…「これら（ソクラテスの像、プラトンの像）は人間である」
(c)混合方式…「これら（ソクラテス、ソクラテス像）は人間である」

Ⅱ．（ここで「これらは等しい」という述定文を考えると）個々の感覚対象のもつ量（長さ、幅、奥行き、重さなど）は流動的であり、感覚される等しさは真に等しくあるのではない──→範例方式(a)の消去。同じ理由から、等価物の一方を範型、他方を似像とすることもできない──→混合方式(c)の消去。したがって「等そのもの」の感覚対象への述定は、似像方式(b)の可能性だけが残される。

Ⅲ．だとすれば、「等しい」の範例方式(a)が妥当する範例は感覚を超えた領域にあり、感覚的等価物はそれの似像である。

論法全体の意匠は、「似像が範型の存在を含意する」ことを核に据え、述定方式の分類を支持枠として、「感覚的等価物の似像性」を消去法によって割り出すものである。外殻は明快であるが、しかし仔細に及べば、いやでも混合方式(c)の論理的空転が目にとまるだろう。たしかに、(a)〜(c)が述定方式を網羅しているのであれば(a)(c)を塗りつぶすことが(b)の保証になるけれども、(c)は同名異義方式であって、その実質は(a)と(b)との集合にすぎないのであるから、(a)が成立しない界域では(c)も不可能であることは言うをまたない。さらに言えば、(c)を消しても、もっと徹底した同名異義方式が残るだろう。極論すれば、感覚的対象への「等しい」の述語づけは千差万別、そこに統一的な意味の芯はない、というように。

にもかかわらず、その「千差万別」の可能性が脱落していることから、この論法の基底に作動しているのは述定方式の網羅的分類ではなく、いわば一意的反復述定ともいうべき前提であると言わなければならない。

一つの語の述定が複数の対象についてなされるときは、或る一つだけの意味が反復される。

ところで実は、この基底は原テキストのそれでもある。そこでは(c)もまた、同名異義的なものではなく、「或る一つのピュシス（意味対象）を照示しようとするもの」の一つとされているからである。さしあたっては細部を省略して最初のほうの骨格部を訳出すると、

複数の対象について同一の述語づけが同名異義的にでなく、或る一つのピュシス（意味対象）を照示しようとするものであるとき、その述語づけが真となるのは、(a)によるか、(b)によるか、あるいは(c)によるかである。（82. 10–83. 7）

ここには同名異義の述語づけが登場していない。にもかかわらず、異本にはそれが紛れこんでいた。

なぜか。絵に描かれたものと実物は、われわれの常識からすれば同名異義であろう。[2] アリストテレスもその著作のなかでそう言っている。

同名異義的なもの（*homōnyma*）とはそれらの名のみが共通で、その名に呼応するものの「何であるか」の定義は異なるもの、たとえば人間も絵に描かれた人間もともに「動物」と名指される場合のように。

（『カテゴリー論』1a1–3）

さらに、手がどのようにであれ、たとえば青銅や木で出来ていても手にかわりないというようなことはありえない、せいぜい絵に描かれた医師が医師であるという場合のように、同名異義的に（*homōnymōs*）手であるにすぎない。というのも、それらは本来の働きを失っているからで、いわば石に彫られた笛や絵に描かれた医師がそれ本来の働きをしないのと同じである。

（『動物部分論』640b35–641a3）

物を見る働きが失われるときには、眼球は刻まれた石の眼や描かれた眼のごとく、すでに同名異義的にしか眼ではない。

（『デ・アニマ』412b20–2）

異本の述定方式(c)は明らかに、アリストテレスのこのような記述を濾過したものであろう。これに対して、原テキストはそれ以前の段階に成立したものと想定されなければならない。語法的にみて、『パルメニデス』の残響がある、ただ、そこで名指しの対象であるピュシスは似像に対する範型のような位置づけはされていないけれども。

名のそれぞれは何かを指して呼ばれる。同じ名は何度も繰りかえし呼ばれることも、一回だけ呼ばれることもある。……しかし一回だろうが何回もだろうが同じ名を声にすれば、同じことをいつも話のなかに織り込むことにもなるのは必然だ。ところでまた、「異なる」というのも何かを指す名である。したがって、それを声にすれば、一回だろうと繰りかえし何度もだろうと、その名の指す当のもの以外を名指しているわけではない。そこで、「多は一と異なる、一は多と異なる」とわれわれが言うとき、二回「異なる」と言葉にすることによって、別の異なるということではなく、いつもその名が指す当のピュシス（意味対象、実在）に差し向けて言っているのだ。 (147D–E)

この「一意的反復」を参照基準点として述定分類を組替えてみよう。範例方式(a)は、基本条件を次の形でみたすものになる。

(a_1) それぞれの語には、その一つの意味を充当する範例が存在する。

(a_2) 領域Dで反復述定がなされ、かつ(a_1)が不成立ならば、Dの外で(a_1)が成立する。

また似像方式も同様に——

(b_1) 転義態として(a_1)とは別の一つの意味を構成する。

(b_2) 領域Dで(b_1)のみが成立するとき、Dの外で(a_1)が成立する。

最後に(c)はどうなるだろうか。異本にあっては(b_1)を強調するだけのものであるから、補足的な仮定とみなしてよいだろう。他方、原テキストでは(c)が同名異義的でないという前提の中で切り出されたものであることによって、さらに奇妙なことになる。まず、(b_1)の「(a_1)とは別の一つの意味」は成り立たないことになるだろう。先に省略引用した箇所の(a)(b)(c)は以下のように訳出される。

(a) それら複数の対象が述語によって原義そのままに（*kyriōs*）意味されているものである場合であり、例えば「ソクラテスもプラトンも人間である」と言うのがそれである。

(b) 複数の対象が、原義に該当する対象の似像である場合である。例としては複数の肖像画を指して「人間である」というのがそれにあたる（この例でわれわれは人間の似像を照示し、そうすることですべての当該対象について、同じ或るピュシスを意味している）。

(c) うち一方が範型で、もう一方が似像であるときで、例えばソクラテスとその似像をともに「人間である」と言うような場合である。

ところが原テキスト（以下Πと略称する）の最終ステップでは、(c)を同名異義的とみなしてきたかのような口調で、しかも同名異義か否かは結論を左右しない（だとすれば、(c)の設定は論法の全体構想に響かない）と語られる。

だがまた、かりに似像は範型と同名異義のものでないと承認する人がいても、「感覚的等価物が等しいというのは、〈原義的かつ真に等しいもの〉の似像としての資格においてである」という結論は動かない。(83. 12–14)

ここでしかし、なぜ右の条件節（「かりに似像は範型と同名異義のものでないと承認する人がいても」）は、述定(c)の一意的性格の当否を不問にするような仮想的前提になっているのだろうか。述定(c)は当初から『イデアについて』に含まれていたのではなく、注釈者によって採録時に整備補充されたものである疑いは濃い。もともと一意的述定の一方式に組み込まれていたのであれば、ことさらここで場合によってはありうる可能性として論及されるという筋は考えにくいのである[3]。Πの作者はなぜここで、似像と範型の同義性に触れる必要があったのか。

まずは、Πの全体の骨法を確認することが先決である。異本の基本デザインを指針としたとき露頭するΠのさらに重大な暗礁は、感覚対象についての「等しい」の述定が同名同義的・似像方式(b)と同定されているかを疑わせる箇所である。

感覚世界の諸事物について、われわれが「等しい」とそのまま述定するのは、同名異義的な述定としてである。(83. 6–7)

「等しい」を「ほぼ等しい」の意味で使う。さらにその「ほぼ」は幅がある。これを「異義テーゼ」と呼ぶことにする。「異義テーゼ」は、(b)が「同名異義的でない」述定の一方式だという前提に強く抵抗するだろう。

この矛盾を解消する方策は、従来三通りの方向で練られてきた。

(1) 述定分類を注釈者が杜撰に要約したため、もとは異なる文脈にあった「同名同義」と「イデアの派生態」を意味する二つの同名の（たまたまその名は自己言及的になる）概念 *homōnyma* が不当に溶接された。(4)

(2) Πは(a)〜(c)の全否定を断言するものであり、論法の基本構想が異本とはまったく別の筋書になっている。(5)

(3)　Πにおいて否定されているのは(a)のみである。[6]

このうち最初の解決策は、その述定分類の成立についての貴重な示唆はあるものの、無理な技巧の積み重ねの果てに解釈不可能を結論づけるものであるので、他に解決策のない場合に残される最後の可能性になる。次に(2)はどうだろうか。その方向に沿って述定(b)をも消去するならば、似像が範型を含意するというΠの論法の核を潰してしまう。結局のところ、(a)〜(c)の全消去が感覚的事物の外に範型の存在を要求するという道筋を「同名異義」（*homōnyma*）の概念に装置することになるのだが、それは自然な含意とは言いかねる。プラトン対話篇に同趣旨の記述があるという論拠も、その記述そのものがイデア論に文脈依存するものであるから論点先取にしかならないのである。

それゆえ、(3)が妥当な線である。或るものについて端的に「等しい」と述定することは、そのものを「等」の範型、範例とすることだとすれば、「異義テーゼ」は「等」による範例方式を否定するものだと解釈できるからである。逆に同名異義でないのであれば、そのつどの感覚的等価物が「等」の範例となり、何の補足も限定もなしに「等しい」と語られていることになる。

では、これを起点にとって、「異義テーゼ」に続くΠの論証をディアレクティカルに（一意性の領域を絞りこむものとして）再構成してみよう。

Ⅱ′．①感覚的等価物を「等」の範例として、「等」の基準を感覚対象にとると、その意味が一つに確定しない。

なぜなら、それらすべての感覚的等価物に同一な定義がぴたりと適合することはないのだから。

(83. 7-8)

②しかし量的局面に「等」を限定すれば、範例方式による一意的述定が妥当するのではないか。否。

われわれは（それら感覚的対象が等しい、と言うときに）真に等しいものを意味しているのでもない。というのは、感覚されるものの量は揺れ動いていているからだ。絶えず変動し、不確定なのである。

(83. 8-10)

③しかしまた、等量の一方を範型＝測定基準としてとることができるのではないか。では、どちらがその一方なのか。

それら［感覚的等価物］の一方が範型、他方が似像ということで説明することもできない。なぜなら、どちらか一方が似像よりはむしろ範型であるということはないからである。

(83. 11-12)

ここに述定の混合方式(c)は浮上しない。「A＝B＝……」という事態は、基準参照点を欠く相称的関係であって、「範型／似像」のそれではない。そのことは感覚世界の流転性とはまた別の事柄である。異本ではいずれか一方の範型性が感覚対象の不定流動から斥けられていたが、Πにはその言及がない。つまり、③は②の系ではなく、感覚世界からの(a)の完全な消去の部分を構成する。してみれば、述定(c)なるものは、(a)に包摂されるのであって、別に独立に設定する理由もないのである。

最初の述定分類が(a)(b)だけであったとすると、Ⅱ′③で(b)の可能性だけが残され、Ⅲに接続する。

こうして論法の全体の骨格が確認されたので、もとの問題に戻ろう。Πの作者は論証の最終ステップで、何ゆえに「かりに似像は範型と同名異義のものでないことを認める人がいても」というように、似像と範型の同義性に論及する必要があったのか。

或る似像の定義は、それの範型が何であるかを不可欠の要素とするし、また或る図像を「人間」と呼ぶときには、そのまま図像を突きぬけて人間そのものを指していると言うこともできるだろう。このように似像が範型と同義であるとすることは、似像方式(b)が範例方式(a)に解消される局面を示すことである。もちろん、それは似像と範型の区別を消すことではなく、似像の範型への依存性を強調し(b)のそれ自体としての一意性を斥けて、(b)が(a)への関係づけのもとにあることを承認するものである。

そしてこの場合でも、感覚の領域内で(a)が否定されるということは、感覚で捉えられる領域の外での(a)の成立を要求する……(a_2)。感覚的等価物の「等」の意味は、(a)の成立との関係づけの度合に応じて、いわば似像として（ただしそれら自身に閉じられると共通の意味の芯を欠くものとして）語られる。したがって、似像と範型を同義としようとしまいと、結論(Ⅲ)は同じなのである。このことと並んで、似像と範型とは同義とも異義ともいえるという事情が、「異義テーゼ」の枠内で似像と範型の同義性が論及された理由である。

だが、「似像が範型と同義である」と認めることは、範例型とも似像型とも異なる第三の意味で一意的述定(c)を構想することであったとは考えられないだろうか。しかし状況証拠からみて、それはありそうにない。なぜなら、その種の想定は、「範型／似像」を同一形相の共有による類似関係に還元することであり、かりにもこれを認めるならば、イデア・原範型の成立に障碍をきたすことは、当然Πの作者も熟知していたはずである。

すなわち、『パルメニデス』篇（132C–133A）では、「大きな事物（Fx）は大のイデア（Φ）を分有することによって大きい（F）」というイデア論の定式に関連して、若いソクラテスは「分有」を似像（F）の範型（Φ）に対する関係として説明している。これは対話を先導する老パルメニデスによって類似関係に置き換えられ、無限背進を生みだす。F、Φの類似の成立を支えるのは、或る同一のパターン（Φ）の分有である。するとここで先の定式にしたがう（戻る）かぎり、イデアのほかにイデアが出現する。同様に、分有→「似像／範型」→類似→分有→……という操作の繰り返しによって、最初の「分有」の説明のために次々とΓ、Δ、E、……のイデアが要請されるのである。この退行現象は、感覚的事物によるイデアの分有という事態がそれ自身さらに別のイデアの分有によって成立するとしたことから始まるが、このような逸脱はそもそも範型／似像の関係を同一形相の分有による類似関係に置換したことから生じたのである。

以上からして、Πに述定(c)はなかったと結論してよいだろう。だとすると、この点では(c)を同名異義方式とみなす異本の解釈とも一脈通じることになり、異本における(c)の混入も説明される。

しかしながら、(c)を落とすこと（もしくは異本のように異義方式とすること）には、研究者の間に強い反撥がある。(7) (c)を一意的述定とするのはプラトン自身に由来するという理由からである。つまり、「敬虔のイデアはそれ自身敬虔なものである」や「大のイデアはそれ自身大きい」などの言明は、感覚的個物がイデアに似ているとする説（『パイドン』73C–74C）に不可欠の前提である。しかるにそれは、同一の述語が範型にも似像にもひとしく意味の差異を含まずに適用されるのでなければ不可能である、というのである。先の言明は、イデアのいわゆる自己述定（self-predication）となるわけである。

だが『国家』（596A–597A）で、画家の作品である寝椅子、大工の作品である寝椅子が同じ意味で、「寝椅子」と呼ばれているとしても、それは元来が一方でそのような慣用が日常語法にあるからにすぎない。似像と範型とが同一の定義をもつか否かという問いに対しては、アリストテレスも両様の可能性を容れている（『形而上学』991a2-8）。そしてプラトンの関心は言うまでもなく、似像と範型との差異、「見える」と「ある」との区別のほうに向かっている（『国家』598B）。

この似像と範型の分割が生じる場面をプラトンにおいてさらに遡れば、想起説の前提に逢着する。「範型／似像」は想起の脈絡のなかにあった。そこで次に、Πの祖型とも言えるテクストに視点を移すことにしよう。

二　似像と範型——アナムネーシスの場面——

『パイドン』(72E–77A) で語られる想起説の収束点は「魂の先在性」にある。一般の想起においては「あらかじめ知っている」ということが過去の感覚的経験と同定されることで完結するが、〈等しさ〉そのものの想起は、感覚的経験がそれ自身つねに想起の構造をなし、どれほど過去に遡行しても原初の光景を指定できない。したがって、ここで現在化されるべき大過去は、感覚と身体的対応の領域から逸れる。その過去は物の動きからは独立に構成される心的な時間の中にあって、心身相関の「今」に対置されるのである。

まず、想起の(i)必要条件、(ii)充分条件への分析から始められる。

(i) 時間的異相——想起するためには、いつか以前にそれを知っていなければならない。

(ii) 対象的異相――感覚することによって、ただその直接の対象Aを認めるだけでなく、さらに同一の知の対象とはいえないような別のものBを思い浮かべる。

想起説の帰趨は、想起の現在を確認する(ii)の定着いかんにかかってくる。だがその肝腎の対象的差異については、ネガティヴな要件のほかに何も明らかでない(8)。

(1) 直接の対象Aと別のものBの区別は、対象の感覚的現在（感覚されている）と不在（思い浮かぶ）のそれではない。ではどのような区別なのか。馬を視覚的に認知することと馬を思い浮かべることとは「同じ知」に属するが、「人間を知ることと竪琴を知ることは別の事柄である」（73D）。ならば類別なのか。しかし或る人（シミアス）を見て別の人（ケベス）が思い浮かぶことも、(ii)条件を充たすとされている。結局のところ、個体の水準での区別にすぎないとすれば、あまりにトリヴィアルで、「同一の知のではなく、別の知の対象」という説明が宙に浮く。

(2) 「善が何か、悪が何かということは同じ知に属する」（97D）という箇所に着目して、ここでは「奇数／偶数」、「光／闇」、「熱／冷」などの反対関係の組が「別の知の対象」から排除されているのである、という解釈はどうだろうか。この解釈にしたがえば、奇数から偶数を連想することはプラトンの言う想起から除外されることになるだろう。奇数を認めることのうちに、偶数との対比がすでに含まれているからである。しかしそうだとすれば、「奇数個の物の集合を見て、しかる後に偶数が思い浮かぶ」というようなことは起こりえないと言わなければならない。実際には起こらないことを特に除外しなければならない理由は考えにくい。

(3) 反対的な組合わせの排除にとどめずに、J・L・アクリルのようにさらに徹底して「Aを認めることにBの認知が含意されていないとき、A、Bそれぞれについての知は異なる」[9]とすると、プラトンの枚挙している事例の想起性が怪しくなってしまう。

(A)		(B)
① 竪琴、上衣	⟶	持主の恋人
② シミアス	⟶	ケベス
③ 描かれた馬、竪琴	⟶	或る人
④ 描かれたシミアス	⟶	ケベス
⑤ 描かれたシミアス	⟶	シミアス
⑥ 等しい木、石	⟶	等しさそのもの

⑤についてみれば、或る絵画をシミアスの肖像と認めるときにはすでに、シミアスその人が思い浮

かべられていなければならない。そして①の竪琴を認知する場合、一方で持主のそれとしてならば、これも想起条件に反することになろうし、他方で何か或る物塊として見られたのだとすれば、⑤は不当な拡張とされるだろう。

アクリルの定式は、もしそれが、AとBの間に「似ている似ていないにかかわらず、もともと何らかの近接関係があった」(76A) ことをも打ち消すものだとすれば、受け容れることができない。それでもしかし、アクリルの論点はA→Bを継起の相から共時態、すなわち構造へと振り向けることに貢献している。その視点移動が正当なものであるとすれば、(ii)は想起の表層的記述であり、これに先行する隠れた想起の構造こそが想起説の眼目である。

(ii)の意味、つまり「別の知」の意味は、想起事例の展開に即してみられるべきではないのか。①〜⑤は「木材や石やあるいはその他のものが互いに等しいのを見る」から「そういった個々の等しいものとは別個の等しさを思い浮かべる」を構成する脈絡を示している。竪琴を見て馬を連想する、また曇天から雨を予想するとしても、そのままでは唐突な連想であり惰性的な反応であって想起ではない。想起を偶発的・機械的連想から区別する固有の脈絡が開かれなければならない。

想起的脈絡とは、類似の文脈でも非類似の文脈でもなく(74D)、感覚の対象が欠損の相で見られるということにほかならない。事例①は何よりもまずエロス的連環想起であって、AからBへの心の動きがAの缺損状態をあらわにする。そして②もまた、この連絡のうちにあり、シミアスとケベスの関係がエロス的なものだというのは悪ふざけ（95A）に聞えるだろうが、しかし『パイドン』全篇の構成を決定する系列を一挙に開示する。

シミアスの系列―美的感受性―ハルモニア（カドモスの妻、調和）―竪琴（上衣）―〈魂＝調和〉の比喩↓想起説。

ケベスの系列―論理性―カドモス―上衣を織る人（竪琴制作者）―〈魂＝機織師〉の比喩↓イデア原因論。

先行するシミアスの系列は、後続のケベスの系列によって補填されるべきものとなっている。ただたんにシミアスからケベスを連想することが想起となるのではない。ケベスが思い浮かぶという事態が、シミアスを見ることに何か跛行性のようなものを投影するところに想起性があるのだ。その証拠に、事例①②が呈示されたあとに同種の例が想起の一形態に括られたとき、「とりわけ、時が経過し考えもしなくなったために、すでに忘れてしまっていた事柄について(ii)の経験をする場合」と補足されている。忘れていた事柄を思い浮かべるのが想起だというのは同語反復であって、(ii)が想起の表層にしか対応していないことを露呈している。だが、この補足的追認は隔たりの感情、缺如感に焦点があるとすれば、どうだろうか。これによって想起の視点が心的継起の過程から構造に移動するのである。それは缺如感が先行しその補償としての感覚の変換過程が想起だというよりもむしろ、想起がこの缺損の意識にささえられてあることとの確認である。このとき眼前の竪琴やシミアスは、事例③④と同じく影のようなあり方をしている。

⑤の「シミアスの像（A）を見て、シミアス（B）を思い浮かべる」という〈似ているものからの想起〉の例は、それが想起であるためには「今見ているこれ（A）は想起されたそれ（B）と、類似の観点から缺けたところがあるのではないかどうかを考える」という条件を絶対に必要とする。ここでのポイントは、「似ている」ということが想起の契機となるということではなく、「像として見ること」には「缺けたところがある」という認知が含まれているということである。なぜなら、完璧な像というのは形容矛盾であって、シミアスの像がそのあらゆる側面でシミアス本人と比較して遜色なしとすれば、このとき見られているのは像ではなくシミアスその人にほかならないからである（『クラテュロス』432D）。継時的観点からは発生の根源に位置づけられるものが現在の基底をなしていることを、ここで〈構造〉と呼べば、この像意識は想起の構造そのものである。

事実、⑥の想起性の了解は、かかる構造からであって(ii)の適用によるものではない。「等しい物体（A）を見て、等しさそのもの（B）を思い浮かべる」という出来事は、もはや継時的に追体験されるものではなく、論理的分析によって照射される。等しい物体と等しさそのものの相異——一方の等しさについては人々の間で異議の生じる余地があるが、他方についてはそれが全くないということ——から、ただちに前者を見てそこから後者を思い浮かべると結論されるわけではない。想起の確認をはたすものは、次の連関である。

（ii′）いま見ているこのものAは、或る別のものBのごとくあろうとしているのだが、しかし欠けるところがあってそっくりそのままであることができず、劣ったものにとどまっている。

（i′）Aについて「欠けるところがある」という判断の根拠、すなわちBをあらかじめ知っていたはずだ。

ただし、「想起の構造」は想起の完了を想定した時点に過程を畳みこんだものであるから、逆にこれを解きほぐし継起の相に転化することも可能である。しかしそのとき、感覚のありようは別の新たな相貌をみせるだろう。Aは像として見えるのではなく、「Bとそっくりそのままでない」というそのBが先行時点では不透明でしかないために、何か原初的な触知となる。つまり、想起のファクターを除くとき、感覚は不定朦朧となるほかないのである。ここから「像として見る＝想起」への移行は、薄明の中を半眠状態の意識がさまよい、突如として幻影（と呼ばれるもの）が立ち現われるという体験に似かよう。これは「シミアスの肖像画を見る」ということが、構成された、もしくは構成力を含みもった知覚であることを暗示する。そして遡って「シミアスを見る」ということもまた、と言うべきだろう。

さらにまた、継時態としての「等そのものの想起」については、その未完了性が強調されていることに留意しておかなければならない。それは「等そのものとは何であるか」という問いを促し、促される想起のいまだ途上にある。そして〈等〉そのものを思い浮かべる仕方は、想起の実現の度合に応じた、その問いに対する個的な応答であり、また伝統の累積――例えば同値関係の一形態とか、同じ測定単位によって計られた数の同一性――である。

翻って、物体の含みもつ等しさ（A）と等しさそのもの（B）の区別は、われわれのエロス的指向に即応するところの、〈範型＝完全なもの〉と〈似像＝缺損をこうむったもの〉とのそれである。繰りかえしになるが、むろんこれは想起の終了時点（①〜⑤）で明らかになる事態であって、端緒に固執すれば感覚的認知の不充足というかたちでしか与えられていない。いずれにせよ、像としての人間とその範型をなす生身の人間とが同一の知の対象であり同一の意味で「人間」と述べられるというのは、プラトンの思考とは対蹠的な場所に属するものである。「同じ述語が似像と範型とにひとしく意味の差異を含まずに適用される」ということは、想起説を媒介とするイデア・原範型への途を鎖すことである。

三　「相関的なもの」と「自体的なもの」

Πの骨法を発見的方法の側面から眺めてみると、①「人間」タイプの自体的（*kath' hauto*）な完全述語に、②「等」タイプの相関的（*pros ti*）な不完全述語を類比的に重ね合わせている。[10]これは見方によれば類比不可能であり、Πはカテゴリーの混同にすぎないと否定されるだろう。「xは人間である」はそれ自体だけで語られるが、「xは等しい」はつねに他のものとの相関関係の中でなければ言表しえないからである。

元来、自体性と相関（関係）性のそのような区別はプラトン（『ソピステス』255D）にみられ、これがアカデメイアの「カテゴリー論」[11]に展開されたものと推定されている。だがプラトンの場合、その区別はイデアとそれに依存する感覚的事物、あるいは実体と実体に内属する性質や関係などの属性といったカテゴリカルな存在論的分割ではない。静止は動と異なるものとしては相関性をもつが、静止であるかぎりでは自体的である。したがって、Πに向けられたアリストテレスの「相関的なもののイデアを導く」という非難がイデアの自体性を楯にとったものとすれば、批判は的をはずれている。かえってその批判は、論理的区別と存在論的区別との混同であると指弾されるだろう。[12]

だがしかし、アリストテレスの批判の真意は、関係的なものをその相関項から分離独立化させるということの不当性、事柄そのものとしての不当性を衝くことにあった[13]とすれば、どうなのだろうか。確かに何ものにも等しくない「等しいもの」は語義矛盾である。批判の眼目はイデアの自体性が相関的なものを排除するということにはなく、相関的・関係的イデアの範型性と一性との齟齬にある。そしてΠが述語の意味（*physis*）とは別に範例（*paradeigma*）をたてていることは、このような批判の構図にはまる面をもつと言わなければならない。

　ここではしかし、Πを離れて当の論点そのものを敷衍してみよう。言語の日常的用法に照らしてみると、等価性は「……の点で……と……の程度において」という言表枠を不可欠とする。その枠組は発話者が表立って言及しない場合でも、聞き手との間の暗黙の了解事項となっている。してみると、これらの補完をもぎとられた〈等〉そのものの存在は空虚な仮設として廃棄してよいのではないか。

　だが相関項の補充は、或る事態を「等しい」と把えることに先行するものではない。まず対象A、Bを定め、観点と誤差を指定し、しかるのちに等しさをそこに認めるというようなことはない。測定、計量、あるいは証明はすでに何を等しいとするかが決定されたあとの行為である。むしろ、この「どの点で……」を決定するのが、範型・規範としての「等」の日常言語と日常生活に投影された働きではないのか。これは一方で度量衡や貨幣などの制度（*nomos*）に、他方で幾何学のシステムに体現されている。ここに「等」がイデア論に関与する特権的な位置がひかえている。

　事実たしかに、①感覚において自足的なものと②相関的・相対的なものとの対比は、プラトンの思考を貫く重要な糸である。前期のソクラテス的対話篇では〈非知の確認〉（無知の知）の、また『メノン』篇を経て『国家』『パイドロス』に至る中期対話篇では〈想起〉の、また『パイドロス』から後期対話篇では〈分割法〉の前座として、その区別が語られている。[14] 木、石、指、鉄、銀などに関しては人々の言葉と行為は一致して同じものに向かうが、正・不正、善・悪、美・醜は、見解の相異をきたすばかりか、殺戮の動機すらなすように、生に対して破壊的に作用する何ものかを曳きずっている。例えば、現世の制度秩序に固定された「正」も異議申し立てに絶えずさらされることを免れない。けれどもプラトンは、そのことによってただちに「正」の根拠を他界に求めることをわれわれに強いたのではなく、まず〈知〉の不在を問いつめたのである。そこではたんに一個のドクサが普遍性を標榜し、〈知〉の擬態をとるがためにわれわれの〈非知〉が隠され経験が熟成しないという、思えば奇妙なこの事態こそがソクラテスの生涯を費やすことになったのだ、と。

そして想起説は、この情況を破砕するために、測定行為ならびに数学的知の方法と対象の位相に〈非知〉から〈知〉への移行の契機を探ろうとしたものである。それは事物の全本性の同族的連鎖を要求する。[15] この場面がせり出し、物事の全体的連関が感覚をその写像とする言葉の含意・連結と対立・差異のシステムの考察のもとで（「分割法」として）展開されるとき、①②の対比の意図は実質的に終っている。大小、硬軟、軽重が現象の破れ目を斥し、何であるかの問いを促すのに対し、指が何であるかという問いは見られるとおりそのままにあると考えられている状況では発生しないが、しかしここでは問われうる。そもそも「見られる」と「ある」がそのまま重なるとは何なのか。若いソクラテスが（『パルメニデス』130C–D）、「人間」「火」「水」のイデアを設定することの意義については動揺し、「髪」「泥」「汚物」のそれに至っては「空疎な妄言に転落し破滅する」という危惧にとらわれて背を向けたのは、それらが自体的な完全述語だからでは断じてない。パルメニデスの「その他およそ値うちのないくだらないもの」という誘導が仄めかしているように、「髪」から「泥」へ、さらに「汚物」へと、われわれ（若いソクラテス）の創造的関与は稀薄化してゆく。その極度の真空状態の中でこれらの対象は「見えているとおりのものでありもする」ことになるのであって、その逆ではない。それらへの対応行動が惰性化されアポリアを生じなくなっているのだ。

完結した「人間」などはなく、創られつつある生成途上のものとみることが、「人間」とは何かの問いを持続させる。他方、「汚物」は「人間」とは逆に世界から排除され、反価値を負わされているという点で、可視的というよりは幻想的なものとなっている。しかし「それを存在せぬもののように偽り、自己の内部にその等価物が常に生成している事実を無視する事は、……ひいては我々の生きる世界の構造の重要な一環を見失わせるに至るだろう」。

全体的世界解釈としてのイデア論を一般語の意味体系に鎖すことは、イデアを一般概念と等置し公的なものを規範とすることに帰着するものであるかぎり、プラトン哲学のパロディの別名であるプラトニズムにすぎない。

注

（1） 通称LF。Alexander Aphrodisiensis, *In Metaph.* (ed. M. Hayduck, 1891, 82–83). アレクサンドロスより後代の改竄と推測される Laurentianus 写本と同系統の Ambrosianus F 113 をこう呼ぶ。テクストは Hayduck 校本の脚注に組み込まれている。

（2） G. E. L. Owen, 'A Proof in the *Peri Ideon*' in R. E. Allen (ed.), *Studies in Plato's Metaphysics*, Routledge, 1965, 296, n. 1.

（3） S. Mansion（'La critique de la théorie des idées dans le *ΠΕΡΙ ΙΔΕΩΝ* d'Aristote', *Revue Philosophique de Louvain*, XLVII, 1949, 182–183, n. 42）は、逆に最終ステップを後代の書き込みとするが、そのような補筆がなぜなされなければならないのかわからない。

（4） H. Cherniss, *Aristotle's Criticism of Plato and the Academy*, 1976 (1944), New York, 230–232, n. 137.

（5） R. Barford, 'A Proof from the *Peri Ideon* Revisited', *Phronesis*, 21 (1976), 198–206.

（6） Mansion, *ibid.* Owen, *art. cit.* 298–302.

（7） Owen, *art. cit.* 297–298.

（8） D. Gallop, *Phaedo*, Oxford Univ. Press, 1975, 117.

（9） J. L. Ackrill, '*Anamnēsis* in the *Phaedo* : Remarks on 73c–75c', in E. N. Lee, A. D. P. Mourelatos and R. M. Rorty (eds.), *Exegesis and Argument, Phronesis*, suppl. vol. 1 (Assen), 181–187.

（10） Owen, *art. cit.* 302 sqq.「完全述語」「不完全述語」（an *incomplete* predicate）の命名もオーウェンによる。

（11） Xenocrates, fr. 14 (Heinze).

(12) Cherniss, *op. cit.* 283.
(13) Owen, *art. cit.* 309–312.
(14) Cf. C. Strang, 'Plato and the Third Man' in G. Vlastos (ed.), *Plato, I*, New York, 1971, 194–198.
(15) 言葉が感覚の写像なのではない。『パイドン』99D–E を参照。

第六章　「分割法」考案——プラトン後期対話篇への視点——

一　問題の由来

プラトンの思考が展開される重要な場面のひとつに

(α)　感覚的パースペクティヴの移動に左右されない自己完結的なもの

(β)　感覚的パースペクティヴに相関的・相対的なもの

の対比がある。(1)

前期対話篇では、ソクラテスの吟味論駁を通して「Xとは何であるか」の問いが対話人物を〈非知〉の自認に追い詰める前座として、この対象領域の区別が語られる。(α)グループの木、石、指、鉄、銀などに関しては、人々の言葉と行動は一致して同じところに向かうが、しかし(β)に属する、正・邪、善・悪、美・醜は、見解の相違を露呈させるのみならず殺戮の動機すらもなすほどに、われわれの生に対し破壊的に作用する何ものかを曳きずっている。たとえば「正義」。それがいかほど強く現世の制度によって固定されている場合にあっても、異議申し立てに絶えずさらされることを免れえない。しかも、この領域ではたんに一個の思惑が普遍性を標榜し〈知〉の擬態をとることによって、かえってわれわれの〈非知〉は蔽い隠され（知らないのに知っていると思いこみ）、経験が経験として熟成することがない。「洞窟の囚人」が繋がれているこの奇怪な情況を照射することに、まずソクラテス、プラトンの仕事があった。

想起（アナムネーシス）説は、このような場面で、幾何学の方法と対象の位相を参照し、不可知論の呪縛を断ち切ろうとした試みである。(2) 実際のところ、(α)(β)の隔絶が解消される契機はすでに前期対話篇『エウテュプロン』（7B–D）に予想されてはいた。大・小、軽・重は、感覚の状況に相対的であるという点で(β)に属するが、測定技術を導入すれば確定することができたのである。しかし、そのことが数量のカテゴリーに局限されるのでなく、全面的な世界解釈としての体裁を整えるためには、〈知＝想起〉が「事物の全本性は同族的な連鎖をなす」（『メノン』81D）というテーゼを内包しなければならなかった。そして、想起説の指し示すもうひとつのテーゼ、「感覚的対象は純粋な思惟の働きによって観られる対象の似像である」(『パイドン』72E–77A)[3]とともに、その全き含意は、〈イデア=原範型(パラデイグマ)〉論とディアレクティケー、すなわち存在と知の究極に位置する〈善〉のイデアへの途とに展開し、「太陽」「線分」「洞窟」の三つの比喩(『国家』Ⅵ〜Ⅶ)に集大成される。

続いて『パイドロス』(265D–266C)で、ディアレクティケーが、「ものごとを、その自然本来の性格にしたがって、これを一つになる方向へ眺めるとともにまた他に分かれるところまで見る」能力として熱望されているのもまた、(α)と(β)の対比というこの基本的場面(263A–C)の延長においてである。そしてここに、『国家』以降の、わけても『ソピステス』『ポリティコス』『ピレボス』など後期対話編の骨格を成す新機軸が登場している。すなわち、「自然本来の分節に従って、種々の形態(*eidē*)に切断する」ところの「分割」(*diairesis*)の方法がそれである。

分割は、「多様にちらばっているものを綜観して一つの相(*mia ideā*)へとまとめる」ところの「綜合」(*synagōgē*)を前提し、これと補完関係にあるものとして提示されている。しかしながら、その多から一への方向はもはや〈善〉のイデアへの上昇を指してはいないという解釈がほぼ定説化している。[4]たしかに、ここで一から多への折り返しが分割の手続きとして表面化したのは、〈善〉のイデアを括弧に入れ、それへの上昇を遮断したがためであるように思われる。実際、『国家』におけるディアレクティケーの「万有の始源を把握したうえで、こんどは逆に、始源に連絡し続くものをつぎつぎと触れたどりながら最後の結末にまで下降していく」(511B)途は、上昇の異常な困難にあってほとんどプログラム化が不可能であり、方法というよりむしろ哲人王のノブレス・オブリージュの理念に吸収されている。してみれば、『パイドロス』で分割が綜合と同時的に構えられているのは、やはり後期的特徴といってよいだろう。だがそうすると、プラトン後期のディアレクティケーは「類・種のリンネ的分類」とほとんどかわるところがないのではないか。

エピクラテスは、プラトンのアカデメイアで動物の生態や栽培植物の品種などの分類が熱心に討議されていたことを伝えている。(5) しかしそれは、この喜劇作家にとっては格好の揶揄の材料だったとみえる。対話断片のみが現存するエピクラテス作品の語り手は、彼の目撃した「異様な情景」を話して聞かせる――アカデメイアでは一群の若者が「瓢箪」(*kolokyntē*)の系統を定義しようと黙想にふけっていた。相当な時間が経過して、かろうじて少数のものが発言するに至ったが、その答えたるや、曰く「丸い野菜」、曰く「自生の野草」、曰く「果樹」という代物で、傍らにいたシケリア島人のさる医者は呆れ、嘲弄の意味を呈して放屁に及んだ、と。このような滑稽描写に凝った作者の眼には、分割法は自明な対象について空疎な言辞を連ねるものと映ったのかもしれない。いずれにせよ、これでは分割法が、かつては哲学そのものと同定されていたディアレクティケーの内実を継承しているとは思えない。せいぜい哲学の初心者向けの予備学習にすぎないという意見(6)が出て来ても不思議はない。

エピクラテスからさらに時代をくだって伝承説話の世界に踏みこむと、いっそう辛辣な作為の手がはたらく。「人間とは二足の、羽のない動物である」という「プラトンの定義」を聞きつけたディオゲネスは、雄鶏の羽を毟って、「これがプラトンの言う人間だ」と愚弄した。[7]この「人間定義」は、おそらく『ポリティコス』（262B）の「人間の支配に服する動物」の分割からとられている。水棲動物（湿）／陸上動物（乾）↓四足類／二足類↓有翼（家禽）／無翼（人間）というその分割では、むしろ「人間」の包括的な定義が企てられているわけではない。それは人間の、家畜と神とへの分裂（分割）を示すことにより、次に政治支配の発生源に遡る「宇宙の逆転」のミュートス（268D-274E）を準備しているのである。

この類いのカリカチュアは、分割法が運用される全体の文脈から遊離してはじめて生じる、ということは容易に察知される。しかしまず肝腎なこととして、分割法の現場に立会ってその仕組みを見きわめておかねばならない。そして、その調査を通して中期対話篇で一応の確立をみたイデア論との結び目に探りをいれ（第二〜第四節）、最後に『パルメニデス』の「イデア論批判」の意図を照らしあわせる（第五節）。プラトンの後期への転機をなすとされるこの対話篇に、もし反イデア論が有効なかたちで含まれているとすれば、想起説から〈イデア＝原範型〉論に至るプラトンの思考の行程は破棄されねばならない。〈善〉のイデアは括弧に括られたのではなく廃絶されたのであり、ディアレクティケーの概念に重大な変更がなされたのである。それゆえ、後期プラトンを問題にするとき、『パルメニデス』を避けて通ることはできない。

二　分割法の仕組(一)――直観と発語装置――

最初に、『ソピステス』（219A–221C）の「釣師」の分割をとりあげる。もともとこの分割は、「ソフィスト」の分割に進む前の稽古台とされているのであるから、分割と綜合の具体的役割をみるための好個のモデル例ともなるはずである。その大筋の方策は、釣師を魚釣りの技術という機能的な場に移しかえ、「…で（もって）…を…する」という記述枠に絡めとろうとするものである。これに即して次に示すと[8]――

(1)「どのような動作か」に

技術→製作／獲得→交換／捕獲→闘争競技／狩猟

までの分割が対応し、以下

(2)「何を目的・対象とするか」に

狩猟術→無生物の／生物（動物）の→陸上動物／水棲動物→鳥猟／魚猟

(3)「どのような手段でか」に

漁→囲い込む／打って傷つける→篝火漁（夜）／鉤漁（昼）→銛漁／魚釣り

が対応する。

分割法の基本操作は、分割の対象Xが潜む領域をあらかじめ大きく設けて、類似の中に対立的差異を見いだし不在の領域を切り離すことにある。この操作の反復によって、対象Xへの照準が絞られていく。「魚釣り」もこうして漸次、相似系から分離されてその固有の姿を現わすのである。

ここで提示された分割の順序はそのまま辿るべきであって、その中間過程を無視してディオゲネス流の難癖をつけてどうなるものでもない。たとえば(2)の狩猟術から漁猟までの分割は、あくまで狩猟の獲物の分割であって、全般的な動物分類ではない。分割法の熟練者（エレアの客人）の指導により、弟子（テアイテトス）はさしだされた階梯をひとつずつ踏み固めていくことによって、思考の対象を引き寄せ、思考の明瞭化を経験することになる。

ただ、このように受け手の観点だけに固執して分割法を見ると、綜合の役割がどうしてもかすむ嫌いがある。そこで次の方途として、分割の端緒を想定し、分割の構成を辿りなおしてみる。まず、製作技術／獲得技術の分割はどのようにして可能になるか。この問いは分割の骨組に直観の肉付けを要求することであり、自ずとそれは綜合の働きを喚びだすこととなろう。

さて、この分割はあらゆる技術を遺漏なく包摂しようとしたものではない。(9) したがって、この分割の端緒は技術全体を均等に眺め渡すことにあるのではない。むしろ、ここで言う「技術」の含みは、

「…で（もって）…を…する」という動作記述の空白を埋める確定項が存在するということではないか[10]。だとすれば、それは動作・機能の自然本性と言ってもよいのであって、「魚釣り」の分割の発端というより、一般に分割が成立する基本的な場面を指している。では、「魚釣り」の分割はどこではじまるのか。

最初に設定された対象領域は、技術全般のそれではなく、農耕、牧畜、狩猟、製造加工、商売、知識の修得、芸術などの活動を包括する、いわば「存在の獲得」とでも言うべき領域である。さて、このような方向づけを可能にするものは、「魚釣り」が何であるかの予断以外にあるまい。そしてその予断がどのような形で抱かれるにせよ、「魚を取ること」という認知を含まなかったとは考えられない。このような想定のもとで分割全体の見通しがつけられる。すなわち、続いてこの「取る」という動作が何であるかについて直観的な内実を確保して「存在の獲得」に拡張し、ついで、「それによって手もとにもたらされるものが先立って存在していたか否か」という差異を分割標識として、「獲得」の相を「製作」との対比において分離する。ところでこの分割は同時にまた、一方で農業、製造業、畜産、芸術を製作技術に、他方で商業、狩猟、競技試合などを獲得技術に綜合することである。

したがって、「多様にちらばっているものを綜観して一つの相へまとめる」ところの綜合が働く場は、次のように整序されよう。

(1) 多数のXの事例を観察して共通の相へまとめる最初の直観。
(2) Xと、それ以外にXとよく似た多くの動作を一網に入れる拡張。
(3) 分割と同時に進行する裏操作。

ここで綜合を拡張の場面(2)に限る解釈者たち(11)は、綜合が分割の先行条件をなすという先入見に縛られ、しかもその徹底を欠いている。たしかに、分割は綜合を前提する——それゆえ拡張(2)も最初の直観(1)を前提する——けれども、しかしそれは裏操作(3)を排除するものではない。もっとも最初の直観(1)については、それが分割法の運用に際して表立って現われないという点に若干の懸念がつきまとうだろう。しかしながら、(1)はもともとそのままでは言表する手段がないのであって、(2)、(3)に媒介され分割という形をとることによってロゴス化を果たす、とみる方が実情に適っている。つまり、分割法は一種の発語装置である。『パイドロス』でソクラテスがあれほど熱烈に分割法を求めたのは、「語る力、知る力を得るため」(266B)であった。

また同じ対話篇における真実在の想起についての記述(249B-C)は、明らかに綜合の多から一への方向と重なり、最初の直観の存在を支持するものである。

人間がものを知る働きは、人呼んでエイドスというものに則して、行われなければならない、すなわち、雑多な感覚から出発して、思考の働きによって総括された単一なものへと進み行くことによって行われなければならない。

このように、綜合とイデア想起との連絡が確認されるならば、分割法は（弱い）想起にはじまり想起を強化する方法である、と言うことができる。[12] しかし、この問題は分割法の適用される対象の存在論的身分の見きわめに、そして最終的にはプラトン後期のイデア論の解釈に依存するので、決着は先に延ばしておこう。

いずれにしても、分割法からその直観的側面をはずすことはできない。アリストテレスは分割法を「脆弱な三段論法」[13]と評したが、それは決して欠陥ではないだろう。「自然本来の分節に従う」（『パイドロス』265E）ところの、あるいは「分割の部分とエイドスとの一致」（『ポリティコス』262B）を意味するところの分割法の準則は、綜合の機微に属する事柄であって、統辞論的論理の宰領できる分野にはない。たとえば、「人間」全体をギリシア人／バルバロスに分ける分割がこの準則に違反するとみられるのはなぜなのか。『ポリティコス』（262A sqq.）はおおよそ次のような難点を枚挙している。

(a) バルバロスが広範にわたりすぎて、分割された二つの部分の比率が極度に不均衡である（262A）。

(b) バルバロスにはそれぞれ異なる言語・法習に閉じた無数の種族が含まれ、それは全体として一つの民族を構成するものではない（262D）。

(c) この分割は多分にギリシア人の恣意に依拠している。〈バルバロス＝非ギリシア語族〉は、ギリシア語の内部にしかない（263D-E）。

さてしかし、(c)はともかく、(a)、(b)は結局のところ何を言わんとするのか。(a)は「分割に際して、人間からただちにギリシア人にまで進んではならず、その中間に介在するクラスを確認していかねばならない[14]」という指示を出しているのだろうか。だが、小部分を切り棄て大きな部分を残す、といった分割の途は必ずしも禁じられてはいない（265A）。また(b)は、バルバロスすなわち非ギリシア人のごとき「否定的特徴だけでは一個のクラスは構成されない」という原則を言うのだろうか。しかしそのような原則は、厳格に適用すれば、ほとんどの分割を不可能とするだろう。しかるに実際には、一例を挙げると、角をもつ動物／角のない動物という分割がなされている（265C）。この分割が許されるのは、すでに分割の対象が陸上歩行の家畜から家禽を除いた集合にまで絞られ、しかも「角のない動物」によって指されているもの（馬、驢馬、騾馬、豚）が明らかだからである。しかし、これと同じ差異を動物全体に適用することはできない。その場合には、分割のそれぞれの部分に綜合が働かず、空虚な分割となるからである。

すなわち、元に戻せば、バルバロスは(a)外延的にも、(b)内包的にも、無限定で、明確な輪郭、つまりはエイドスをもたないのである。「非ギリシア人」というだけでは漠然たる否定に過ぎないし、また「未開野蛮」として一括するのも恣意の域を出ない。それは(c)名辞の罠に囚われた無知のもたらす仮構である。要約すれば、ギリシア人／バルバロスは分割ではなく、ギリシア人を何か空虚な――綜合的直観を欠いた――拡がりに対置したというにすぎない。分割は綜合によって支えられ、そして綜合は分割によって言表化され吟味の対象ともなる。その結果、ディオゲネスが羽を毟りとられた鶏をさげて現われるというのなら、そのときは歓迎することにしよう。

三　分割法の仕組(二)――浄化もしくは選別――

しかし分割法の全貌はまだ見えていない。ここまでは分割法の基本操作を、同質的なものの間における差異の発見という側面から見てきたが、しかし「分離の仕事のなかには」、すなわち、また分割のなかには、「より良いものからより劣悪なものを引き離す仕事」もあるからである（『ソピステス』226D)。事実、ここで展開されている「ソフィスト」の分割(6)の意味を詰めていくと、分割法の選別・浄化というもうひとつの側面に逢着するのである。

この分割（226B-231B）は、ソフィストの技術を分離の仕事に属する浄化技術の領域のなかにたずねて、ソフィストを「知らないのに知っていると思いこむ種類の〈非知〉を論駁によって除去し、魂を浄める人」と定義する。しかしこれは疑いもなく、ソクラテスその人を指している。実際、プラトンはそれを「ソフィストと呼ぶのはためらわれる」とエレアの客人に言わせることによって、(1)〜(5)の「ソフィスト」の分割（221D-226A）との重大な差異を匂わせている。とすれば、分割(6)に負わされた意味は何なのか。

考察の手順としてまず(6)に先立つ分割図式を瞥見して、その全体としての意味を考えることからはじめよう。

(1) 報酬を受け取って金持の子弟を狩猟する者（狩猟術）。
(2) 魂のための学識を扱う通商業者（交換術）。
(3) 同じく小売業者（交換術）。
(4) 同じく自作販売者（交換術）。
(5) 討論術を専門とする言論の選手（闘争競技術）。

これらの分割は「魚釣り」の分割で透かし出された技術の枠組を利用し、複雑多岐にわたるソフィスト像を明確な描線で定着させることによって、ソフィストの統一的把握のための材料を提供している。たとえば分割(1)は、富裕な名家の子弟が、〈ソフィスト＝狩人〉によって、黄金を背負ったおとなしい若い獣のごとく扱われていることを暗示している。

さて、(1)〜(5)には、綜合の準備とならんで、もう一つの意味がある。細かく見れば、(5)もまた「討論の技術の専門家のなかの、金を儲ける種族」であり、獲物は金銭にほかならない。したがって、これらの分割には、いずれも「金銭の獲得」という共通項があり、一括は容易であると思われよう。しかし、分割(1)〜(5)は全体として、そのことの不可能を示しているのである。なぜならば、「金銭の獲得」がソフィストの統一的な相だとした場合には、一方で、(2)(3)(4)が交換術に、他方(1)(5)が捕獲術に属するという事実が、「交換／捕獲」の分割に強く抵触するからである。同一のものが分割の排他的な両方の部分に属することはできない[15]。それゆえ、多様なソフィスト像はあっても、唯一のソフィストなるものは、この場合にはありえぬこととなる。

このように(1)〜(5)の綜合は実のところ極めて困難であって、それらの同一性は何か或る別のものとの差異によらなければ見えてこないのである。かくて分割(6)の登場の手筈が整う。そして、論駁によって〈非知〉を自覚せしめ、「ただほんとうに知っている事柄だけを知っていると思い、それ以上のことはそう思わないような人間にしてやる」(230D) ソクラテスとの対照において、「徳を授けると公称し(1)」、「徳に関する言論と学識を扱い(2)〜(4)」、「正・邪、善・悪の問題で論争する(5)」ところのソフィストの姿が一つの形に凝縮する。

ただしかし、ソフィストに対して異をたてるものが、なぜソクラテスでなければならぬのか。ソクラテス的な吟味論駁は、〈非知〉の確認に向う側に〈知〉を前提し、それを不断に追求するのでなければ、対話の相手を自家撞着に陥れる技量を誇示するソフィストの間に紛れ込み、ひいては断罪をもされることとなる。しかしソクラテスはこのような〈知〉という基準との隔たりを照らすことにより、〈知〉の擬態をとるソフィストの群から救出され、同時にソフィストはソクラテス的要素の除去によって、偽りの知者の相貌を映し出されることとなる。したがって分割(6)は、分割(1)～(5)から自身を選別し、最終分割(7)を残す差異そのものである。それゆえまた、分割(7)はその核に真／偽の分割を抱えこみ、分割そのものの根拠に遡行し「思惟の働きをとおして、あるものの輝かしい姿をつねに静視する」哲学者（254A）を望見させねばならないのである。

事情は『ポリティコス』において、より鮮明化し、その「政治家」の分割は選択・浄化にほかならぬことが黄金の精錬に喩えられている。

（黄金精錬の）あの職人たちもまた、まず第一には、土や石など多くの不純な夾雑物を選別する。それが済むと、黄金と親近関係にある貴金属、ただ灼熱の火によってのみ分離される銅や銀が残り、ときには白金が出ることもある。これらをくりかえし、試金石にかけ、熔かし、ようやくのことで分離すると、そのときはじめて「純金」が紛れようもなくそれ自身の輝きをわれわれに見せるのである。（303D）

ここで貴金属に相当する「雄弁」「軍事」「裁判」の技術を政治技術から分離する仕事の困難が強調されているが、実際にはそれは誇張で、比較的簡単に終わっている（303E–305E）。むしろ、不純物を洗い落とす仕事に『ポリティコス』の努力の大半は傾けられていると言ってよい。

すなわち、「政治家の周囲に蝟集し、人間集団の養育に携わっていると称する連中をすべて排除し、〈政治家〉そのものの純粋な形を明らかにする」という戦略がたてられて（268C）以降、「宇宙の逆転」のミュートス（268E–274E）、範例論（277A–279A）、「機織術」の分割（279A–283A）、測定術の分割とディアレクティケーについての議論（283B–287B）というように、ときに迷路の旅にも似た長い遍歴を続けて、政治技術からその補助原因（必要条件）にすぎないものを次々と切り離していったとき、ついにそこに異形の怪物の群が出現する。

人の身でありながら、多くの者は獰猛な獅子やケンタウロス、またその種の怪獣に似かよい、一方また極めて多くの者はサテュロスに、また惰弱で狡猾な獣に似ているが、おたがい変幻自在に姿をとりかえ力を交換しあっている。（291A–B）

この怪物こそ、いわゆる政治家の正体にほかならず、権力闘争にあけくれる党争家の赤裸の姿である。そしてこの「最大のソフィスト」と称される幻術師から「政治家」を選別するプラトンの基準は、ここでも正・邪、善・悪の〈知〉なのである（292B–293E）。してみると、この分割の基底には依然、

『国家』篇における哲人王の原型があるとみてよいだろう。

さらに、神的な狂気を放縦な欲望から選別し讃える『パイドロス』の「エロース」の分割を可能にしたのは、「魂の転生」のミュートスであり、その骨子を構成する「魂の不死」「原範型イデアの存在」「想起」の思想はプラトン哲学の精髄である。

したがって、選別的分割にあっては、中期対話編で形成されていったイデア論がその根底に作動することによって、分割を可能にする差異が透かし出されているのである。次に、分割法の根本前提がイデア論にあることをもっと全体的な文脈から確認しよう。

四　分割法の仕組㈢——実験的比喩（*paradeigma*）——

そこであらためて分割法の登場する全体的な脈絡を辿っておこう。『パイドロス』（263A sqq.）は分割法の適用に先立って、一般に言説によって虚偽の隠蔽工作がなされる領域を確認している。それは——

(α)「鉄」とか「銀」とか、その名を口にするとき、すべての人が同じものを念頭においているよう

な事物の領域ではなく
(β)「正しい」とか「善い」とかのように、同じ言葉を用いてもめいめい勝手なことを思い浮かべ、一つの見解に対して、たえず異議が申し立てられる領域である。

したがって、議論の対象を明確にするために分割と綜合の手続きが要請されるのは、当然、問題が(β)に関わる場合であった。しかるに、『ソピステス』における「釣師」、『ポリティコス』における「機織術」はいずれも(α)に属するにもかかわらず、分割法が適用されている。この相違はどこで生じたのかをまず考察の糸口としよう。

『ポリティコス』(285D–286A)の(α)と(β)に関する記述は、やや錯綜しているものの、大意は明白である。

(α)存在するものの一方のクラスは——その自然本性として——わかりやすい感覚似像をもっているので、[16]この種の事物について「何であるか」と問われた場合、面倒な定義を避けて簡単に披露してやろうと思うなら、この似像をして語らしめることができる。

(β)他方、すぐれて壮大かつ貴重なもののクラスには、一目して瞭然というたぐいの似像がない。

若干これに補足しておくと、ここで(β)では感覚的似像が自然本来的にないということではなく、誰もが一致してそれの似像だと指さすことのできるものがないと言われているのである。(β)の似像は喩えて言えば、「美しい原物に似ているように見えても、それは低く屈んだ姿勢で見ているためで、実は人がそれだけ壮大な対象を充分に見てとる力を得たならば、似ていると称されるその当のものに似ても似つかぬもの」(『ソピステス』236B)と化す。一方また(α)は、感覚される物体そのものではなく、あくまでそれを似像とする原範型(パラデイグマ・イデア)である。つまり、原範型は事象の全域にわたって想定されているのである。

この意味で、(α)(β)は決してカテゴリカルな存在論的区分ではない。あるのはただ、似像の利用ができるか否かの、認識方法上の差異であって、それはまさに『国家』における〈線分の比喩〉のディアノイア/ノエーシスの差異に相当する。だとすれば、『国家』において一般に数学に負わされていたディアノイアの機能が、ここでは「釣師」や「機織術」の分割に継承されているのではないか。事実たしかに、これらの分割には、(β)の領域の解明に進む予備練習の役割が課せられているのである[17]。そしてさらに、なぜこれが予備作業たりうるかという点を遡及していけば、(α)と(β)の基本的な連続性の想定に帰着しよう。「魚釣り」の分割は「ソフィスト」に、「機織術」の分割は「政治家」に比喩的に投影されて、重要な手掛りを提供している。このような実験的比喩は、ふたつの領域の間に一種の同型性がなければ生じえない。してみると、想起説の内包する根本テーゼ「全事象の本性的連続性」

「原範型／似像の世界構造」が、プラトンの後期対話篇においても堅持され、分割法の基本前提をなしているとここで断言してよいだろう。

一方、『パイドロス』の「エロース」の分割は、(β)のなかでも〈美〉という特権的なイデアに関わることによって、予備的分割の媒介を要しないものとなっている。

たしかに〈正義〉といい、〈節制〉といい、またそのほか魂にとって貴重なものは数々あるけれども、この地上にあるこれらのものの似像の中には、なんらの光彩もない。ただ、ぼんやりとした器官によりかろうじて、それもほんの少数の人たちがそれらのものを示す似像にまで到達し、この似像がそこからかたどられた原像となるものを観得するにすぎないのである。けれども〈美〉はあのとき、それを見たわれわれの目に燦然とかがやいていた。……〈美〉は、もろもろの真実在とともにかの世界にあるとき、燦然とかがやいていたし、また、われわれがこの世界にやって来てからもわれわれは、美を、われわれの持っている最も鮮明な知覚（＝視覚）を通じて、最も鮮明にかがやいている姿のままに、とらえることになった。

（250B–D）

原初的な欲望は、一方で身体の快楽に、他方で美に向かって、それぞれ自らのかたちをつくる。この分割を否定しようとすれば、快楽と美との同一性を言うしかあるまい。けれども美の感受は痛みをともなうこともある。しかしそれは、今、見られている美がかつての快楽の残照にほかならぬからではないか。では初めて美にうたれたとき、どんな快楽の記憶があったのか。〈美〉はわれわれの感性の基底にまで強固な根を張り、感覚的経験の想起性をなによりも鮮かに露わにする。

『パイドロス』の分割の場合は、「ただひとり〈美〉のみが、最もあきらかにその姿を顕わし、最もつよく恋ごころをひくという、この定めを分けあたえられた」(250D–E)という事情が働いて特異なものとなっている。しかし、そのことによって、『ソピステス』、『ポリティコス』の一見些末な対象の分割を通して、より貴重なものを想起する実験的比喩の途は閉ざされたわけではない。むしろ、この方面の配慮を怠ると、ある種の弊害が生じてくる。はたして『パルメニデス』は、〈美〉〈正〉〈善〉などの認識にいわば素手で邁進する若いソクラテスの、行手に潜む意外な陥穽を指摘している。また念のため付け加えておくと、ここで実験的比喩と呼んだものに相当する原語はパラデイグマ(範例)であるが、これは「パラデイグマ」の通常の語義であって、イデア・原範型を意味するものではむろんない。(α)(β)に存在論的な階層序列はないという点をくりかえし強調しておきたい。すなわち、似像は決して原範型たりえないが、範例は似像(比喩)と交換可能である。しかしそれにもかかわらず、原範型と範例の混同は『パルメニデス』(132C–133A)の誤解にもとづいて、現代のプラトン解釈の一つの根強い傾向を形成している。そこで次に、『パルメニデス』の「イデア論批評」を考察し、以上の論点を補強しよう。

五　「第三の人間」論とその周辺――『パルメニデス』130B-135C――

『パルメニデス』の「イデア論批判」は、何ら有効な反イデア論を含むものではなく、むしろイデア論の誤解の根を絶とうとする意図に貫かれ、哲学的思惟の取るべき途を指し示すものである。(18)

ここで批判の対象となる「イデア論」が構えている図式は、「一方にイデアそのものが、他方にそれを分有するものがある」(130B)というものであるが、それはイデア論の基本的立場を要約した定式、すなわち「〈美〉そのものを除いて他の何か或るものがもし美しくあるとすれば、それはほかでもない、ただかの〈美〉を分有することによってこそ、美しいのである」(『パイドン』100C)という定式の一つの反響ではある。しかし微妙な差異のあることも見のがせない。なぜなら、この構図は、分有するものがイデアの分有に先行する感覚的事物としてあるという含みを残すことによって、悪しき二世界論に陥る危険をはらんでいるからである。そしてパルメニデスはまずこの点を、若いソクラテスに試練を課して暴露させている。

その試練の性格は、前章で挙げた(α)と(β)の系列を念頭に置くと、より明白になるだろう。

(α)「人間」「火」「水」、「毛髪」「泥」「汚物」。

(β)「正」「善」「美」、「類似」「非類似」「一」「多」。

若いソクラテスは、「人間」や「水」のイデアを設定するか否かと問われて曖昧な態度を示し、さらに「毛髪」「泥」「汚物」については、それらがイデアに根拠づけられてあることを明確に否定し、われわれの感覚に現われる以上のものではないとみなす。若者はもっぱら(β)の領域に熱中するあまり、イデアとは独立に存在する感覚的事物を認める結果になってしまう。しかしこれは生まれる前のイデア論ではあっても、イデア論そのものではない。なぜなら、先に挙げた『パイドン』の定式にしても、「何か〈美〉ということがそれ自体でそのものとしてあり、そしてそれは〈善〉にしても、また〈大〉にしても、その他のすべてにしても同様である」(100B)というもう一つの礎石と並置されているからである。

このことは『パルメニデス』の「イデア論批評」の評価にとって決定的である。その種の二世界論の構図をとるかぎり、たとえば、「〈美〉のイデアを分有する」という事態は、「この人間があり、そしてそれが〈美〉を分有する」とか「この髪があり、そしてそれが〈美〉を分有する」という形をとり、「何か或る主語的事物がまずあり、それが美しいという性質をもつ」という解釈の枠組に不可避的にはまっていく。さらにこれと並行して、「〈美〉のイデアは美しい（美しくある）」という命題も、「ある」とは何かが感覚的事物を基準に了解済みのこととされて解釈されることになる。すなわち、〈美〉

のイデアは、美しいということから切り離された何か主語的なものとしてまずあって、そのうえでそれが美しいという属性をもつもの（self-predication）とされ、美しい人や美しい髪のごとき一個の美しいものに類同化（reification）されるのである。しかしながら、イデアを一方では述語的性質ないしは普遍に、他方で主語的な実態ないしは個物に割りあてるといった念の入った操作をしておいて、しかもイデアは「属性の実体化」あるいは「普遍の物象化」による虚構であるというたぐいの非難を加えることは、おのれの影と争うものにすぎない。

いわゆる「第三の人間」論（132A–B）の無限背進は、〈大〉のイデアをそのように多数の大きな感覚的事物とパラレルにとらえることから始まる。なぜこれがそのような構図にはまったのか、そしてまた、なぜ若いソクラテスはこれに有効な反駁をなしえなかったのかということは、すでにわれわれには明らかである。

とはいえしかし、若いソクラテスが「第三の人間」論に対して示した反応とパルメニデスの再批判とからは、この問題に関するプラトン自身の重要なコメントが抽きだせよう。

(1) イデアは概念であるか（132B–C）。

(2) イデアは原範型であるか（132C–133A）。

(1)イデアのもの、、への類同化を斥けるとき、これを普遍概念と同定しようとする誘惑に抵抗することは、おそらくかなり難しいであろう。しかしイデアをそのように解すれば、まず第一に「分有」ということは完全にその意味を失う（132C 9–11）。第二にまた、もともと概念とは、実在との関係をひとまず保留し、夢と覚醒の区別を意識的に消すことによって構成される作業仮設である。したがって、概念も最終的には真偽が問われるのであって、それ自身の対象から独立に存在することはできない（132B7–C2）。

だがなぜ、その概念の対象がイデアであって（132C 3-5）、感覚的事物の集合であってはならないのか。「今、見られているこのものは、或る別のもののごとくあろうとしているのだが、しかし欠けるところがあって、そっくりそのままそれであることができず劣ったものにとどまっている」（『パイドン』74D–E）からである。

(2)しかし一方、イデアの物象化に対して何らの歯止めもない二世界論図式のもとでイデア・原範型としてみても、結局イデアは模範的なもの、、、すなわち一個の範例とみなされるだけに終わる。原範型と似像との関係は、同型性によって架橋されたシンメトリカルな類似関係に置換されてしまうのである[19]。

したがってまた、自明のことではあるが、次のことはやはり言っておく必要がある。(2)の議論は、〈イデア＝原範型〉論を否定するものではない。プラトンはこの論法を意識的に誤った形式で組み立てることによって、その点を明確に示している。もともと「分有」を説明すべく、原範型／似像の関係が導入されたにもかかわらず、再びそれが「分有」に置き換えられているからである。[20] すなわち、分有→似像／原範型→類似→分有→……という無限循環が、「分有」の成立のために無限に多くのイデアの動因を要求する。しかしこれは、イデアの「分有」という事態をさらに別のイデアの「分有」によって説明することはできないという、至極当然のことを言うにすぎない。[21]

こうしてみると、「第三の人間」論はかえってイデア論を逆照するものである。とすれば、それに先行するもう一つの「分有のアポリア」(131A-E)も、イデアの擬物化による粗雑な議論というだけに尽きるものではなく、正式のイデア論的観点から見直す余地があるかもしれない。

さて、全事象の根底にイデア・原範型を想定するということは、独立にそれ自身として存在する感覚的事物を解消し、いったんは個物を似像の束に解体するということにもなる。このとき、「一なるイデアを多数の感覚的事物が分有する」という図式は、多くの場所で似像Aが似像B、C……と或いは結びつき、或いは結びつきを拒んで現われる、ということに帰着する。したがって、「〈大〉のイデアが、多数の感覚的事物による分有において断片化する」(131C-D)というアポリアは、それ自体としては全然問題を含まず、ただ〈一〉〈多〉〈大〉〈小〉〈等〉などのイデア相互間の結合と分離という局面に移行する。そしてこれが『パルメニデス』第二部(136E-fin.)でなされている予備練習(*gymnasiā*)である。それは予備練習の眼目として、ディレンマ構成による背理を導いて思考に刺激を与えるために仮設法の形式をとっているが、イデア相互の連結（一つになる方向）と排除（多になり分かれる方向）とを見るという点で、本質的には分割法と同じものである。

六　集約

前章での『パルメニデス』の「イデア論批判」の検討によって、イデア・原範型と範例とは決して混同されないこと、またイデア・原範型があらゆる事象に似像のかたちで浸透しているものであることが再確認された。このようなイデア論的脈絡において、分割法とは、『ピレボス』（16D sqq.）の「音階の形成」（*mousikē*）と「音韻組織の発見」（*grammatikē*）とにそのモデルがみられるように、最終的にはイデア相互の連結と排除の関係を吟味することにより、似像の束に解体した現象に秩序と構造を発見し構成する仕事であるといえよう。

最後に、分割法（分割と綜合）の仕組についてのこれまでの考察を要約し、イデア論的文脈とのつながりをコメントしておきたい。

(1) 発語装置

これは類似の中に対立的差異を見いだすことをその基本操作とする。この分割は、最初の綜合的直観に支えられ、これをより包括的な場に拡張した上で、分節化し言表化して対象への直観をより明瞭なものとする（以上、第二章）。ここで、分割法の適用対象の身分を、個物（particulars）でなく類・種のクラスとみなして、最初の綜合を「雑多な感覚から出発する」イデア想起との連絡を断とうとするような解釈[22]には何らの根拠もない。そもそもイデア論では、個物と類・種（普遍）という対比が意味をなさない（第五章）。分割法は（弱い）想起にはじまり、この想起をより鮮明にする方法である。

(2) 選別

『ソピステス』の「ソフィスト」、『ポリティコス』の「政治家」の分割の核心は、真／偽、真／贋の分割にある。そしてその分割の基準は、正・邪、善・悪の〈知〉であって、それはイデア論そのものに依存している（以上第三章）。したがって、この連関で後期対話篇『テアイテトス』（151E-183B）の考察のもつ意味は重い[23]。

(3) 実験的比喩

全事象の基底には原範型としてのイデアが想定される。したがって、われわれの経験に現われる些末な事象といえども、これをロゴスに分節して再把握し、比喩的な投影を試みることによって、より貴重なもののイデア認識の手掛かりが与えられている。後期対話篇において、分割法＝ディアレクティケーの提示に際して、『国家』で強調されていた数学的方法との対比が欠けているのは、ディアレクティケーの意味を転倒するものではなく、比喩の方法（同型性の発見）が数学をカヴァーし、かつまたディアノイアからノエーシスへの移行をも果たしうるからである（以上、第四章）。

そして、イデア・原範型論の基本線がそのまま分割法の根本前提として据えられているかぎり、どのような分割も究極的に〈善〉のイデアの直観によって補完されるまでは、ある程度の形式性、仮設性を帯びている。「ソフィスト」や「政治家」の分割もまた、それだけで自己完結するものではなく、ディアレクティケー一般に習熟し、事柄の実相に迫るための活動の一端にすぎないのである（『ポリティコス』285D, 287A）。

注

（1）関連箇所は『アルキビアデス(I)』111B–112D、『エウテュプロン』7B–D、『国家』523A–524D〔J. Adam, *The Republic of Plato*, vol. II, 110、藤沢令夫訳『国家』（『プラトン全集11』、岩波書店）五一三頁注を参照〕、『パイドロス』250B–D, 263A–C、『パルメニデス』130B–E、『ポリティコス』285D–286B。参考として『ソピステス』235D–236B.
『パルメニデス』のイデア論批判がイデア・原範型の想定に有効な打撃を与えているとみなす立場から、この問題に触れた論文としては（私は賛同しないが）、
G. E. L. Owen, 'A Proof in the *Peri Ideon*', in R. E. Allen (ed.), *Studies in Plato's Metaphysics*, Routledge, 1965, esp. 305–310. C. Strang, 'Plato and the Third Man', in G. Vlastos, *Plato, I*, 1971, esp. 194–199.
イデア論の端緒を照らす、より重要な論文は
松永雄二『知と不知』（東京大学出版会、一九九三年）第二章。
（2）本書第四章。
（3）本書第五章。
（4）R. S. Bluck, *Plato's Meno*, Cambridge, 1961, 106–108. R. Hackforth, *Plato's Phaedrus*, Cambridge, 1952, 135–136.
W. D. Ross, *Plato's Theory of Ideas*, Oxford, 1951, 118–119.
（5）*Fragmenta Comicorum Graecorum*, ed., Meinecke, 682–683.
（6）G. Ryle, *Plato's Progress*, Cambridge, 1966, Chap. IV.
これについては、テクスト調査にもとづいた周到な反論がある。

(7) J. L. Ackrill, 'In Defence of Platonic Division', in O. Wood and G. Pitcher (eds.), *Ryle*, 1970, 373 sqq.

(8) Diogenes Laertius, VI. 40.

(9) 詳しくは藤沢令夫訳『ソピステス』(『プラトン全集3』岩波書店)一七二頁補注Aを参照。

(10) 『ポリティコス』(258E)の技術の分割を参照。

(11) 『クラテュロス』385E-387B, とくに386D-387Aを参照。

(12) 諸説の整理は、R. Hackforth, *Plato's Examination of Pleasure*, Cambridge, 1945, 142-143.

(13) R. S. Bluck, *Plato's Sophist*, ed. by G. C. Neal, Manchester, 1975, 40.

(14) *Analytica Priora*, A 31, 46a 31 sqq.

(15) Ross, *op. cit.* 118

(16) K. M. Sayer, *Plato's Analytic Method*, 1969, 149-157. esp. 156.

(17) Ficinus(*rerum quarundam cognitu facilium*)に従って原文修正の試みもなされいるが、ここでは上の通りに読んでおく。内容的には大差ないと思う。

(18) 『ソピステス』218C-D, 221C.『ポリティコス』286B sqq.

(19) N. Fujisawa, '"Ἔχειν, Μετέχειν, and Idioms of "Paradeigmatism" in Plato's Theory of Forms', *Phronesis*, 19 (1974), 30-58.

(20) イデア論を擁護しようとする人々(Taylor, Cornfordなど)は原範型/似像の関係を、似像は原範型に似ていてもその逆はありえない「非シンメトリカルな類似」関係に同定しているが、これは反対の陣営にある人々からは純粋に論理的関係に存在論的派生関係を忍びこませたものと論難されている。cf. G. E. L. Owen, 'The Place of *Timaeus* in Plato's Dialogues'(1953), in R. E. Allen (ed.) *Studies in Plato's Metaphysics*, London, 1965,

150.

しかし「非シンメトリカルな類似」の概念が論理的誤謬というのはあたらない。近似と極限、或いは楕円と円の関係を考えよ。

（20） Fujisawa, *art. cit.* 49–50.

（21） しかしこのこと自体は、「いかにして感覚的似像がイデアより派生するか」という問題を投げかける。究極的には、これは宇宙生成論（*kosmogonia*）を要請する問であって、イデア論に固有な謎ではない。プラトン自身は『ティマイオス』においてデーミウルゴス（造物主）の導入によって、それに答えることになる。これは、「分有」論がプシューケーの場で解かれるべきものであることを示している。

（22） ハックフォースは分割法を類・種（概念）の分類とみなしたために、『ピレボス』の分割法の解釈で破綻をきたしている。

Hackforth, *Plato's Examination of Pleasure*, 24–26. cf. J. C. B. Gosling, *Philebus*, 1975, 160–163.

（23） そのエスキスは、藤沢令夫『ギリシア哲学と現代』（岩波新書）、一三五—一三七頁。

第七章　脱喩化の途

類別の境界線ケースとしての泥、システムの一部としての毛髪、知覚からさえも排除されようとする汚物、これらについて見え姿から類似性を媒介にその原範型（イデア）を思考することはできない。イデアと感覚的事物とを、神的な模範を用いて描く画家のように比較して眺めうる視点は、われわれに与えられていない。そして肝腎なことは、そのような視点の不在を、言いかえればわれわれの生のパースペクティヴの変換がいかにしてなされうるかの問を隠蔽するものとして、〈範型／似像〉用語が使われうるということだ。この隠蔽の働きをかりに「絵のメタファー」と呼び、そしてそこからの移動、すなわち像性を類似性から分離することを、ここで「脱喩化」と呼ぶことにする。脱喩化が原範型説のモチーフの展開にほかならぬことを明らかにする、これが本章の考察課題である。

一　『パルメニデス』（132C–133A7）

対話篇『パルメニデス』において、「離在と分有」の局面で集中的に露呈されたイデア論の困難を、一気に解消する奥の手として原範型説を提示した若いソクラテスの企図は、パルメニデスの鎧袖一触に会って打ち砕かれる。

状況の全体的設定に目を配れば、パルメニデスのイデア論批判を貫くのはイデアを物化する思考の慣性だといえる。原範型説に先立ってソクラテスがイデアを心の中のノエーマとする解釈を提案したのも、直前の「第三の人間」の袋小路が「大」のイデアを多数の大きな事物と並列化してとらえると き発生する背理であることを察知したからであり、これもまたイデアの物化を回避しようとする一つの試みであった。

にもかかわらず、その洞察がイデアの執拗な物化の繰り返しを阻止しえないのは、「若いソクラテスのイデア論」の根元に居据えられた大きな枠組の牽制による。(1) イデアの範囲を限定することが存在の意味基準を二重化することに帰着するならば、いつかイデアは「永遠化された感覚的個物」に変貌するだろう。

次に、これを念頭に置きつつ、パルメニデスの原範型説論駁に対して、古来、その正当性が疑問視されてきた論点を復習し、われわれの考察の進路を決定しよう。第一の論点は、「似像は範型に似ている」と類似の対称性とから導かれた次の命題である（132D5-8）。

(1) 範型と似像とはたがいに似ている。

しかし、似像の像性、「甲の乙の像である」は、「甲は乙に似ている」のような対称的関係にない。したがって、〈範型／似像〉関係を類似のタームで表現することには慎重でなければならない。類似によって表現したときには、像性が――したがってまた原範型性も――脱色されているのである。似像は、「甲、そして乙の像」である。「似像は範型に似ている」と言うときには、実物甲が実物乙に似ているのであって、像が似ているのではない。(2)

それゆえ、〈範型／似像〉関係を、その非対称性に着目して、非対称的類似（an 'asymmetrical' resemblance）に置換し、(1)の却下をもって原範型説を擁護する、という方策は無用である。非対称的類似の概念は論理的に不透明であるという指摘は、やはり正当だろう。(3) むしろ〈範型／似像〉関係から類似の分離を断行すべきである。そして、実物と絵とを比較対照する場合では、それら相互の類似が語られるではないかという反論に対しては、像性と類似性とを癒着させる絵のメタファーの廃棄を促したい。

「似ているが欠けたところがある」という事態を類似の概念で分析することは断念しよう。類似はパルメニデスの論駁においても一貫してトリヴィアルな概念である。そのことは、次の、自明の前提として扱われている論点（132D9-E2）に関連するだろう。

(2) たがいに似ているものは同一の性格（*eidos*）を分有する。

いま任意に二つの対象A、Bをとる。すると、そこには必ず、或る点での類似性がみいだされるであろう。しかしそれは、もちろん、A、Bいずれか一方が範型、他方が似像ということを含意しない。したがって、この意味では、A、Bが〈範型／似像〉関係にたつときでも「Aが範型、Bがその似像、それゆえA、Bはたがいに似ている」のではなく、「A、Bはたがいに似ている、そしてAが範型、Bがその似像」なのである。つまり、範型と似像は、まさにその資格においては、たがいに似ているのではないし、また似像が範型に似ているのでもない（132E6-7）。

(2)をイデアと感覚的事物との関係の表現とみることの非は、まだ別に強い理由がある。(4) 原範型説の元来の意図は、「分有」を〈範型／似像〉関係に解消するものであった。「分有」は、もはやイデア／感覚的事物の関係を、したがってそれらの間の「類似」を説明する原始概念ではない。だが「分有」のこの不当な再導入は、〈範型／似像〉関係を絵のメタファーにすりかえるとき黙過されるだろう。

ここに或る人物画があって、当人のもつ貪欲そうな、あるいは廉直な、あるいは清濁あわせ呑むかの風貌が写しだされている。当の範型がひとつ乃至いくつかの特徴を分かちもつ構造をなすとき、範型／似像が或るひとつの特徴において相互に類似し、そしてこの共通な特徴を分有するということを妨げないであろう。それゆえ、この場合のように、たがいに似ているものの一方がその類似点の当の範型であるとき、(2)は成り立たないと断定できない。

しかし、「範型に似せられてある（eikasthēnai）」ところの像性を、絵のメタファーに運ばれて「似ている」ことと解してはならない。類似は範型／似像関係の本質ではない。パルメニデスの最終診断はあくまで、「したがって他のものがエイドスを分有するのは類似によってではない」（133A5）、つまり「分有は類似によって成立するのではない」にとどまるのであって、原範型説が不治の病に冒されているというのは速断である。

絵のメタファーによる範型と似像とのパラレル化は、イデアを擬物化する思考の習慣と通底する。「若いソクラテスのイデア論」においては、イデアから独立に感覚的事物が存在するかを、この習慣に抗って徹底的に吟味することがなかった。そして物体をロゴスの中で解体し、可視的物体世界を描像に還元することの一方で、似像を「水や鏡に映る像、画像や彫像」（*Soph.* 239D）から脱喩化することにもまた原範型説のモチーフの展開があるのだ。

二　『ソピステス』の虚偽論へ

次の課題は、『パルメニデス』の指し示す方向線に沿って、像性を脱喩化してとらえるその途筋を『ソピステス』に透かしだすことである。

『ソピステス』の戦略的布置は大掛かりでかつ錯綜し、容易にその筋目は見透かせない。けれども戦略目的そのものは、われわれがいまだ比較対照する視点をもたない「巨大な対象」（235E）についての言説、すなわち虚像（*phantasma*）をつくる者としてソフィストの正体を白日に曝すことにほかならない。そしてこの最終目的の前に立ちふさがる障壁が、「虚偽の定義は矛盾を含むがゆえに虚偽の存在が否定される」というパラドクスであった。もし虚像の存在が否定されるならば、像（*eidōlon*）はすべて真となり、像そのものが実在と区別されなくなるだろう。してみれば、像の存在論的身分の確定こそが『ソピステス』の大目標というべきであり、ここに原範型説の展開と虚偽とが交錯する確実な一点がある。

「像は存在しない、そもそも虚偽がありえないのだから」という主張を反駁してロゴス（言表）の像性を確定する鍵は、虚偽の言表の立証にある。したがって、このような筋目の当初からイデアを組込むのは、戦略的布置の転倒と言うべきだろう。

とはいえ、偽言表の解明にイデア論を援用する解釈は現実に行われている。便宜上それをやや極端な形で描いて、その位置づけを試みよう。

いま、「テアイテトスは飛んでいる」（TPと略記）という言表の意味を構成するものとして、〈飛〉のイデア、さらにテアイテトスが分有する〈人間〉その他のイデア[5]——かりにTと総称しよう——を設定する。Tと「飛」の組合せは実在しないので、言表TPは虚偽である。しかし、Tも〈飛〉もそれぞれ実在するから、それ自身はあるものを語る一方で、「Tに関してあらぬ」もの、Tに関するすべてと異なるものを語る言表として、虚偽なのである。

「に関してあらぬ」の機能はさらに肌理細かくみることができる。[6]「Fがxに関してあらぬ」をMOP（F-x）、「Gがxに関してある」をOP（G-x）と表記しよう。MOP（F-x）の成立条件は、FがOP（H-x）のすべてのHと異なることである。この条件はFがOP（G-x）となるひとつのGと両立不可能であれば充足される。なぜなら、OP（H-x）となる任意のHはGと両立可能でなければならないから、当然Fと異なることが帰結する。それゆえ、例えばOP（坐っている—テアイテトス）ならば、MOP（飛んでいる—テアイテトス）である。

この説明は、虚偽の定義に含まれる「全くあらぬもの」は虚偽の存在を不可能にするという形での、ソフィストの主張を打消すものではあろう。しかしいずれにしても、虚偽の立証ではなく、その後日談である。ここでは、言表の一方に確固たる事実（イデアの組合せ）[7]を、それと対比さるべきものとして前提する「真理の対応説」の図式がいすわっている。しかし、問題はその手前にある。

まず、『ソピステス』においては、「虚偽のパズル」に対抗する措置として分断作戦がとられていることを確認しておこう。虚偽のパズルは、(i)あらぬものがあることは不可能、(ii)言表（判断）はあらぬを分有しない、と二通りある。そして問題の虚偽論証に課せられたパズルは(i)ではない。それはすでにアポパシス論（257B1–C4）、差異部分論（257C5–258C5）で解決済みだったからである。すなわち、あらぬものの「あらぬ」は「ある」の反対ではなく、「異」の部分、つまり或る確定的本性Xとの差異である。それの「ある」は全体としての「異」そのものの「ある」ことによる。

他方、パズル(ii)は次の箇所で登場する。

> すでにあらぬものはあるものを分有することが明らかにされた。だからソフィストもその点ではもう戦いを挑むまい。けれどもこう主張するかもしれない。もろもろのエイドスのうちには、あらぬものを分有するものもあれば、他方ではしかし分有しないものもあって、そして言表（ロゴス）と判断（ドクサ）こそは、このあらぬを分有しない側に属するのだ、と。（260D5–8）

偽言表の成立を阻む正面の障壁は、「あらぬものがある」というテシスによっては微塵も動揺することのないソフィスト最後の城塞である。(8)

偽言表（偽判断）を消去するパズルは、語られ（思いなされ）ることはすべてある、したがって言表

〈判断〉に虚偽は含まれない、という主張である。ところでしかし、それは「あらぬことを語り、思うのは不可能」という主張と同じではないか。いかにも、もしそれが「それゆえ、言表ＴＰはあるところのことを語る、真言表である」と続くのであれば。しかしながら、「それゆえ、あらぬことを語る言表ＴＰはそもそも無意味である、成立しない」という主張とは明確な一線を引かねばならない。ましてや、パズル(ii)に対して、言表ＴＰは、Ｔに関して実際はあらぬもの〈あらぬ事態〉をあると語っているから、虚偽である、というのは全く答になっていない。

パズル(ii)は、「ありもしない事態を語ることができない」という方向の含みでなく、「あらぬ」すなわち「かくかくの確定的本性と異なる」という関係性を言表が内蔵しえないという主張にみるべきだろう。言表ＴＰは、まさにあるものとしての、〈飛んでいるテアイテトス〉の出現であって、「坐っている」テアイテトスとの関連づけを拒むのである。

「虚偽のパズル」のもつかかる性格は、ことの性質上、言表／事態の区別から出発するすべての戦略的布置を無効にする。虚偽論証において、イデアが引照されてはならないのである。しかし、イデア論が虚偽論証に潜入する元のルートを断たないかぎり、以上の結論から先へ進むことは容認されないだろう。

三　イデア論に依拠した虚偽証明の不当性

イデア論が虚偽証明に導入される最大の要因は、次の問題的な一節（259E5-6）、「なぜならわれわれにとって、言表とは、〈形相《エイドス》〉相互の組合せにもとづいて成立するものであるから[9]」（*διὰ γὰρ τὴν ἀλλήλων τῶν εἰδῶν συμπλοκὴν ὁ λόγος γέγονεν ἡμῖν*）が、言表の成立はイデアの組合せを前提とすると解釈されるからである。そこでこの箇所の「エイドス」をイデアと解釈する見解（以下、〈イデア解釈〉と呼ぶ）を斥ける理由を明らかにしなくてはならない。

その第一は、くり返しになるが、実在／像の分割を前提することは『ソピステス』の戦略的意図を水泡に帰すものだからである。つまりそれは、おそらくイデア解釈者自身の企図するところを裏切るであろう。

しかし、それだけでは身も蓋もないと言われるかもしれない。次に、(A)イデア解釈の論拠はテクストを仔細に見れば弱められること、(B)イデア解釈は『ソピステス』の関知しないディレンマを内包していることを明らかにしよう。

(A)　問題の箇所をあらためて全体として取り上げてみよう。

それぞれのものを何もかも、すべてのものから切り離してしまうということ〈完全分離テシス〉と呼ぶ――引用者）は、あらゆるロゴスを全く跡かたもなく抹殺する。なぜなら、エイドスが相互に織り合わされてあることによってこそ、ロゴスが成立するのだから。

ロゴスを抹消する〈完全分離テシス〉は、先にイデアの結合関係との関連で論じられた箇所（エイドス結合論 251D–252E、哲学の織布 252E–253C、ディアレクティケー論 253C–254B、最大類の分有関係 254B sqq.）に引照される。これが〈イデア解釈〉を支持するポイントとなるだろう。

しかし、疑問が湧く――先に確定されたエイドスの結合は、ひとり知性主義者の唱えるイデア論だけではなく、すべてのロゴスの成立にかかる前提ではないか。それは実在／生成の区別を棚上げした一般理論として提示されているのではないか。〈完全分離テシス〉の否定は、イデア論との背馳だけを念頭に置くものではなく、合理化された物体主義者のデュナミス論とも、要素の離合集散に世界形成をみる自然学説とも、さらには〈完全分離テシス〉自身とも両立しえなかったからではないか。

この素朴な質問に対して「しかし、それは百も承知だ」と〈イデア解釈〉論者は答えるだろう、「ロゴスの成立は正確には、完全分離テシスの否定だけによるのではない。ヘラクレイトス流の撞着語法――動は静、昼は夜、生は死など――をも否定するところの次のテシスによる、すなわち、

有、静、動その他すべてについて、それらの或るものはたがいに関係をもちあうことができるが、或るも

のどうしはできない　　(251D)

ことによる。そして」と彼はさらに続けるだろう、「この『有、静、動その他すべて』の結合分離が、問題のエイドスの組合せにほかならない。ところで、〈結合分離テシス〉で前提されている織布を扱う技術は、哲学者の知であるディアレクティケーであると紛れもなく名指されている以上、織糸もまたイデアであると言うほかない。したがって、ロゴスはイデアの組合せによって成立する、と正当に解されるのだ」と。

たしかに、ディアレクティケーの取扱う、たがいに結合／分離の関係にある類（*genos*）ないし種（*eidos*）がイデアを指すことは否定できないだろう。しかし、是非そこで強調しておきたいのは、プラトンの「ソフィストの前に哲学者を発見してしまった（253C）」という発言のもつ戦略的意味である。何度でもくり返すことになるが、ソフィストの定義に必要な「像の存在論的身分」はいまだ確定していないのだ。〈実在／像〉の区別が正式に決定し、イデアの原範型説が認可されるためには、言表、判断、知覚的立ち現われに像としての身分が配当されなければならない。そして像の本性は、真偽の区別がその中で成立するということに求められなければならない（260C1-10）。

プラトンの先の発言は、イデアを、イデア（原範型）ではないかのごとく扱うことを指令している。語の意味論的価（semantic value）を、一旦遮断して、意味論的考察が可能になる基礎を問うものである。それは「虚偽のパズル」(ii)の問いでもあった。

(B)一方、〈イデア解釈〉は、偽言表もまたイデアの組合せに基づいて成立するという新たなパラドクスを自家製造する。

代表的な〈イデア解釈〉提唱者ブラック（R.S. Bluck）は、いわば de dicto と de re の区別を「イデア相互の組合せ」に導入して、虚偽とイデアの直結を回避しようとした。問題の箇所についての注解は以下の通りである。「われわれは、どのような言明（statement）を行う場合にあっても、事実の上ではイデアを正しくあるいは不正確に織り合わせているのであり、そしてただそのことによってのみ言説（discourse）は可能になる。『テアイテトスは坐っている』と言うとき、われわれはそれと認知していると否とにかかわらず、『人間』のイデアと『坐る』のイデアを結びつけているのである[10]」。

ブラック説では、結局、(a)言表の有意味性の条件として、発話者によるイデア（の名）の組合せが、(b)言表の真理条件として、語られた複数のイデアが事実において結合関係にあることが求められているのである[11]。

しかしながら、そもそも「エイドス相互の組合せ」(ἡ ἀλλήλων τῶν εἰδῶν συμπλοκή)が「われわれによる、イデア相互の正しいあるいは正しくない組合せ」と読めるのだろうか。一方、かりに読めたとしても、その解釈は、組合せ法をわれわれの手に譲渡する代償として、イデアの名の任意の連鎖を言表と認めることを余儀なくされよう。ただし、ここで指摘される難点を、「書物が酒を飲む」「長靴が恋をする」といった「無意味な」文の洪水が懸念されるということと受け取ってはならない（ブラックの言うとおり、お伽噺は無意味ではない）。そうではなく、「歩く走る眠る……」とか「獅子鹿馬……」を言表から排除する根拠が失われるということが問題なのである。このとき、無意味性を排除理由とすることは、イデア解釈(a)からして、論外と言わねばならない。

以上のように、〈イデア解釈〉は、偽言表もまたイデアの組合せによって成立するか、さもなくば任意の語連鎖が言表として成立するかいずれかというディレンマを内包しているのである。

「歩く走る眠る……」や「獅子鹿馬……」が言表でない理由は、意味・無意味を言挙げせずとも、未完結というそのことで充分である。言表の成立にかかる「エイドス相互の組合せ」は、語の連鎖に終止符を打つための、そしてわれわれの恣意を離れた規則を指すものでなければならない。

このような観点からすれば、その資格を充当する少なくとも一つの例を、動作（*prāxis*）と動作主（*prāgma*）の組合せに認めることは何ら困難を含まないだろう。言表は物事のあり方を動作と動作主に分節して露わにし照示する（δηλοῖ）。しかしここで露出された図柄は、言表の真理条件ではなく言表そのものなのだからして、そこに言表と対比される事態もしくは実在という性格を求めてはならないのである。そしてそれを求めなければ、言表の結合素の意味論的価値としてイデアを探す必要もなくなるだろう。

つまり、この照示するという言表機能は、言表外対象を代理・表象するという見方に引き寄せられるべきではない。なるほど、一連の音声継起とともに〈事態〉の一つの輪郭が現出する、とは言えよう。しかし音声の連鎖が言表なのではない。言表はその〈事態〉とは剥離されない。言表は端的に「あるものの類の一つ」(260A5)なのである。

四　解決

かくしてようやく、中断された進行を再開することが許されよう。言表は事態から剥離されない。言表TPは〈飛んでいるテアイテトス〉の出現であって、「坐っている」テアイテトスとの関係づけを拒む。言表TPは偽ではない。以上がパズル(ii)の台座である。

それは荒唐無稽だろうか。否、その脈絡をたどっていけば、感覚的事物そのもののうちに知識の確かな窮極の拠り所を求め、現在の現われに知識の条件としての不可謬性を認める立場に逢着するのである。

そしてまた言葉が私秘的に働く文脈では、各人への現われをそのままありもする、真であるとするという独我論的構図が全体に滲透して、「気が狂った人、夢をみている人が、自分は神であると思ったり、身体に翼が生えてあたかもほんとうに飛んでいるのだと考え(12)」ても、それを虚偽として斥けることができない。

パズル(ii)が『テアイテトス』で提起されている問題(13)と重なることは、取り違えの状況設定、例えば、向うの木蔭にいるテアイテトスをソクラテスと取り違えるという状況設定がどのようにして崩れるかによってもみてとれよう。

もちろん、ソクラテスを知らない人はこのような取り違えをなしえない。しかし、たとえソクラテスの知人であっても「あの人影はソクラテスだ」と判断（言表）するとき、「あの人影」という指示句がテアイテトスをいわゆる「不透明さなく」指示するように使われるのではないかぎり、取り違えの虚偽にならない。

しかるに知覚判断であれ、思いであれ、現在の現われを真とするならば、Xについての判断（言表）の主題Xは、判断に内包化され、指示不透明な文脈の内に囚われる。このとき判断（言表）は、それ自身の資格で真となり、知識と同定される。私に帰属する能力としての知識は私への現われの不在にほかならない。

以上を確認して、あらためてパズル(ii)をみれば、それは「テアイテトスは飛んでいる」（ＴＰ）という判断（言表）も、現にそう現われる以上、「テアイテトスは坐っている」（ＴＫ）という判断（言表）と同等の資格で真となるとも言いかえられよう。つまり、言表ＴＰとＴＫとは、いわばそれぞれ独立の事態としてあるのだ。

したがって、『ソピステス』の虚偽論証のポイントは、TPとTKをつなぐ固有の環を見いだし、それに基づいてTP、TKそれぞれの性格を対照することにある。そしてそのリンケージは「テアイテトス――すなわち今、私が問答をかわしている相手――は飛んでいる」(263A8)というように問答の場で遂行される。

このことの意味を考察する前に、偽言表の成立を立証する議論の全体的構成を眺めて、重心位置を点検しておこう。その構成ステップは――

(1) 言表とは何であるか。
(2) 言表はあらぬものと関係する。
(3) 偽言表がある。

という順序を踏む(260E3–261A1)。ここで(2)は、パズル(i)を含意する偽言表の定義「あらぬものを語る」と同じではない。(2)で求められている証明は「……について語られてはいるが、しかし異なるものが同じものとして、あらぬものがあるものとして語られる」(263D1–2)場合の提示であって、「あらぬものは或る意味である」という証明ではない。また(2)と(3)の関係は相互含意関係である。すなわち「あらぬものが言表と混ざりあうことがないならば、必然的にすべての言表が真となる。しかし混合するならば偽言表が成立する」（260C1-5）。

　それゆえ、『ソピステス』の論証の核は(2)の成立にあずかる(1)の場面、とくに、

L_1　言表の形成規則（261D-262D）

L_2　主題の外化（262E3-263A10）

のL_2のステップである。

元に戻れば、言表は、その固有性として、何ものかの言表であり（L_2）、そして言表TP、TKのそれは「テアイテトス」であると問答の場で確認された。このときただちに一方が真、他方が偽の性格をもつものと承認される（263B3）が、しかし、今みてきた議論の全体的構成からして、それはすぐに導かれる結論であろうか。

　導かれる、と答えてよい。なぜなら、それはもともとTP、TKそれぞれが孤立してあって、いずれも真として前提されていたからである。リンケージによって両者は、同じものについて異なることを語っていることが明白になった以上、いずれかは偽でなければならない。

　常識的には、「坐っているテアイテトス」という事実に照らしてTPが偽言表、TKが真言表とす

るのが穏当だろう。しかし「それらのうち真言表は、君について、あるところのものを真理主張し（λέγει … ὡς ἔστιν）、そのあると異なるものを偽言表は真理主張する」という表現は、それを明言していない、というより明らかに避けている。この箇所は、「真理の対応説」の locus classicus ではないのである。L_2から言表の真偽分割へのステップは個別言表についてその検証手続きの原則を確定することではなく、相異なる真理主張から「異なるものが同じものとして語られる」偽言表の立証への過程である。ここで問答の場における主題の確定とは、しかし、もともと事態の地平に存在する二人の発話者の間で交渉がなされるから、主題が言語外対象として指示され言葉に対峙する事態へと目が向けられる、ということでは全然ない。主題の外化（L_2）は、問答装置としての言表の依然その内部における分離である。言表と言表から独立な事実・事態との分岐点はそこには見えていない。事態の地平がそれ自体として出現するのは、あくまで偽言表の成立をまって言表の像性が確立されてのことである。

『ソピステス』の論証の核を集約すれば、言表はもし真理主張を遂行するならば必ず問答法的構造の中にあることの、言表の真偽分割の源に遡っての確認であるといえよう。この遡行の軌跡は、先に判断と並記されていた言表（ロゴス）が、以後、判断に先行する思考すなわちディアロゴスと同定され、判断は思考の所産として言表の真理主張と重ねられる（263E3-264A3）ことに、明確にとどめられている。

言表（ここからはロゴスというより、むしろディアロゴス）は、判断、知覚的現われに先行するアプリオリな発話装置であり、したがってこれと独立に世界がそれ自体としての地平に出現することもない。だが、言表が像としての存在論的身分を獲得するというとき、世界もまた描像の外にないとすれば、像の概念そのものが破綻しないか。

像性をそれ自体としてとらえ、イデア（原範説）への途筋をつけることは、したがって、もともと事態と剥離されないロゴスの自己異化の動きに沿って、その異化運動が像と原範型に転置されるという形でしか語れない。

真言表が語るのとは異なるものを、同じものとして語る偽言表の成立は、両立不可能なものが言表の中では連結、混在することを意味する。しかし、言表そのものを含む「あるものの類」は、完全分離でも無差別な融合でもない一定の結合・分離関係をなしている。[14] したがって、言表は非両立なものを連結することによって、この「あるものの類」の固有な形式を逸脱する。ディアロゴスから真理主張に向かう動きは、相容れない主張を否定して、この逸れを回復しようとする。像の本性は、この回復という形での外部への動勢ととらえることができよう。

この働きは、しかし、全体的である。個別言表が真か偽かの判定は個別的にはできない。個々の言表が結びつけられる「事態」もまた言表の枠内にある。さまざまな局面を綜合して一、つの世界像が形成されるその場面で、存在の結合と分離のあり方を束ねるものとして、究極の原範型が問われることになるのである。

注

（1）本書第六章。cf. R. E. Allen, *Plato's Parmenides*, Oxford, 1983, 108–111.

（2）像は「客観的な」物の世界には存在しない。むしろ、それはわれわれの生ける世界の最も基礎的なあり方のひとつである。

（3）例えば、G. E. L. Owen（'The Place of *Timaeus* in Plato's Dialogues' 1953, in R. E. Allen（ed.）*Studies in Plato's Metaphysics*, London, 1965, 319 n.3）の "because the relation between copy and original is not simply resemblance, it does not *include* resemblance." という皮肉。これに対しては、simply の削除を提案したい。

（4）H. F. Cherniss, 'The Relation of the *Timaeus* to Plato's Later Dialogues', in R. E. Allen（ed.）*op. cit.* 365–366.

（5）"a list of all the Forms of which he［Theaetetus］partakes"（D. W. Hamlyn, 'The Communion of Forms and the Development of Plato's Logic', *Philosophical Quarterly*, V 1955, 294–295).

（6）J. P. Kostman, 'False Logos and Not-being in Plato's *Sophist*', in J. M. E. Moravcsik（ed.）, *Patterns in Plato's Thought*, Dordrecht, 1973, 192–212.

（7）命題装置ＭＯＰを埋める項はイデアではないとしても、「ｘはＦである」が偽言表となるのは、事実において

(in reality) はMOP (F, x) であるとき、OP (F, x) を述べるものと定義されている (Kostman, *ibid.* 194)。

(8) 「あらぬものがある」というテシスは、ソフィストの城塞陥落後に、ソフィストの退路――パズル(i)への立戻り――を断つものとして接続されている (263B11-12)。

(9) 藤澤令夫訳 (岩波版『プラトン全集』3)。

(10) R. S. Bluck, 'False Statement in the *Sophist*', *Journal of Hellenic Studies*, LXXVII, 1957, 182.

(11) A. L. Peck, 'Plato's *Sophist*: the *συμπλοκὴ τῶν εἰδῶν*', *Phronesis*, 1962, 49-50.

(12) *Theaet.* 158B-C.

(13) *Theaet.* 188A1-C8, 189B10-190E4.

Cf. C. J. F. Williams, 'Referential Opacity and False Belief in the *Theaetetus*', *Philosophical Quarterly*, 1972, 289-302. G. Fine, 'False Belief in the *Theaetetus*', *Phronesis*, XXIV (1979), 70-80.

(14) 言表の成立にかかる「エイドス相互の組合せ」(259E) ではない。

第八章　洞窟の世界

一　アリストテレスの〈洞窟〉

イデア論の成立に関するアリストテレスの有名な記述がある。

ソクラテスは、…（中略）…優れたエートスを形成するもののうちに普遍を求め、定義ということに腐心した最初の人であったが、これを継承したプラトンは次の理由から、その定義は感覚される事物についてではなく、これらとは別のものについて成立するものであると考えた。つまり、感覚されるものは不断に変化してやまないから、そこでは共通的な定義は不可能だというのである。かくしてプラトンは、そのような〔感覚的事物とは別の〕存在をイデアと呼び、感覚されるものはすべて、これのほかにこれと並んで、これに準じて語られる、すなわち分有によってそれらはイデアと同じ名前をもつものとなると考えたのである。

（『形而上学』A 6, 987b1–10）

続いてアリストテレスは、肝腎の「イデアを分有する」とはどういうことかについて、それは残された「共同の探求課題」であったと報告している。残されたのはむしろ、感覚界とイデア界という二世界論の図式だけであると言ってよいだろう。このような構図のもとで露呈する「分有」の困難はプラトンの『パルメニデス』で尽くされている。実際、そこで批判の対象となっている若いソクラテスの「イデア論」は、感覚的事物がイデアから独立に、あるいはイデアの分有に先立って存在することを容認している。というのは「一方にイデアそのものが、他方にそれを分有するものがある」（130B）という前提が基底に据えられているだけでなく、人間、火、水、毛髪等がイデアに根拠づけられてあることが、あるいは疑われ、あるいは明確に否定されているからである。そして「分有」が、この対話篇で示されるような不可能な事態であるならば、イデアは知られえぬもの、われわれにとって全く意味のないものになる。周知のようにアリストテレスは、『パルメニデス』の「イデア論批判」に全面的に同意しているが、その一つの有力な理由は彼の受け取ったイデア論の基本図式が、まさにそのような二世界論だったからである。アリストテレスは「分有しうるもの」（*methektika*）というプラトンにはない用語を採用しているが、それは明確に「分有に先行してある」ことを言い表すものだった。

『パイドン』のソクラテスは基本前提として、あるところのものの一方の組はイデア、他方の組はイデアを分有しうるものであり、それぞれのあるということが語られるのはイデアに準じてであり、また生成と消滅のそれもイデアの分取と放下に準じてであると仮設した。（『生成消滅論』B 9, 335b 10–15）

それゆえアリストテレスが、脱イデア論的コスモロジーを早くから構想したというのもゆえなきことではない。現在は散佚してしまったアリストテレスの対話篇『哲学について』は、W・イェーガーの説得力に富む推定によると三部構成になっていたらしい。第一部は、包括的な世界観の構築という点で最も偉大な、それぞれペルシアとギリシアを代表する二人の先達ゾロアスターとプラトンについて。第二部はイデア論批判。そして第三部において、イデア論を排除した宇宙論および神学の構想が描かれる。それは自然学、すなわち自然世界の内にある驚異的な美しい形状・構造の観照が、形而上学（神学）へと連続的に展開するものでなければならない。そこではプラトンの有名な寓喩が次のように変奏される。

かりに太古からずっと地下に住んでいる人々がいたとしよう。彼らの明るい豪奢な館には彫像絵画が飾られ、また世にいう長者がふんだんに持ちあわせている品々も残らず備え付けられている。彼ら自身はしかし、絶えて地上にあったためしはなく、ただ伝説によって神々の意志と力なるものがあると聞いているにすぎなかった。ところがある時、大地が口を開け、彼らがその隠れ家から脱け出し、われわれの住むこの世界にやって来ることができたとしよう。彼らは、突如、大地と海と空とを目の当たりにし、巨大な雲塊、風の威力をまざまざと知り、太陽を眺め、その大いさ、美しさはいうにおよばず、大空に光を撒き散らし昼をつくりなすその働きを知り、暮れては大地を夜闇が蔽うとき、彼らはしかと見届けるだろう――燦然と星ちりばめる全天、盈虚し変転する月の光、これら日月星辰すべての出没、永劫に変わることなきその軌道を。もしも彼らがこれらを見ることがあれば、そのときさっと彼らは神々がいますこと、かくも荘厳な造化は神々の御業に違いないことを断言するだろう。

（『哲学について』断片13）

この「朝の歌」から一転してプラトンの〈洞窟〉に戻るならば、われわれを強く牽きつけてやまないのは、脱出のもたらす覚醒の悦びではなく、むしろ洞窟の奇怪な構造であろう。傾斜しつつ地下の奥深くまで伸びた洞窟の底に、四肢と頸を固定され奥壁に面している囚人がいる。上方背後に火が燃え、火と囚人たちの間に横道が走り、それに沿って障壁が造られている。そしてこの道を、あらゆる種類の道具、人形、各種の動物の像が往来する。この洞窟の内部装置は、「人形遣いの前に衝立が置かれてあって、その上から操り人形を出して見せるのと、同じような具合になっている」（『国家』514B）。洞窟の囚人が直面している現実は「影の夢」にほかならない。

アリストテレスの地下の住人は、享楽と栄誉を求める生の象徴であり、地下と地上の区別は行為（*prāxis*）と観照（*theōriā*）の二大区分に対応する。地上に出るということは、そのまま地下の世界の解消を意味している。アリストテレスがプラトンの〈洞窟〉から削除した最も重大なモチーフは、「洞窟への再度の下降」である。当然、洞窟内部の二重構造は初めから問題にもされない。この洞窟変奏の作者の視点は地上（観照的生）にあり、地下の人々は「彼ら」である。だが、プラトンの〈洞窟〉は往還の相で語られるものであり、そして何よりも洞窟の囚人はわれわれ自身の似姿であったのだ。

二　プラトンの〈洞窟〉へ

なぜ洞窟の内部は、あのように奇怪な構造をとるのか。いいかえれば、なぜ影の元をなすものが模造品でしかないのか。この問題は、下降の契機をいれないかぎり解くことはできないだろう。洞窟の上り道を登りきわめて外の事物を観ることは、プシューケーが「思惟によって知られる世界」へ上昇していくことに相当する。したがって、前もって示された〈線分〉の四区分に対応するかたちで〈洞窟〉においても四段階を想定するのは、ごく自然な読み方に思われる。

(1) 壁面の影をしか見ない囚人、すなわち「われわれ自身」のプシューケーの現状を表す段階

(2) 解放されて、影の元にある人形その他の模造品を、さらには火を見る段階

(3) 洞窟の外に出て、影と水に映る像を見る段階
(4) 実物を直接見る、ついで星や月の光で目を慣らし、最後に太陽を見るに至り太陽の働きを観得する段階

しかしながら「模造品や火を見る」段階(2)は、〈洞窟〉の上昇の一階梯としてはない、というのが言い過ぎならば、少なくとも明示的にはあるとは語られていないのである。言われているのは、囚人たちが縛めを解かれ、急に振り返って火の方へ歩み出ることを強制されたとすれば、彼らは「苦痛を覚え」「目が眩み」、実物を「よく見定めることができない」だろうということだけである。火を見つめようとすれば「目が痛み」、まして外の太陽の光のもとでは「眼はぎらぎらした輝きでいっぱいになって、地上で真実であると語られるものを何ひとつとして見ることができないだろう」、したがって、上方の世界の事物を見ようとすれば「慣れ」が必要だというのが、この一節の趣旨にほかならない。このとき、いつのまにか洞窟の外に連れ出されたわれわれがそこで聞かされるのは、〈洞窟〉の外部における(3)／(4)段階として明確に区分された過程ではなく、連続的な移行過程である。解放された囚人は上昇の過程において、あたかも火も模造品も素知らぬふりで通り過ぎていくかのようだ。

われわれの見ているもの、例えば「人」は影であり、そして影の元の実物はその「人」自身ではなく、その模造品であるという比喩は二重に奇妙なものであり、右のこととあわせて、洞窟内部区分に

果たして意味があるか疑われるかもしれない。

これについてはしかし、アランが『プラトンに関する十一章』で巧みな説明をしている。いま、半透明の車輪があって、そこに一箇所だけくっきりと赤い印がついていると想像してみよう。この車輪の回転を、回転軸に直交する前方から眺めれば、赤い印が上下の両端部に近づくほど遅く、中央部では速度を増しつつ往復運動を続けている。この不可解な上下運動は、車輪の運動、つまり円運動の射影（周期関数）としてみることによってはじめて理解されるものとなる。このときしかし、いずれの運動も知覚に現われるという点では違いはない。惑星の「みかけ」の運動と「真の」運動という区別も同様である。現象の内部ではすべてが現われであって、影と真実を分けるものはない。それを区分し、「より明らかに知られる」ことを可能にする灯火は、洞窟の外部から運び込まれねばならない。

このような比喩を貫く根源的な駆動力は〈善〉とは何かの追求であり、そこにおいてプラトンのイデア論が錬成されるのである。だがイデア論は、〈太陽・線分・洞窟〉全体の骨子として、最初から組み込まれていたのではなかったか。

(1)「多くの美しいものがあり……多くの善いものがあり、また同様にしてそれぞれいろいろのものがあると、われわれは主張し、言葉によって区別している」
「われわれはまた、〈美〉そのものがあり、〈善〉そのものがあり、またこのようにして、先に多くのものとして立てたところのすべてのものについて、こんどは逆に、そのそれぞれのものの単一の相に応じてただ一つだけイデアがあると定め、これを〈まさにそれぞれであるところのもの〉と呼んでいる」

(2)「更にまた、われわれの主張では、一方のものは見られるけれども、思惟によって知られることはなく、他方、イデアは思惟によって知られるけれども、見られることはない」

しかしここで指示されている「イデア論」における「イデア」は、感覚的事象の原範型（パラデイグマ）という資格をもたされていないから、「集合」に置き換えることも可能である。そうだとすれば、これに異議を唱える人は（むろんアリストテレスも含めて）ほとんどないと言ってよい性格のものだろう。では、どこから異論が生じるのだろうか。ここで二世界論の図式に話を戻そう。

三　二世界論とは何か

プラトニズムというのは、普通にはわれわれの生きる現実の世界と超越的なイデアの世界を分ける二世界論とか、二世界説だと言われているが、それは、このような「イデア」を実体化する（もしくはプラトンが実体化していると解する）ことによる非常にありがちな誤解である。正確には一つの世界とも二つの世界とも言えない、ある観点からすれば一つだし、別の観点からすると二つだということになる。煮えきらない言い方はやめろということになれば、一つだと答えるほかはない。同じ一つの世界が夢見られ、また醒めた眼で眺められるのだからだ。視覚の対象は、見られるもの（色、形）であるという例に沿って考えると、弱視の対象は、色であって色でない、形であって形でないものだというようなものである。視力の弱いわれわれにはぼんやりとしか見えない、また視力がよくても、薄暗がりではぼんやりとしか見えないと言うにとどめて、特別の対象を割り当てたりはしないだろう。健常正常な視力に見える世界と弱視の眼に映る世界の二つがあるというのは、そう言えば言えないこともないというにすぎない。見える世界は一つであろう。

プラトンのテキストに即した二世界解釈の根拠は、〈太陽〉で「思惟される領域」から区別された「見られる領域」が〈線分〉において、ドクサ（思いこみ、思いなし、臆断）の対象と重ねられるところに求められるだろう。しかし、このドクサが知識（エピステーメー）とは別に独立の一個の能力であるという前提はおかしいのである。プラトンが二世界図式を採用しているのは説明の方便である。そのねらいは、ドクサを能力であると認めて、その対象が「ある」と「あらぬ」の中間的なものであること――ほんとうにあるのではないから、知識の対象ではない――を認めさせることにあった。

だが「ドクサという能力」については、もう少し立ち入った説明が必要だろう。この議論の前提として、哲学者〈知ることを喜ぶ人〉を「たんに見ることを喜ぶ人々」から区別しようとして立てられた区別があった〈ここでは〈美〉そのものと多くの美しい事物とが、「範型／似像」関係にあることが含意されている〉。

では、いろいろの美しい事物は認めるけれども、〈美〉それ自体は認めもせず、それの認識にまで導いてくれる人がいても、ついて行くことができないような者は、夢を見ながら生きていると思うかね、目を覚まして生きていると思うかね？　まあ考えてみてくれたまえ。いったい、夢を見ているということは、こういうことではないだろうか――つまりそれは、眠っているときであろうと起きているときであろうと、何かに似ているものを、そのままに似像であると考えずに、それが似ているところの当の実物であると思い違いすることではないだろうか？　（476D）

ソクラテスの対話相手をつとめるグラウコンは、そのような人間は「夢を見ている状態にある」と認める。続いて、夢見ている状態にたとえられた人の精神のあり方がドクサと呼ぶことが合意される。重要なのは次の箇所である。

ところで、思い込んでいるだけで、知っているわけではないとわれわれが主張しているその当人が、もしわれわれに対して腹を立て、われわれの言っていることはほんとうではないと反論してきたとしたら、どうしよう？　われわれは、彼が健全な精神状態にない（病んでいる）のだということはひた隠しにして、

何とかして彼をなだめ、おだやかに説得することができるだろうか？　（476D–E）

ここから議論のレベルが変わる。ドクサを一つの能力であると譲歩し、その譲歩にもとづいてドクサの対象が割り当てられるのだが、ほんとうは能力ではない。議論がそのように重層化されるのである。というのも、「健全な精神状態ではない、正気ではない」ということを何か一つの能力であるというのは問題であって、能力に缺陥があるというほうが正しいだろう。かりにであるが、知と同じように一個の完結した能力であるとする。そうすると、対象を異にするという議論になる。ドクサだけで完結した世界を認めるということは、〈美〉そのものと多くの美しい事物が原物と似像の関係にあるということをひとまず棚上げすることでもある。

またこの「能力」というのは、視覚と聴覚がモデルになっているので、次のように並べてみると、ドクサが二重化されていることがわかるだろう。

視覚――視覚対象（色・形）――弱盲――全盲
聴覚――聴覚対象（音）――難聴――聾
知――知識対象――*ドクサ――無知
**ドクサ――ドクサの対象

くりかえしになるが、**ドクサの設定は方便である。以下の議論は大筋だけ見ることにする。まず能力というのは目に見えない。そこで、「それがいかなる対象にかかわるか」ということと、「何をなしとげるか」ということに着目するほかはない。

(i) 同一の対象に配されていて同一のことをなしとげる能力のことを、同じ能力と呼び、異なった対象に配されていて異なったことをなしとげる能力のことを、別の能力であると呼ぶ。
(ii) エピステーメー（知識）とドクサはいずれも能力である。
(iii) エピステーメーとドクサとは同一でない、別の能力である——エピステーメーは不可謬。
(iv) ドクサは知識でも無知でもなく、その中間。
(v) ドクサの対象は「ありかつあらぬもの」。

(477D–478D)

まず(i)からしてとうてい容認できるものではない。ブラックボックスの定義としては、入力が同じで、出力が異なるということで充分であるように思われる。AとBが異なる能力であれば、Aの対象とBの対象とは異なるというのは、奇妙な論理であろう。これは「ドクサが知識とは別個に一つの能力としてある」という譲歩が要請する前提であるとしか考えられない。この異なりは、たとえば眼と耳のように、カテゴリー的でなければならないので、(i)が成り立たなければ、(ii)も怪しくなる。しかも(ii)に積極的な理由はあげられていない。したがって、(i)(ii)はセットで前提されているのである。

では、こういった不確かな前提から導かれた結論は否定されるのだろうか。そうではなくて、二通りに眺めることができるということなのである。ドクサが能力であることを否定しても、それは知識の弱いはたらきはもっているのだから、〈太陽・線分・洞窟〉の骨格は変わらない。そしてその場合、洞窟の内と外は、ある意味で連続しているのであるから、この世界はイデアの世界と一つになっているとも言えよう。しかし、ドクサだけで完結している——絶対に誤らないということを知識の資格としない——と考えるならば、「プラトンの考想は、真の世界と仮象の世界の別を立てるものだが、その真の世界は実のところは、捏造である」とみられることになる。これは、のちのイデア論批判の心理を先取りしていることになるだろう。

四 「思われる／ある」と「思う／知る」

では、このイデアが知られるとはどのような事態なのか。プシューケーが真実という光の照らしているものに向けられると、知性が活性化しそのものを認識する。が、一方「暗闇と入り混じったもの、すなわち、生成し消滅するもの」へと向けられるときは思いなしをするばかりで、いわば盲目に近い状態になる（508D）。そして「思われるもの」と「認識されるもの、知られるもの」の関係は、「真実性の有無の度合いに応じて」似像と原物の関係に等しい。

幾何学はこの知の条件を満たす典型的なモデルである。幾何学者は視覚的形象を補助的に使用するが、彼らが思考しているのはそれを似像とする原物、例えば、〈四角形〉そのもの、〈対角線〉そのものである。しかしまた、幾何学はこの知の条件を満たさない。幾何学が知識のモデルとなるのは踏み台としてである。幾何学者は仮設から出発して、その後はもはや始源へ遡ることをしない。数学は究極のものに触れていない。これは目に見える形象の補助的使用（それは両義的である）とどこかで関連する。解釈モデル（似像）が確定されているということは、この領域に閉ざされ専門化することになるからだ。

知識の代表例である幾何学が中間知（ディアノイア）であって、究極の始源には触れていないという〈線分〉の意味は、善が真理性の「光源」であるという〈太陽〉のそれと同じである。けれども「（本当に）ある」ということは、また「善い」ということと「善いと思われる」ということはどこで区別されるのか。それとも「明らかにそう思われる」ということが「ある」ということなのか。そしてこの「ある」とは何かという問いが遂行される場面こそは、善の領域に他ならないのである。「思われる」と「ある」の区別。善とは何かが学ぶべき最大の事柄とされる一つのポイントはそこにあった。

「正」や「美」等の価値は一般的な経験の場面（正確には善から切り離された場面）では、そう「思われる」と「ある」の間に、また他人による思われと自分自身による思われとの間に明瞭な一線を引くことができない。ここでは「多くの人々」という生き方をわれわれはしている。しかし善いものとなると

もはや誰ひとりとして、自分の所有するものがただそう思われているというだけでは満足できないのであって、実際にそうであるものを求め、たんなる思われは、この場合にはもう誰もその価値を認めないのではないか。（505D）

「思われる」と「ある」は善のもとではじめてその差異が照射される。それは同時に、他の人々に善いと思われるだけでは充分ではなく、私自身にそう思われなければならない、それが知られなければならないという形で、一人称の成立する場面を明るみに出し、生ける世界そのものの志向的構造を吊りささえる。

すべての魂がそれを追い求め、そのためにこそあらゆる行為をなすところのもの――それがたしかに何ものかであると予感はしながらも、しかし、そもそもそれが何であるかについては、魂は困惑してじゅうぶんに把握することができず、さらに他の事柄についても、そこに何か役に立つものがあったとしても、

とらえそこなうことになってしまうのだが――じつにこのような性格の、このように重大なもの。

(505E)

善は私自身による思われに還元されるのではない。もしそうならば、「ある」というそのこともまた「私にそう思われる」ということに帰着してしまうだろう。言うまでもなくそれは、自他の吟味を不可能にし問答行為を破壊することになる。知っていると思っているが、実は知らないという事態のあることも隠されてしまうだろう。

知識とは何かを追求する『テアイテトス』篇は、『国家』のこの中心問題をもう一度基礎から鍛え直したと言うことができる。そこには、「思われる」と「ある」の区別を否定する強力なテシス、すなわち、「万物の尺度は人間であり、各々のものに思われていることは、そのとおりにまたある」というプロタゴラス説が登場する。

プラトンのプロタゴラス説批判の内容は大別すると、まずそれが(i)対話行為を破壊するものとなること、次に(ii)時間のアスペクトを切り捨てることによって、真ということが感覚の現在に萎縮することである。

以下のような自己論駁性の指摘(171C)は、第一の点(i)に関係する。

――プロタゴラスは、自分の考えについて、それは間違っていると言って反対する人の考えを真であると承認するだろう。なぜなら、彼はすべての人が本当にあるとおりのことを思いなすということに合意しているのだから。したがって、プロタゴラスは自分の考えが偽であると容認していることになる。しかるに、ほかの人々は自分の考えが誤っているとは認めない。しかしその考えをも斥けることなしに、プロタゴラスは、「地下から首をせり出して」自説を擁護するだろう——それが虚偽であるのはそう考える人にとってである、と。しかし、プロタゴラス説はプロタゴラスにとって真であると言うのではけっして反駁もされないかわりに、そもそも主張する意味もないだろう。はじめから討論が拒まれているのだから、冗談に等しいことになってしまうのである。

プロタゴラス説の吟味の最初におかれた標的は、次のようなものであった。「各自の思いなすところのものは、ただひとり各自自身がこれを思いなすのみであり、しかもそこには思いなされていることは、すべて正しく真である」とすれば

(a) なぜ「万物の尺度」は豚、狒々、おたまじゃくしでなく人間なのか。
(b) なぜプロタゴラスは（われわれよりも優れた）知者なのか。
(c) 問答行為（自他の吟味・論駁）が破壊されぬか。

当初論点(a)は(b)と連結されて、「豚、狒々、おたまじゃくしが、知という点で神にも劣ることのな

いものとなってしまうではないか」という、いわば宗教裁判の手口を連想される「俗情に訴えたまことしやかな議論」に擦りかえられることで、一方では逆にプロタゴラスの擁護に貢献し、他方で論駁のルールを据えることに使われていた。プラトンはそこでは意図的に、照準を(c)に絞ったのである。真理性の主張は、その主張の審議が問われる場に立つことである。たとえ真理の相対性の主張であっても、一切の批判吟味を免れた特権的な位置にあるものではない。

ここで第二の論点(ii)が前景化する。(b)はプロタゴラス説の心臓部を衝くものであり、これに対する応答によってプロタゴラス説は、実在を善から遮断し、知覚の現在に還元する〔感覚に現われる＝ある〕ものであることを明らかにする。

健康な人にとっては美味である酒が、病人の舌にはひどくまずく感じられる。だがその病人(t_1)も健康を回復すれば(t_2)、「同じ」酒を美味と感じる。このような事態について、われわれの常識は、酒は本当は美味であり、病人の知覚判断は虚偽であるとみなす。つまり、現在の知覚判断には真偽の別がある、と。しかし、『テアイテトス』のプロタゴラスは、「と思われる(現われている)が、本当は……である」という語法を断固として拒否する。病人はそのように思いなすから間違っており、それと異なる健康なものの知覚判断は真であると言ってはならない。肝腎なことは、真偽を云々し争うことではなく、別のよりよい方の現われに転換することだ。——プラグマティカルな知の意味がそこに据えられる、すなわち善が、「ある」ということ、真ということから分断されるのである。

知恵及び知者については、わたしは断じてその存在を否定するものではない。否それどころか、次のような人をこそ知者と言うであろう、いまわれわれのうちの誰かに悪しきものが現われ、あるとする場合に、これをそのもののために変化を生じされて良好なものとして現われ、あるようにする人を。（166D）

五　知覚世界

プロタゴラスは客観的事実の想定を斥け、そしてこれによって常識の立場を反転する。われわれは間主観的な、いわゆる客観的世界（さらには原子論的世界像）に依拠して、知覚に真偽の区別を立てる。しかしそれは一つの逆倒であって、客観的世界なるものは、人間が生きていく上での有効性に迫られて仮構された以外のものではない。なぜなら行動の便宜を図るためには、通常の状況での標準的な知覚判断を真と定めなければならないからだ。しかし、現在知覚はすべて、病気のソクラテスが飲む酒が苦いのも、健康なソクラテスが飲む酒が甘いのも、真である。「ある」ということの最終的な拠り所は、今知覚されているというそのことである。

もし誰かが「ある」もしくは「なる」という言葉を使う場合には、その人はそれを「何かにとって」と

か「何かの」とか、あるいはまた「何かとの関係において」とかと組にして言わねばならない。（160A）

この自体的なものの排除は、流転説によってさらに補完される。「酒」とか「ソクラテス」と言ってもそれは、なんら固定指示子ではなく、それぞれ働きかけ、働きかけられる動的な過程・流動態を意味するものである。事物やわれわれの感覚器官が、知覚の現場を離れてなおそれ自体で独立に存在すると固定的に考えられるような何ものかであることは、きっぱりと否定される。

未来と善に関わる領域では知の優劣が存在し、物事の尺度であるのは万人ではなく知者であることは容易に確かめられる。しかし現在知覚及びその判断に限って言えば、それは未来に投射される思いを排除し、したがってまたそこにつきまとう虚偽の可能性を排除していることから、流転説とプロタゴラス説の同盟は難攻不落にみえる。相対・流転テシスは、「何が本当にあるのか」というわれわれの思考を大きく拘束するだろう。

難攻不落にみえたこのテシスにはしかし、意外な落とし穴がある。物は消去され、知覚的性質、知覚的性状だけが残った。ではこの知覚性質の流転、変化はどのように定義されるのか。知覚性質が変化するというためには、少なくとも一定時間、当の知覚性質、例えば白が持続しなければならない。瞬間的に白が生滅するというのであれば――瞬間においてはそもそも何かであることすらないのだから——知覚がなされる余地がないからである。したがって白から黒への変化は、白の一定の持続↓消滅↓黒の生成というかたちで起こるということになる。すると、黒の知覚は（白の知覚と同じではないから）実は、白／黒の差異の知覚を前提することになる。ところで、この事態はまず〈白—見ている眼A〉、〈黒—見ている眼B〉という二つの出来事の継起である。だがここでもし、A、Bが異なるものであれば、白／黒の差異の知覚は不可能である。このことはただちに、異なるそれらの知覚的性状を識別するものの存在を別に要請するだろう。だが、もしそうならば、知覚は虚偽の可能性を含み持つものでなければならない。そこには過現未の時間性が根を張り、現在知覚は孤立した現在の出来事ではなくなるのだから。

異なる知覚的性状の識別とは、どういうことだろうか。それは時間、自己同一性、可換性、行動の準備態勢、さらには偽の可能性を包含する。知覚は「かくかく」という発語、「である」という真理主張だといわねばならないだろう。それを伴わぬ知覚とは、継起する性状の並列比較を含まない純粋無垢な知覚に限られる。そしてここには偽が含まれない。しかし、それは明証性の根源を現前、同化対応に求める思考が陥った抽象の産物である。知覚のはじまりは、差異の認知であり、知覚の現在とはこれによって識別された知覚性質の惰性的持続なのである。知覚は「ある」ということを照明するものではない。むしろ知覚そのものが言葉によって照らし出されるのである。

しかし実在は流転の相にあって、言葉によっては捉えられない。流転説のラディカルな含意は現在知覚の真にではなく、そのような不可知論にあると言わねばならないだろう。それは、「本当にある」世界の相は知られえないと主張するものである。『テアイテトス』の流転説論駁に登場するヘラクレイトス派は、そのような流転論者であった。彼らは例えば「白そのものが流転すること」を承認する。そしてむろんこれは、白の生滅という事態を言うのではない。同じ一時点における「白」ということ自体の否定であり、同時に「白でない」ということもまた否定するものである。彼らにとって可能な発話行為は「かくかく、かつかくかくでない、かつ『かくかく、かつかくかくでない』のでもない、かつ……」というように、ヘラクレイトス派の撞着語法を際限なく続けていくことだけになる。むろん排中律も、ここでは成立しないことを忘れてはならない。つまり徹底的な流転世界とは、知覚的性状の識別もなされない相互浸透のカオスを言うのである。この事態はある確定した世界の陰画としてよりほかに示す手段がない。

これは言葉の腐食によって自己崩壊するような世界像である。けれども、この見方は実在を不可知な、到達不可能なものとする考えのうちに（そして原子論的世界像のうちにも一部）密かに巣くっている。プラトンのイデア論はこれに真っ向から反対するものである。実在とはまさに知られるもの、知られうるものにほかならない。この対立はおそらく、全体的かつ基本的な態度決定の場面にわれわれを導く。ただその前に、流転論者の言語観が根本的に吟味検討されねばならないだろう。

第九章　「自然主義のドグマ」との対決

一　自然観の根本的対置

「いわゆる自然の産物なるもの（τὰ φύσει λεγόμενα）は神の技術によって作られる」。プラトン的自然観の基本構想は、この『ソピステス』（265E）の論断に集約的に表現される。「神の技術」また「神に由来する神的な理と知識」「神の製作活動」という句は、宇宙を支配するプシューケー（心・生命）のヌゥス（知性）と置きかえてもよいだろう。[1] しかしまた、間髪を入れずこう言い添えなければならない。そのような自然観の立脚点は、すぐれて論争的な問題設定の場に置かれているのだと。

すべての死すべき動物、そしてすべての自然物——種子と根から地上に生えてくるもの、地中に形づくられる溶解性もしくは不溶性のすべての生命なき物体——これらが、それまでは存在しなかったのに後で生じてくるのは、(A)ほかでもない、神の製作活動によるのだと、われわれは主張すべきではないか。それとも、(B)多くの人たちの通念と言い方を採用して……自然がそれらのものを「ひとりで働き思考なしにものを生じさせる原因」によって産みだすと主張すべきか。

（『ソピステス』265C）

この全体世界を支配しているのは、(A)知性か、(B)非合理な偶発的な力か。同様の論争的対置は『ピレボス』（28D）でも繰り返され、プラトン後期対話篇の基調を彩っている。事実、この両陣営の対置は後期プラトンの基本的戦略の所産である。中期対話篇において正式に表明されたイデア論の基礎を、吟味論駁にさらして鍛えなおすこと、これが後期著作の描くひとつの大きな筋目になる。

もともと『パイドン』において、生成消滅論の枠組の中でイデア論が基本的前提として導入されたときの主眼は、これと整合する議論の構成に置かれ、前提そのものの検討はこの構築作業から厳格に区別されていた（101D–E）。イデア論そのものの吟味は、プシューケーの不滅性の認証という当面の目標が達成されたのち、いわばソクラテスの遺言として残された最終的課題であったのだ。

たとえ、あの前提が、君たちには何の疑念もなしに受け容れられるものであっても、さらに明確な検討が加えられなければならない。あれを君たちが徹底的に分析したときにこそ、わたしの思うに、はじめて君たちは、人間として可能なかぎりこの言説について行くことができるのだ。まさにそのことが明らかに

なったならば、君たちはもうそれ以上の探求を行なわなくてもよいだろう。（『パイドン』107B）

ディアレクティケーの方法（『国家』第六〜七巻）は、前提をさらに遡行する行程として、この「徹底的分析」の課題を引き受けるものと言えよう。それぞれのイデアを根拠づける〈善〉のイデアに上昇し、再びそこから下降するディアレクティケーの遂行において、世界の構造――われわれの感覚に現われる事物・事象は、思惟によって把握される実在に対して、その似像としての資格で生成流転する――が開示される。

一方、この究極的〈善〉に照射された世界像の展開は、価値を生理的・心理的ファクターに解消する立場と徹頭徹尾、対立する。むしろ、イデア論の前提を吟味分析する役割は、この論争の遂行によってこそ果たされると言ってよい(2)。

反イデア論との問答・論争をそれ自身に内包することは、イデア論の本質的性格をなす。ただし、中期対話篇の標的は大多数の人間の生き方に体現された常識にあり、はっきりと意識化された反イデア論がそこに対置されているとまでは言いがたい。反イデア論との本格的な対決がその火蓋を切るのは、『パルメニデス』(3)に始まる後期著作をまたねばならないだろう。

この『パルメニデス』篇においては、イデア論に紛れこんだ困難が系統的、組織的に洗いだされたのち、そこに反イデア論の出自が明確に認知されている。

（これらの難点の指摘を）聞く者は困惑し、異論を立てるだろう――イデアは存在しない、またよしんば存在するとしても、人間性の宿命として、イデアの認識は不可能だ、と。そしてかく言うことによって、いかにも自分に理があると思い込み、……説得に応じようとしない、その頑固なことは驚くべきものである。

（『パルメニデス』135A）

『ソピステス』で巨人族に擬せられた人々の態度は、まさにこの反イデア論者を髣髴させる。

（彼らは）何らかの手ごたえと手触りを与えてくれるものだけがあると主張する。つまり彼らの規定によれば、物体と実在とは同じであって、もし他の誰かが、物体性をもたないような何らかのものがあることを主張しようものなら、彼らは頭から軽蔑して、それ以上他のことにはいっさい耳を貸そうとしない。

（『ソピステス』246A–B）

そうであれば、実在をめぐる「神々と巨人族との戦い」がイデア論の分析（＝反イデア論の論駁）として完遂されるためには、イデアを前景から退け、両陣営を共通の戦場に布陣させねばならない。プラトンが⑴物体を動に還元し、⑵生成界の基礎に動としてのプシューケーを据えることの是非を問うという戦略をとるとき、イデアは、知性の対象として、プシューケーに知性の働きが認定されるまでは背景に置かれる。

最初に挙げた⒜と⒝の対置は、イデア中心主義と物体中心の布陣をこのように編成替えしたものである。ところでしかし、この再編成の手続きそのものには問題はないだろうか。『ソピステス』において、「より善良な」巨人族が――プシューケーを物体的なものとしながらも――思慮その他のプシューケーの働きを非物体的な存在として認めることによって、「存在」が力（機能、働き）と規定され、これをもって物体を動に還元する手続きが終了する。しかし、このような手続きそのものを頑として認めない「大地の族」（247C）が、実はまだ控えていたのである。

この「大地の族」がはるかに洗練された姿をとって再登場するのは、プラトン晩年の書『法律』第十巻においてである。以下、その主張の核心を「自然主義のドグマ」と呼ぶことにしよう。

「自然主義のドグマ」は、「火、土、水、空気が万有の始原にあるものと考え、それらを自然（ピュシス）と名づけ、プシューケーはこれらから派生したものとみなす」（『法律』891C）。プラトンがその最晩年においても指弾してやまなかったところの、そして紀元前五～四世紀の「自然の探求」によって達成されたところの、この強力な学説は今日なお、その巨大な影が科学的自然観（physicalism）としてわれわれの視野を蔽いつくしている。太陽、月、星辰、地球（大地）、海陸の動植物、季節の循環は、つきつめると、生命をもたない物質に還元され、それらのランダムな動きを通して形成される（889B–C）。「自然主義のドグマ」は、価値や目的や技術の概念を後発の人為的所産（ノモス）として、究極的な自然の領域（ピュシス）から排除する。

科学的思考の源流を古代ギリシアに探りあて、原子論の成立に連なる系譜を本筋とするならば、プ

ラトンの描いた自然像は価値と心・生命をその基本に据えることにおいて、全くの反動的退行と評されるだろう。(4)

しかし問題そのものの性格は、発展的科学史観に解消しうるものではない。そのような歴史的な見取図そのものが科学の起源と本質に関する啓蒙主義的な発想に歴史的起源をもつ、(5)という事情も無視することはできないだろう。また、『法律』第十巻の「神学論争」に表面化されるように、科学的自然観(「自然主義のドグマ」)の、いわゆる中立性・客観性(ノモスの排除)もまた、それが作業仮設にとどまるならばいざ知らず、世界の究極的なあり方として主張されるときには、それ自身、一個の形而上学の表明にほかならない。

したがって自然観の問題は、哲学的な取扱いを要求するであろう。次に、プラトンの自然観を形成した基本モチーフを、その発端の『パイドン』に遡って見定めておこう。

二 プラトンの基本構想——コスモスの視点——

若年の頃、私が呆れるほど熱い思いで傾倒したのは、ほかならぬあの「自然についての探求」と人々が呼んでいる知恵であった。私はその知恵の威容に目を瞠った。個々のものの原因を知ること、個々のものが何によって生成し、何によって消滅し、何によって存在しているのかを知ること、それは断然誇らしいことに思えたのだ。
（『パイドン』96A）

このソクラテスの知的自叙伝が披露される周知のくだりは、プラトンが世界の全体的なあり方を問うにいたった基本的モチーフとその展開を劇的に描いている。実際また、それは三幕形式の劇に見立てられるだろう。第一幕を自然研究への熱中と座礁、第二幕をアナクサゴラス説への期待と失望とすれば、第三幕はイデア論を実質内容とする「第二の航海」の出航である。

次に、ソクラテス的生のモチーフが「自然についての探求」の内蔵するもうひとつの方向──「自然主義のドグマ」以外の可能性──を照らしだすことを、第二幕の展開（97B–99B）に沿って確認しておこう。

人はなぜ大きくなるのか。その常識的説明の自明性に対する強い懐疑に逢着して、若いソクラテスの自然探求は一頓挫する。続いて第二幕、別の方途を模索するソクラテスに、アナクサゴラスの片言隻語が一筋の光を投じる──万物を秩序づけ、万物の原因をなすのはヌゥス（知性）である。ここにはコスモスの視点が包蔵されていた。万物全体を美しく整える知性は、その最善の選択を通して究極の善とつながるだろう。「知性は、あらゆるものを、全体としても個々のものとしても、最善の状態に秩序づけ配置したに相違ない」とソクラテスは大胆に推量する。

この舞台設定には、しかし、プラトンの意図的な作劇化があるだろう。当初ソクラテスが熱中した自然研究の内容と、アナクサゴラスに学んだアルケラオスの学説との一致を報告する古来の伝承[6]が事実とすれば、第一幕から第二幕への劇的転換は実際の事件としてまずありそうにない。また、第一幕の「自然についての探求」が個々のものの原因探求にことさら限定されているのも、少しく奇異にみえる。「自然についての探求」は、他の出典[7]を参照するかぎり、もともと万有や世界（コスモス）との連絡を前提していたからである。

すなわち、この全体的視点の脱落はひとつの劇的効果においてみられねばならない。われわれはソクラテスの遍歴のうちに、自然探求が内蔵したコスモロジーの胎動を聴くことができる。自然の全体的相貌は、探求という行為がもつ初源のモチーフによって開かれる、その文脈を離れては現われない。並列する雑多な事物に分け入り立ち会うことに、もし探求という行為が尽きるのであれば、残るのは雑多な博識だけである。ヘラクレイトス的省察はコスモロジーの視点を啓示するだろう。「まるでがらくたのように、いい加減に積み重ねられたものから、比類なく美しいこのコスモス」（断片124）というように。

アナクサゴラスの〈ヌゥス（知性）原因〉説が内蔵するコスモロジーにもまた、探求の始源的モチーフの鼓動を聴くことができる。けれどもそこに欠けているのは善という視点である。したがって、その展開において「知性」は空転し、アナクサゴラス説は、物質的メカニズムの説明に終始するところの「自然主義のドグマ」に変貌する。

ソクラテスの期待は裏切られ、その失望は印象的な絵解きによって表明された——アナクサゴラスの説明は、ソクラテスがなぜ牢獄にいま坐っているのかという質問に対して、ソクラテスがそれをよいと判断したからと答えないで、骨や腱、関節、筋肉などの人体メカニズムを挙げて説明するようなものだ、と（98C–99B）。

ここには哲学と科学の重大な岐路がある。客観的事実（ピュシス）から価値や目的を排除し、善を人間の主観（ノモス）に置くことによって、「自然主義のドグマ」はソクラテスの立場に反対するだろう。そして科学は基本的に「自然主義のドグマ」を支持するだろう。たとえば、ソクラテスのよいと思うことも、大脳皮質や脳細胞の状態によって因果的に決定されているのではないか。人間の意図的行動さえ、そのような説明の余地を残すとすれば、まして宇宙全体に「知性」と「善」という原因を求めるのは、途方もない擬人化というべきではないか。

そして、ソクラテスが言う意味での「なぜ」に答えないからといって科学を非難するのは的外れと言うべきだろう。むしろ、その「なぜ」を積極的に拒否することに、科学的思考の心髄があるからだ。したがって、アナクサゴラスが具体的な世界形成の内部に知性を導入しなかったのは、全く正当な処置だったとみなされよう。

しかしながら、ソクラテスもしくはプラトンの哲学はその点が世界の究極的なあり方の問題にかかってくるかぎり、科学の路線と決定的に対立するといわなくてはならない。なぜなら、善、美の問題こそは、われわれが最大の無知（知らないのに知っているると思う）を病んでいるその当のものにほかならない――この認識が彼らの出発点だからである。それゆえ、善は決してわれわれの主観（ドクサ）のうちに閉ざされてあるのではなく、それを超えた未知の地平線上に懸かっているのであり、われわれは、われわれ自身の「ある」ことを「よくある」ことに求めるエロースにおいて、善に関わるのである。

しかしまた、そのような哲学的自然観の構想は、『パイドン』において断念されているのではないかと言われよう。たしかにソクラテスは、そのような善原因から「見放され、自分で発見することも、他の人から学ぶこともできなかった」（99C）と率直に告白している。

けれどもそれは、このような自然観の構想が前人未到の冒険であることとの承認であって、そこからの完全撤退を意味するものではない。この点で、第三幕の「次善の策」（第二の航海）において、事物の真相をロゴスにおいて考察するという基本的態度が選ばれたことは重要な意味をもっている。というのは、感覚による事物の観察がここで避けられた理由の第一は、それが「プシューケーを盲目化する」という重大深刻なものだったからである。このときプラトンの念頭に置かれていたのは、次の箇所、すなわちやがて『国家』第七巻で描かれる「洞窟の囚人」の像であることは間違いないと思われる。

あらゆる人間のプシューケーは、激しい快楽や苦痛を経験すると、必ずやそれとともに自分が最もそういう感覚をもって経験するようなものこそ、最も明確で最も真実なものと思いこまざるをえない。それはとりわけ目に見えるものの場合に著しい。

（『パイドン』83C）

この意味で感覚は、あらかじめ生存のうちに頑強な根を張った価値判断――善悪の快苦への解消――を通して、われわれの存在解釈を拘束している。感覚的事実の基底に没価値的な物質のメカニズムを想定することは、この原初的な価値の一元化を脱することではなく、これを放置することによってかえって縛られるものである。

ロゴス的考察――イデア原因説――の展開は、そのような価値のドクサへの萎縮を打破し、価値意識を純化する行為（プシューケーの浄化）として選択された「長い道」であり、それによって「自然主義のドグマ」からの脱却を企てるだろう。

三　『法律』のコスモロジー瞥見

「自然主義のドグマ」に正面から取り組んだ『法律』第十巻のコスモロジーは、『パイドン』に構想された自然観のソクラテス的骨子――善と知性――を、その根底に引き戻し、受けとめる。「自然主義のドグマ」が神―知性―技術を世界形成のファクターから排除するのは、プシューケーをもたない物質によって基礎的自然の領域が占められているという根本想定からであった。プラトンはこれに対して、次のテシスを対置させる。

プシューケーこそは――それがいかなる本性のものであり、いかなる力をもつか、またとくにその生成についてはほとんどすべての人が無知であると言ってよいのだが――すべての物体に先んじて生まれたものとして、第一次的存在に属し、物体のあらゆる変化と変形を何にもまして支配している。

（『法律』892A）

その証明（894B–896C）の核心は、論点を世界形成の動（キーネーシス）に還元し、プシューケーの本性を見定めることにある。

(1) まず、生成・消滅、増大・減少などのすべての動を枚挙したのち、あらためてこれを自動と他動の観点から、(i)他のものは動かすことができるが、自分自身は動かすことのできない動、(ii)つねに自分自身を動かし、また他のものをも動かすことのできる動に二分する。

(2) 「自分自身を動かすことのできない動(i)」は、他によって動かされ、したがってそれ以前の動をつねに前提するから、最初の動は「自分自身を動かす動(ii)」でなければならない。

(3) プシューケーは、自分で自分を動かすことのできる動と同定される。

以上のことから、プシューケーに「あらゆるものにとっての、あらゆる変化と動の原因」としての資格を認定し、結論として「プシューケーは、天と地と海におけるすべてのものを自らの動によって導く」という宇宙像の基本シェーマが得られる(896E)。

証明の構造そのものは明快であるが、しかし続いて、この万有を導くプシューケーの動が「意欲、考察、配慮、思案、判断」と名ざされ、しかも喜怒哀楽や愛憎の類まで包蔵すると語られるとき、その強い擬人性は怪訝の目で見られるだろう。

ここでまず、証明が狙い定めた目標を確認しておかねばならない。それは「自然主義のドグマ」との対立を、次の場面に変換することにあった。

(A) プシューケーがさらに知性を迎えいれることによって、万物を指導し正しくそして幸福なものとする。

(B) プシューケーが無知と一緒になって、万物をそれと反対にする。

すなわち、全体世界（とくに天体運動）に秩序性（正しさ）と善（幸福）を認めうるかに問題の焦点が絞られる。ところで、宇宙原理として知性を認定しうるコスモロジーの視野が開かれるためには、そのとき同時にわれわれ自身のうちにも知性の発現がなければならない。ここでは、ミクロコスモスとしての人間（『ピレボス』29A-30D）が「よく生きる」ことと、この世界のあり方が知られるということは、同じ一つのことなのである。

だとすれば、プラトンの宇宙論的プシューケーが途方もない擬人的色彩をまとっていると非難するのはまだ早い。われわれは、いまだわれわれ自身のプシューケーのあり方を知らないと言うべきだろう。このような自然像がその擬人性を正当に論難されるとすれば、それは万有のプシューケーが知性を喪失して奇怪なアニミズムに転化するときだろう。したがって、その非難の行く先はプラトンの自然観ではなく、(B)のそれ、つまり自然主義のドグマの双子の兄弟なのである。

プラトンは自然世界の基底にプシューケーを据え、可視的宇宙の全体を一個の生きものとみなす（『ティマイオス』30B）。これを原始的世界観への退行として否定することはできない。なぜなら、心、生命を自然世界から排除し死物化することは、必ずしも「物の怪」の呪縛から自由になることではなく、またそれが呪術的世界観のある種の迷いを醒ます唯一の途でもないからである。

しかし、『法律』のコスモロジーには、それとは別に不審な点がある。「プシューケーがすべての物体に先んじて生まれた」というテシスと「プシューケーが万物を導く」という宇宙像は同じではない。

逆に言えば、そのような宇宙像の定着のために、「火、土、水、空気が最初に生まれたもの」とするドグマの否定は、どうしても必要な手続きとは思われない。物心二元論でもこと足りるのではないか。事実、プラトンはそれを承知していたことを裏書きする証拠がある。

（i）まず、プラトンは、万有がはじめ一様に静止状態にあったという可能性を想定した場合でも、最初に生じる動は、自らを動かすプシューケーの動であることを注意している（895A–B）。つまり、世界形成力としての動に着目し、プシューケーの動を物体の動きから厳格に区別すれば充分であって、プシューケーをもたない物体の先在は、どうしても否認されねばならない項目ではなかった。

（ii）またプラトンは、プシューケーをもたない物体（物質）の存在をむしろ積極的に容認している。この意味で、「万物は神々（すなわち、善きプシューケー）に満ちている」という宇宙像の確認（899B）は汎神論的アニミズムの承認ではない。

（ii）を確認するためには、自然主義のドグマが、プシューケーをもたない物質の根源性とともに、もう一つの主張を内包していたことに触れねばならない。それは、「火、土、水、空気は、それぞれのもつ作用力（デュナミス）の偶然的な働きによって運動し、このランダムな動きによって——熱いもの、冷たいものなどの反対のもの同士が混成・結合するという過程を通して――宇宙形成が始まる」(889B-C)という内容である。しかしプラトンは、プシューケーの根源性を確かめたのち、自然主義が物質に固有の作用力とみなすところの、熱・冷などの反対的性質ないし力の発現を、第一次的なプシューケーの動から明確に区別し、これを下位の動に置いている(897A-B)。

むろん、「自然主義のドグマ」からすれば、物質の作用力の働きはプシューケーの動ではありえない。けれども、たんにそれだけの対人論法だけでは、プラトンの下した論断は導きだせない。なぜなら、あらゆる物体に生命を認めるアニミズムの立場からも、「生命のない物体に固有な自己運動」は否定されるからである。そしてプラトンは明らかに、火、水、空気、土などの要素的物体を生き物とは考えていない。

したがってプラトンは、プシューケーを物体、物質から厳格に区別することによって、逆にまた、プシューケーをもたない物質の存在を認めているのである。

しかしそれにもかかわらず、『法律』の論述において、物体(物質)は、それの動がもつ他動性のゆえにプシューケーの下位に置かれているだけでなく、それ自体の先在性もまた否認されている。なぜなら、動の分類が行われる箇所(893B-894C)で、われわれは、はじめに前提されていた物体が生成の項にいたって解消されるのをみることができるからである。

この分類では、まず物体を前提し、その静止状態と運動との分割から出発し、(1)同一の場所での回転、(2)場所的移動の区別が、最初の足場とされる。次に、物体同士の衝突と接触を考えて、(3)分解（分離）と(4)結合という動を見出し、さらに、そこでAがAとしてとどまれば分解は(5)減少、結合は(6)増大という動の性格をもつとされる。一方、この条件が保持されない場合には、分解、結合のいずれも(7)消滅という動になる。

ここで最初に前提されていた物体も消失するといってよいだろう。事実、物体はもはや次の(8)生成において、その基盤を構成するファクターではなく、別の原理に生成の一般条件が還元されている。すなわち、「始原（アルケー）が増大を受けとり、第二番目の変化へと進み、そういう段階からそれに続く第三の変化へ進んで、そして最後に三次元までいき、感覚されるものとなる」（894A）とき、これを生成と言うのである。

ここに言う「始原」が何を指すかは難解だが、少なくとも物体（物質）でないことは確実である。そして、これを始原的動としてのプシューケーとし、それが点から線へ、線から平面へと成長し、三次元の立体にまでなったときに感覚の対象となることを述べたものと解するのが、その後続との連絡からいっても妥当であろう。(9) この「動の分類」の進行がそのような発見法的な手続きを踏むことは、それを始めるに際してプラトンが「渡河の比喩」（892D-893A）を用いたことの一つの眼目であったと考えられる。アテナイの客人（プラトン）は、渡河の経験を積んだ自分がここでも先導役を務めることを提案している。それは、一歩一歩、足場を確かめ模索しながら進む議論の性格を予告するだろう。

もちろん、より大きな眼目は、この種の議論に不慣れな対話者（クレイニアスとメギッロス）のために、難所を避けるということにみなければならないだろう。つまり、本格的な議論は省略されているのである。それは何を意味するだろうか。物質から始原性、究極性を剥奪する作業は、ここで実行されているとしても、しかしそれは「自然主義のドグマ」に対抗する必要不可欠な措置という性格はもっていない。「動かされ、それによって動かす動」の「主体」についてその最終的資格を問うことは、全体的宇宙秩序の認定に有意の関連性をもたない。

「火」「水」などの基本的物質から究極の実在性を解除し、これを恒常的実在の似像としての資格で、生成の受容者たる「場」に生滅するパターンとしたのは、『ティマイオス』（48E–52D）である。そのような思考作業の不可避性は、全体的コスモスの視点にいまだ解消されない別の固有な文脈に潜んでいるだろう。

四　生成論の地平

『パイドン』の三幕劇において、「自然探求」の方法は第一幕の終りで退けられていた。にもかかわらず、それは生成消滅現象の地平で全体的視点をわれわれが遮断されるとき、まさにその場面で蘇生するだろう。イデア論がひとつの根本的転回を遂行するのは、何よりもこのような文脈においてなのである。

ところで、この「自然探求」的思考は、以下のような形で「自然主義のドグマ」に通底する骨格をもつ。

(i) 事象(F)を担う主語的存在(x)に着目し、それを組み立てている基本的な素材(熱いもの、冷たいもの、血液、空気等)に還元する。

(ii) それら素材的要素の結合が、Fに先行する現象として同定されるとき、これをFの原因とする。

このような思考のスタイルは常識のそれに連続し、それをより精しくしたものといってよいだろう。たとえば、人はなぜ大きくなるか――食物を摂れば、それが血や骨肉となる。そして肉が肉に、骨が骨にといった仕方で付け加わって身体が大きくなる。いわゆる科学的な説明はこれを精密化したものにほかならない。こうして、素材還元的(科学的)説明のもつ自明性を疑うのは、常識とそれに密着した生き方に根本的な態度変更を行うことに帰着する。

人はなぜ大きくなるのか。先の説明方式は、基本的には、「元からある嵩にいくばくかの嵩が加わる」という原因が先にあって、「大きい」という結果が生じるというものである。

しかし、この説明の自明性には転倒と隠蔽がある——

(1)その説明には、元からの嵩との比較が先行するだろう。このとき、いくら嵩が加わろうと、比較の相手を替えれば、それは少しも大きくなることに、つながらない。したがって、「大きくなった」ことが認められるのは、一定の比較によってである。しかし、その比較の固定には、すでに「大・小」への着目、照明が前提されている。すなわち、あらかじめ「大きい」ということが認知された後で、「大きい」の先行事象が過去に投影されているのである。

「元からある嵩にいくばくかの嵩が加わる」ということは、「大きくなる」ことの原因ではない。ただ「大きくなる」というそのことのひとつの言い換えなのである。

(2)次に、「大きい」ということの認知が実際に、大きくなる過程に先行していることの明らかな場合を考察してみよう。それは意図的行動の場合である。われわれは大きくなろう（太ろう）とすれば、食物を余分に摂るだろうし、減量しようと思えば、飲食を控える。このときしかし、食物が分解し再編成されて骨肉になる過程は、われわれの意図を離れた絶対的な動きである。科学はその必然性を解明するだろうと言われよう。けれども、なぜAの分解・再編がBになるのかは、「Bを目的とする動き」を想定しなければ、偶然としてしか説明できない。

分解・再編の機械的な動きに、たとえば必然的法則を認めることは、背後に機械製作者を予想している。つまり、それは〈ヌゥス原因〉説のひとつの転写であり、いわば隠蔽された目的論なのである。

では、目的論を密輸入することなく観られた事象の姿はどういうものか。それは奇妙な、しかし新鮮な衝撃を喚びさます。

一に一を加えたとき、二になったのは元にあった一なのか、加えられた一なのか、それとも元にあった一と加わった一とが、一方に他方を加えるというそのことが原因で二となったのか、そんなことでさえ私はもう確たる自分の見解をもてないのだ。なぜって私は不思議でならないのだが、両者がそれぞれ互いに相手から離れていたときには、そのおのおのは、一であって、まだそのときには二はなかったのに、ひとたび両者が互いに寄り合ったら、何と、たちまちそのことが、二が生じる原因になったというのか。互いに相手のそばに置かれていっしょになったという、それだけのことが。

それからまた、誰かが一を分割すると、今度はこの分割ということが、二が生じる原因としてはたらいたというのも、これも私には納得がいかない……。

（『パイドン』96E–97B）

プラトンはこの奇妙な驚きのうちに、イデア論への途を示唆している。

(1)〈二〉に先行する主語はない。すると事態は〈二〉がそこに生じ、そこにある、そしてそれによって二つのものがあるということなのだ。プラトンはこの現象の構造を「〈二〉のイデアの分有によって、それらは二である」と表現するだろう。すなわち、イデア原因説は、一般に「xはFである」と把握される事態について、次のテシスを構成する。

（i）Fそのもの（Fのイデア）が、それだけで、つまりx抜きで存在する。
（ii）xがFであるのは、xがFのイデアを分有するという、ただそのことだけによる（100B-C）。

（2）このイデアの分有、言い換えればFの出現に対して、それに時間的に先行するところの、感覚される事物xがもつ関係は本来的に不透明であり、したがって、そのxは不透明さそのままに括弧に入れられねばならない。同時にまた、xに素材還元を施して得られた原因も括弧入れされねばならない。そしてもっぱら、括り出された「かくかく」の形相（F）について、それらがそれ自体として何であるかが、また相互の関係――排反・含意――が、問答法の場で考察されねばならない。

このような根本的な態度変更によってもたらされたイデア原因説は、感覚的事実を「xはFである（＝xはFをもつ）」という命題の主述構造に分節化し、三つのファクターを区別するものである。

（1）Fのイデア自体――以下、とくにFと区別してΦと表記する。[10]
（2）述語的形状F――xによって保持される内在的性格（the immanent character）。[11]
（3）主語の位置を占めるx――Φを分有し、Fをもつ個々の事物。[12]

しかしながら、このイデア原因説はxを考察外に放置することによって、「xがΦを分有する」というそのことをもまた、不透明なまま放置している。その力点は思考様式と考察地平の変更にあって、「分有」という事態の解明は問題にされていなかった——「そのもの（＝美しいx）を美しくあらしめているのは、他の何ものでもなく、ただかの〈美〉そのものの現在（パルーシアー）、もしくは共有である。もしくはまたその関係の仕方がどうであろうとそれはかまわない。私が固執する肝腎な一点は、すべて美しいものは〈美〉によって美しい、ということなのだ」（100D）。このソクラテスの言葉はわずかな手もとの狂いで、「イデアの分有」をイデアのxにおける出現や現在とみなして、『パルメニデス』（130E-131E）に示された解釈を示唆し、Φ／Fの区別を抹消する方向へ誘導する。

さらに分有論図式は、分有するもの（x）がイデアの分有に先行して確在し、イデアとは独立に存在することを含意している。もし、感覚的個物が分有の「主体」として、イデアとは独立に完結した世界を構成するならば、イデア分有は、たとえば「このものがあり、そしてそれが〈美〉（Φ）を分有する」という形で考えられるだろう。しかしそれは、「何か或る主語的事物（x）がまずあり、それが美しいという性質（F）をもつ」という、主語／述語＝実体／属性の思考と融着する。そして「〈美〉のイデアは美しい」という命題も、この解釈枠のもとで分有論の論理を適用すれば、〈美〉のイデアが「美しくある」そのことも別の〈美〉のイデアの分有によって根拠づけられねばならない……という無限背進（132A-B）を導く。

一方しかし、Φ／Fの区別を不鮮明にするこの方向を拒否して、イデアの離在性を強調すれば、分有が宙に浮き、二世界の離反（132A–134E）を招く[13]。

『パルメニデス』は、しかし、これらすべての分有語法が含意する困難を系統的に呈示して、その根元を洗いだしている。この「イデア論批判」の根本前提は、⑴「一方にイデアそのもの（Φ）が、他方にそれを分有するもの（x）がある」（130B）という離在図式のみならず、⑵イデアによる根拠づけを必要としない事物（x）の存在を認めることにある。すなわち、その時点で若いソクラテスは、「毛髪」「泥」「汚物」などを感覚されるとおりのものとして、そのイデアの存在を明確に否認したのである。イデアに被覆される範囲の問いは、裏を返せば、「変項 x の値は最終的には何か」の問いにほかならない。

ところで、この「毛髪」は頭蓋や脳髄などとともに構成する全体的システム[14]から切り離されて眺められるならば、さらに部分化、細分化をとどめるいかなる理由も、それ自身のうちに認めることができない。行き着くところは結局、それを構成する基本要素のほかにない。したがって、このような思考の線上での x の最終的な値は「火」「水」などの基本物質であるといわねばならない。

こうしてわれわれは、ようやく『ティマイオス』（48E–52D）による最終的な解体作業の手前まで到り着く。x の究極の値として「火」「水」「土」を認定することは、それらについてイデア（Φ）の存在を否認することと完全に同一の事柄であり、固有の確定的本性をもって存在するものを感覚世界の基礎に残すことである。そしてこれこそは、『パルメニデス』において集中的に露呈された背理の根をなすものであった。

もともとイデアの定立は、正邪、善悪、美醜の領域で「Xとは何であるか」の問いと吟味論駁において、そのまさにXであるものが問答のロゴスに影を宿し、つねに問答の進行を先導する存在として前提されているという、このことのあからさまな認定であった。

以上のイデア定立事情は、『パルメニデス』の若いソクラテスが「人間」「火」「水」のイデアについて示した懐疑的態度を説明する。それらは、人々の言葉と動作の指すところが一致する「水」「石」「指」などと同じグループに属し、「Xとは何であるか」の問いを「これがXだ」という直示的定義に解消する。つまり、ここではソクラテス的な問いと吟味が発動しないのである。

しかしおそらく、ソクラテスの逡巡の本当の理由は、「人間」「火」「水」がイデア分有の主体（x）と想定されていたからだろう。このとき「人間」はわれわれに、再びプシューケーの本性への問いを促すだろう。そして、物体の究極要素の候補としての「火」「水」には、もはや日常世界の意味論は通用しない。「これが火だ」と言うときの「これ」とは何なのか。イデア論はソクラテス的なモチーフを最大の駆動力としつつ、しかしその内的論理の展開はついに世界の基礎的なあり方を問うにいたるのである。

注

（1）『ティマイオス』の、宇宙を制作した「造物主」と呼ばれる神は、ユダヤ―キリスト教思想の創造神と異なり、無から有を創造するものでも全能なものでもない（cf. 30A）。また、神の形成した宇宙が「知性を通じて工作されたもの」（47E）と言及されるように、神と知性は一体にみられている。さらに『法律』899Bを参照。L. Tarán, 'The Creation Myth in Plato's *Timaeus*', in J. P. Anton & G. L. Kustas (eds.), *Essays in Ancient Greek Philosophy*, New York, 1971, 372-407.

（2）『国家』全篇の主題は、善を正から切り離して利得や快とする立場への挑戦であり、このテーマは形を変えて『ピレボス』をはじめとする後期著作に継承されていく。

（3）イデア論の前提を徹底的に分析する作業をそのような論争に負わせるためには、そもそもの条件として、イデアの非存在を前提して出発する言論の構成、さらには一般に反対の想定のもとでの論理構成への習熟がなければならない。パルメニデスが若いソクラテスにゼノンの論理を練習せよと勧めた（『パルメニデス』135E-136A）のは、そのような関連でみることができる。

（4）J. Burnet, *Early Greek Philosophy*, London, 1920^{4}, Preface（科学とは「ギリシア人のやり方で世界を考えることである」）。ヴラストスはプラトンの反動性を認めることは歴史家の責務であるとまで言う。cf. G. Vlastos, *Plato's Universe*, Seattle, 1975, 29.

（5）つまり、近代科学のキリスト教的起源を隠蔽するといった問題である。近代科学とキリスト教思想との関わりについては、A. N. Whitehead, *Science and the Modern World*, New York, 1925, 12-13.

(6) Cf. J. Burnet, *Plato's Phaedo*, Oxford, 1911, 96.

(7) Euripides, fr. 910 (Nauck). プラトン対話篇では、『リュシス』214E、『ピレボス』59A など。

(8)「最大の無知」については『ソクラテスの弁明』(21D) を参照。ノモス/ピュシス論争に対するプラトンの基本的態度は『クラテュロス』の冒頭部に予示されているように、これをドクサと知識のカテゴリーによって横断することである。

(9) 藤沢令夫「知るもの、生きるもの、動くもの」(『イデアと世界』岩波書店、一九八〇年)、一九四頁。

(10) G. Vlastos, 'Reasons and Causes in the *Phaedo*', reprinted in C. Vlastos, *Plato, I*, New York, 1971, 141.

(11) F. M. Cornford, *Plato and Parmenides*, London, 1935, 81.

(12)「分有する」と「もつ」の区別、さらにプラトンのイデア論の用語法の調査、その哲学的意義については、N. Fujisawa, '"*Ἔχειν, Μετέχειν*, and Idioms of "Paradeigmatism" in Plato's Theory of Forms', *Phronesis* 19 (1974), 30-58.

(13) ただし、それは「分有語法に固着するかぎり」とつけ加えておかなければならない。そして、Φ/Fの関係を記述する原範型/似像のイディオムは分有語法には置き換えられない (『パルメニデス』132C-133A)。

(14)『ティマイオス』(76C-D) を参照。

第三部　迂回

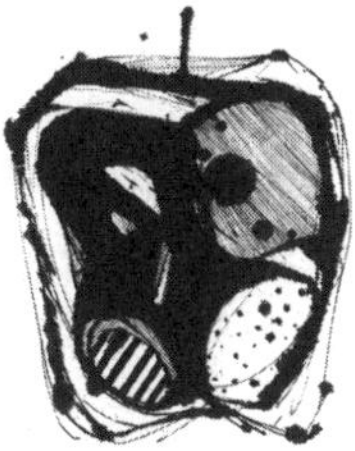

第十章　〈私〉

一　〈Kテシス〉と〈Sテシス〉

――ソクラテス、どのようにして戦から生還されたのですか。
――ご覧のとおりさ。

（『カルミデス』153B）

ソクラテス、クリティアス、カルミデス。数奇な運命の糸で結ばれ、やがて、いずれも非業の死を遂げることになる三人の人物である。プラトンの初期対話篇中の秀作『カルミデス』は、「健全な思慮」（*sōphrosynē*）を主題として彼らが交換する会話から構成される。

対話の展開の大筋は――全体の準備的考察として、(1)「立居振舞の端正さ」、(2)「廉恥」というカルミデスの定義が逐次ソクラテスの論駁をうけ、続いて(3)「自分自身のことを為す」という「或る人」による定義が、二人の間で少し嘲弄含みで話題にされる。ここで挑発されたクリティアスが会話に割ってはいることによって議論は本格化し、「汝自身を知れ」の解釈をまじえて(4)「自分自身を知る」から「知の知」の場面を繰り出し、波乱の後半部に突入するのである。

さて、ここでクリティアスの主張を〈Kテシス〉と呼んでおく。〈Kテシス〉は揺らぎを含みながら、最終的には二つの核に凝集する。

K_1 知それ自身についての知をもつことが「自分自身を知ること」(=ソープロシュネー)にほかならない。

K_2 この「知の知」は他のもろもろの知を監視・統御する機能をもつ。

K_2を組み立てる基盤は、「知の知」が「非知の知」でもあるという追加確認によって固められる。これがいわば〈Kテシス〉の心臓部をなすと言ってよい。

K_2'「知の知」によって、知っているものと知らないものとを知ることができる。

ところで、「非知の知」の追加確認によって〈Kテシス〉の核心を剥きだす作業は、その途中で、「ソクラテス的」と言ってよい一つのヴァージョン（以下、〈Sテシス〉と呼ぶ）を生み落とし、これをK_2'に縮約するという手続きがとられている。このことは〈Kテシス〉の位置と意味を逆照するだろう。〈Sテシス〉は「知の知」を次のように分節化する。

S_1 自分自身を知ること——私が(a)何を知り、(b)何を知らないかを吟味できる。

S_2 他のひとびとに対しても調べることができること——彼が(a′)何を知っているか、そして知っているとすれば何を知っていると思ってもいるか、(b′)何を知っていると思っていながら、実は知らないかを吟味できる。

K_2'をこれと対照してみれば、そこでは自他の区別は消え、〈Sテシス〉後半部S_2の膨らみは殺ぎ落とされ、問答と吟味の可能性は見る影もない。〈Sテシス〉をK_2'に切りつめるのは、とうてい正当な手続きとは思われない。ここで重要なことは、〈Sテシス〉の展開に際してソクラテス自身は、「知の知」が「非知の知」を含意することを主張しているのではなく、むしろ、この対話篇全体を通じて懐疑的な態度を表明していることである。つまり、この懐疑がないとき、〈Sテシス〉の主題は「知の知」となる。しかしそうではなく、ソクラテス的吟味の原則として「非知の知」の側から逆向きに読まれるべきであり、そのかぎりでのみ後半部の膨らみが生かされるのである。

これに反して、〔S_1—(a)→(b)〕→〔S_2—(a′)→(b′)〕という含意関係の流れでみられるとき、後半部は前半の内部にたたみこまれ、K_2'が成立する。しかし例えば、美とは何かを「知っていると思っているが、実は知らない」というそのことを他のひとに対して吟味調査できるからといって、その「美」について吟味者の知が裏書されるわけではない。S_2—(b′)はS_1—(a)を前提するものではない。

ソクラテス的吟味は、問答を通して相手の非知をあばく。しかし、それによって自分自身の非知もまた照明を浴びるのであり、それは必ず、自他の吟味という形式を固有のものとする。孤独な内省における知の明証は、ソクラテス的吟味の出発点を形成しない。むしろ非知の自己確認作業は、不可避的に相手の吟味・問答の場を要求する。すなわち、吟味のソクラテス的原則は、次の『カルミデス』全篇の通奏低音にほかならない。

> それがもし（きみのうちに）内在するならば、内在するからには必ずやなんらかの知覚をもたらし、そしてこの知覚からそれについての思いが、つまりそれが何であるか、どのようなものかという思いが、きみに生じていなければならない。　（159A）

この「知覚——思い」は「現われ」であり、また「言葉」である。だから反対に、私はそれの言葉をもたなければ、それを獲得、所有してはいない。

それとは、私が「知っているとしているもの」の領域を構成する。それは私に内在し、私自身を形づくっている。いやむしろ、それはその内在がいかなるかたちであるかが是非とも確かめられ、吟味されねばならない当のものである。したがって、ソクラテス的吟味が関わるのは、私自身を形づくっているものは真実のところ何であるのかということである。

二　支配（主体）知の構図

——知をもって行為すれば、よく行為し、幸福であるということだがね、クリティアス、それがぼくはまだ呑みこめないのだ。

（173D）

吟味のソクラテス的原則は、こうして「自分自身を知る」ということをめぐって〈Kテシス〉と衝突する。いま、Fを任意の形質を表示する名詞形、fをその形容詞表現とする。K_1の〈補完テシス〉は、「ひとは形質Fを獲得ないし所有すれば、派生態fをその存在様式とする」ということに尽きている。

速さをもつならば、そのときひとは速い者となり、美をもてば美しい者、知をもてば知者となる。同様に、人が知それ自身を知る知をもてば、自分自身を知る者となるだろう。（169E）

しかし、これは「ある」を「Fをもつ」に言いかえただけであり、われわれの「ある」ということを一人称の場面で解くものではない。例えば、カルミデスは美しい、またカルミデスは思慮をわきまえている。しかし、そのことが終始カルミデス自身には閉ざされているという事態は、そこでは決して明るみに出されないのである。

のみならず、ここで「自分自身を知る」と語られるときの「自分自身」とは、たんに知の自己再帰性を指すにすぎない。それを「私は知っていると知っている」と置きかえることは、ただ〝私〟の虚像を生むことでしかない。空虚な概念は、それ自身幻影にほかならぬような主体知の構図を誘いこむだろう。

すなわち、『カルミデス』の終幕間近に、ソクラテスは魔法の棒を一振りするようにして「知の知（ソープロシュネー）」が構築した束の間の大伽藍を虚空に浮かべてみせる。

われわれがソープロシュネーをそなえるならば、われわれ自身のみならず、われわれの支配が及ぶかぎりすべてのひとびともまた、過つことなく生涯を送るだろう。なぜなら、われわれ自身について言えば、知らないことを為そうと企てたりはせず、識者を見つけだして、これに委ねるだろう。われわれの配下にある他のひとびとについても、必ず正しく行為するはずのこと、つまり彼らが知っていること、それ以外の行為をわれわれは許さないだろう。こうしてソープロシュネーによって、治国斉家をはじめとする万般が美しく為されることになるだろう。というのは、過ちが取り除かれ真正さが指導するとき、そのような態勢にある者は必然的に美しくまたよく為し、そしてよく為すものは幸福であるからだ。

（171D–172A）

しかし、この伽藍の台座をなす「知の知」は、すでに議論の中で「何を知っているか」を知る働きを抜き取られ、徹底的に形骸化されていたのである。「知の知」が純粋に知それ自身に関わるのであれば、それは例えば、「医者でもないのに医者を装う者」と「本物の医者」とを区別することもできない。そして「知っていると思っているが、実は知らない」という事態のあることは、ここでは見失われてしまう。それでは、「知の知」は「知っているという思い」とかわらないだろう。ソクラテスはなぜ、この蜃気楼を喚びだしたのか。まるでただ、かき消すためでしかなかったかのように。

だが、問題はもう少し微妙である。かりにもし「知の知」が「知っているものと知らないものを知る」（K_2'）という働きの実質を保持しえても、なおこの楼閣は架空のものにすぎない――そうソクラテスはさらに駄目を押すのである。

この幻影性を解きほぐすことからはじめねばならない。

三　或る独裁者の物語

——もし思慮（ソープロシュネー）が知の知であり、その他のもろもろの知を監視するのであれば、「善に関する知」だろうとやはりその配下に置くのだろうから、それによってわれわれの役に立ってくれるでしょうに。（174E）

いま、すべての知者をその支配下に置く独裁者を想像してみよう。彼は、すべての生産技術、すべての過去・現在・未来の情報を管理掌握し、擬全知全能者となったとしよう。彼の臣下は皆、自分が何を知っているかを主人に対し包み隠さず、そして偽ることなく表明するものとしよう。この独裁者は、したがって、その配下にある全知識にじかに通暁する必要は毛頭ない。こうして彼は「知の知」の実質的な働き（K_2'）を完璧に体現する。

さて、彼は命令する。彼は彼の命令によって遂行される行為の〈始原＝主体〉である。その行為は彼の配下にある知に照らされて、それゆえまた過つことなく為される。だとすると、必然的に彼は「美しく、よく」行為し、「幸福である」のだろうか。

しかし、言うまでもなく、行為の評価は所定の目的を誤らず完遂することだけではきまらない。むしろそれは、いかなる行為であり、いかなる目的でなされるかに依存する。そして、もし行為の選択において基準として機能する知があるとすれば、その知は「善・悪の知」と呼ばれるだろう。それではこの独裁者は、彼が「よく為す」ことのために、「善・悪の知者」を配下に置き、行為の選択を命じるのだろうか。明らかにそれは滑稽なことでしかない。彼は命令しているのではなく、服従しているのだから。

そこで彼は、臣下の傀儡たることに堪えきれず、この「善・悪の知者」を抹殺するだろう。すなわち善・悪の知は、いかなることがあっても自分自身のものでなければならない。そしてこの独裁者の場合、それは不可避的に、知の否定による自らの非知の隠蔽というかたちを取るのだ。

だがしかし、「善・悪の知者」を殺すのではなく、牢獄に監禁し、人目から隠すといった手段が残されているかもしれない。だがその場合、この独裁者は何をしようというのか。善・悪の知を内密に獲得しようとするにしても、しかしどうして彼は、獄中の知者の言うことが信じられるのか。これはあまりに奇妙な想定なのですぐに放棄したくなるが、しかし無意味な想定ではなく、かえって「善・悪の知者」の他者性を先鋭なかたちであらわにするものである。

このプラトン風な物語では、すべての知者が自分の知っているところのことを独裁者に隠し立てしない、と仮定されている。そして「知っているものと知らないもの」は、そのようにして、この独裁者の前に歪みなしに立ち現われているとわれわれは仮定した。そして、この仮定はさして荒唐無稽ではない——生殺与奪の権を握る絶対権力の前で知を偽るのは、少なくとも危険であろうから。

しかしながら、この仮定は「善・悪の知者」についてだけは何の効力ももたない。独裁者はこの場面では、他者に直面してしまうからだ。独裁者は、彼にとってどこまでも他者であるその者の言葉を、額面どおり信じることができない。したがってまた、「善・悪の知者」とそれを装う者との区別も立たない。というより、ここには信もしくは不信しかないのである。彼は懐疑にとらえられ、試される側に回ってしまう。残された途は、(i)他者の存在を否定し抹消するか、(ii)命懸けで信じるかしかない。

(i)不信の立場の徹底は、「善・悪の知」の否定をもって完成するだろう。だがそれは、誰であれ、自分にとっての善、自分にとっての益を知っているというかたちしか取りようがない[1]。すると、命令(＝支配知)は純粋無規定な力、つまり欲動となるだろう。独裁者はもはやひとりではありえず、無数の欲動に細分化され、彼の王国は際限なく分割されていく。すなわち、無数の瞬間の王国が出現するのである。

(ii)信を選び、しかも独裁者でありつづけるとすれば、それは信を通して非知を知に転化する倒錯としてしかありえない。彼は発狂したのだと断定するのはしかし、まだ早い。独裁者が獄中に幽閉した「善・悪の知者」の言葉を信じるとすれば、たしかに、「善・悪の知」とは、彼自身の信のほかにどこを捜してもない。信とは超越者に対する関係であろう。牢獄は異界の聖域に変貌し、「善・悪の知者」

の言葉はこの独裁者に受肉化される。こうして解読する信がそのまま知に転化し、支配の力学を築くのだ。

四 「汝自身を知れ」

――それは神に憑かれたひとが発する言葉のように、謎の入り組んだ語り方をしているのです。(164E)

「或る独裁者の物語」は、「知の知」にとって「善・悪の知」が到達不可能な外部にあることを示している。「知の知」は支配(主体)の図式を構築する。しかしその王座は、「善・悪の知者」を呼びいれることが不可能な仕組みになっている。それは「知の知」が権力意志となることによって埋められる空白なのだ。

だが、それはどのようにしてなのか。クリティアスが「汝自身を知れ」という警句にくだした独創的な解釈は、この支配の力学を暗示するものとなっている。そしてその解釈の余白には次のような挿絵がそえられて、ひとの目を釘づけにする。

前四三二年、北方ギリシアのポテイダイア攻防戦は、ギリシア世界の都市国家を内乱と外戦の四分五裂の状態に巻きこんだペロポネソス戦争の火蓋を切るものとなった。『カルミデス』篇の対話は、この戦場からソクラテスが帰還した日に設定されている。その日から約三十年の歳月を経て、大戦がアテナイの無条件降伏、民主制の全面解体をもって終結したのち、亡命先から帰国の途についたクリティアスは、寡頭政府の過激な領袖として歴史の表舞台に登場する。

やがて、革命は血の粛清と恐怖政治に転じ、さらに大量の流血に塗られた内戦を招来する。この惨劇をクリティアスは身をもって演じ、またかつての穏健な白皙の美青年カルミデスも命運をともにする。惨事は忌むべき記憶となって、民主制の復旧後、ソクラテスの言動に不吉な影を落とすことになったのである。

さて、デルポイ神殿に奉額されていた「汝自身を知れ」の碑銘に話を戻すと、クリティアスの解釈は、それは神の人間に対する「汝、自らを知る者よ」という挨拶、呼びかけであるとする驚くべきものであった。もともとこの箴言は、敬神の懈怠を戒め、死すべき人間の分限（モイラ）を肝に銘じる寸鉄として、また他人の領分を侵さずよく自制する思慮の説諭として受けとられていた。つまりそれは、都市国家の規範——敬神、正義、節度——を集約したメッセージであった。クリティアスはこれに異説を唱え、呼びかけを隠しもつ謎として受けとる（＝確信する）。このメッセージは、謎の解き手を聖別し、彼がすでに彼であるところの本質を開示する言葉なのだ。なぜなら、言葉はすべてそれを解する者に属するからである。

してみれば、この異能の解読者にとって、「汝自身を知れ」とは、神に呼びかけられた人の〝自覚〟、「私は知者であったのだ」という〝覚醒〟を意味するだろう。クリティアスにおいては内的確信が超越的な声の認知として知に転化され、彼を聖別する。

ここには、前節の「或る独裁者の物語」(ii)とパラレルな、知の言語を解釈する信が支配知に転換する現象がある。言いかえれば、彼は、或る一つの観念を囲いこむと同時に囲いこまれる——そのようにして内と外とが裂かれ、癒合するのだ、醒めた狂人を形づくりながら。それは、神が彼の(つまり私の)外部には存在しえないということである。

ソクラテスはここに最も近い場所に立つがゆえに、彼らから最も遠く隔たる。その証拠に、「ソクラテスより賢い者はいない」というあのデルポイの信託を受けたとき、ソクラテスは驚愕し、必死に反駁を試みた。そこでは、非知が信を通して知に転化されることが徹頭徹尾拒まれた。そのような知——善・悪の知と言いかえてよい——は虚構の最たるものであった。ソクラテスは、「知の知」にとってのゴルディアスの結び目を指して、立ち去る——「ひとはまったく知らないそのものを、どのような仕方でも知ることはできない」。

肝心なことはただ、「知っていると思っているが実は知らない」ということが絶えず確実にあるということだ。そのことを打ち消す「知の知」が生みだす〝私〟は虚像なのである。

では、あらためて出発点に戻って〈Kテシス〉（K_1）を考察しければならない。

五　ロボット技師エクステルヌスの話

――いま、或る医者が或る者を健康にしたとする。その場合、医者は自分自身にも、また医療を施した当の相手にも、益をつくりだしたことになるのか。

（164E）

修理師エクステルヌスの惑星には、地球上のわれわれに酷似したロボットが住んでいる。そしてエクステルヌス自身もロボットだとしよう。彼らはわれわれとよく似た衣食住の生活を営み、それぞれ農夫、大工、織物工、履物作りなどの技能者として存在する。そこでは円滑な技能分業システムが確立し、ロボット相互間の調和が維持されているとする(3)。

この世界で「自分自身のこと」とは、例えば、農夫が農夫のことを、大工が大工のことを、といった再帰性・固有性を意味している。エクステルヌスは故障ロボットを修理する、そしてそれによってエクステルヌスは「自分自身のことを為す」。

現実世界に話を置きかえると、これは、行為の主体が特定の技術知の所有者としての資格で（そのような記述のもとで）その知に固有な仕事を為すことである。行為はいわばその形相を技術知として刻みだし、その技術知の所有者を行為主体としてかたどる。このとき〈技術知＝行為〉はまた、益の制作という目的因の観点からも把握されるだろう。遠洋航海や外科技術をその資格のない者が手がけるのは無謀であり、技術知に固有な仕事に素人が介入すれば、必ず有害な結果をまねく。行為をしかるべく始動させるのは、このような価値性であると言えよう。

しかし、一般に〈技術知＝行為〉のもたらす益は、技術知の所有者であるかぎりの行為主体には再帰しない。言いかえると、エクステルヌスの惑星では、その益が「自分自身にとっての益」として行為主体に帰属することはない。だが、こうも言えるかもしれない――エクステルヌスの惑星社会を創造し、ロボットの行動をプログラムした者に益は還元される、と。しかし仮説により、この惑星社会は自己完結し、差益を生みださない。むしろその創造者は「善き神」であり、世界を自分のために創造したりはしない者であろう。益は惑星そのものに帰属する。かりにこの創造者が受益者でもあるとすれば、彼は自らの超越性を否定して惑星社会そのものに内在しなければならない。それは全体の調和――いわばその惑星の魂――と同じものを指すだろう。

では、エクステルヌスに益をもたらす行為はないのか。もしあるとすれば、それはこの惑星社会のすべての行為であるだろう。そしてこのことは、どのロボットにも該当する。したがって、エクステルヌスの惑星では、受益者としてのロボットは、〝われわれ〟というあり方をするのだ。この〝われわれ〟は、独立の個体定項としての〝私〟の複数化や一般化と同じではない。個々のロボットは〝われわれ〟の有機的な部分（器官）ではあっても、〝私〟ではない。

しかし、このような〝私〟の登場しない行為の概念はわれわれの直観に反する、あるいは少なくとも形式的にすぎると思われよう。たしかに、医者としての医者が医療行為によってつくりだす益は健康ということであり、患者にとっての益である。しかし現実世界の医者には、医者としての医者とは異質な、そして益に関わる〝自分自身〟が融着している。

いま、この〝自分自身〟が再帰する当のものを〝ひと〟と言いかえてみる。すると、医者としての医者は技術知Tの所有者であり、彼自身としての医者は〝ひと〟としてそれから区別することができる。〝ひと〟を透かしだすことによって、次のような事態が浮かびあがる――ひとは技術知Tの所有者として行為するかぎり、Tに固有な仕事（＝自分自身のこと）を為すが、しかしその行為がひととしての自分自身に益をもたらすかどうかは、技術知Tの所有者としては知らない。

では、ひとはそれを知るのか。ここで〝ひと〟は、命題の中にあって個体変項（x）の機能を負わされている。そこでその値として〝私〟をとり、「xはその行為がx自身に益をもたらすか否かを知る」のxを〝私〟に置きかえてみよう。しかし、これが成りたつためには、〝私〟は自分自身にとっての益を、またそれに先行して自分自身を知る者でなければならない。だが〝私〟とは、いまのところ、「自分自身にとっての益」が再帰する当のものを不問にしたまま、それを個体化したものにすぎない。

他方しかし、もし〝私〟が端的に「自分自身を知る」というかたちで直接に与えられるとすれば、事情は一変するだろう。そしてこれこそが、ほかならぬ〈Kテシス〉（K_1）なのだ。このとき〝私〟はまた、支配知の始点にも置かれるだろう（K_2）。つまり、私→〈技術知の所有者→行為の結果〉→自分自身の益、というように。

だが、「自分自身を知る」とはどのようにして与えられるのか。エクステルヌスは修理師であり、修理技術知をもつ。そのかぎりで、(1)「エクステルヌスは修理とはかくかくと知っている」は無意味ではない。だがそこから、(2)「エクステルヌスは自分自身が修理師だと知っている」と言うためには、エクステルヌスが「私は修理師だ」という発話ができなければならない。しかし彼が、知覚や思考をもっているにもかかわらず、〝私〟の概念はもたないという可能性は十二分にあるのだ[4]。

「自分自身」とは〝私〟という概念なしには説明できないものであるとすると、〈Kテシス〉は離れ業を演じることになるだろう。

六　〈私〉の虚像

——この問題の徹底的な分析には彼方を見遥す巨大な精神が必要だ。
(169A)

〈Kテシス〉の離れ業を眺めるために、惑星から現実世界へ帰って、話題をロボット修理から医術へ転じよう。〈Kテシス〉は前節の(1)、(2)を次のように読みかえ、かつ厳格に区別することになるだろう。

(1′)　Eは健康と病気の本質について知っている。
(2′)　Eは純粋に知としての医術について知っている。

健康・病気という対象から切り離された純粋な知の相のもとで医術をみれば、医術は医術知という限定からも解放されて、それ自身のみを志向対象とする「知の知」となる。そして医者が医者であるのは「知の知」によるのではなく、健康・病気に関わる知によってであり、他方、「知の知」をもつ者、すなわち、それ自身に関わる知をもつ者は「自分自身を知る」者であろう〈K_1の〈補完テシス〉〉。「知それ自身」から「自分自身」への移行は胡乱にみえるが、いまはそれを問わない。「自分自身」というあり方の核が、他の一切との関わりを排除した純粋な極点に凝結することは、ひとまず認められてよい。むしろ問題は、そのような「知の知」の可能性もしくは構造である。『カルミデス』篇のソクラテスは〈Kテシス〉にこの角度からは――「非知の知」を含意しないかぎりでの「知の知」に対しては――完全な反駁を試みていない(5)。ただ、知覚事例からのディスアナロジーを提出して、「知の知」の可能性に疑問を投げかけている。

聴覚は音以外のものの聴覚ではない。したがって、もし聴覚がそれ自身を聴くというようなことがあれば、聴かれる聴覚自身は音をもつことになる。

同様に、視覚自身も色を持たねばならないだろう。プラトンはしかし、その存在は不可能ではないかもしれないがきわめて疑わしいものとして、これらの知覚事例のみならず、「自分自身を動かす動、自分自身を燃やす熱、およびすべてその類のもの」にも言及することによって、かえってこの問題への積極的な取り組みを誘いかけてくる――そしてアリストテレスは、この挑戦に『デ・アニマ』で応じた。事実、そのような動の概念は、魂(プシューケー)・生命に密接に連関し、簡単に廃棄処分できるものではない。

こういう大筋からして、「知覚の知覚」もまたその市民権を主張するものと考えられてよい。そしてこの構造の照射は〝私〟の巨大迷路化を回避できる、ここでの唯一の導きの糸となるだろう。

いま、視聴覚それ自身が色や音をもつというパラドクスはひとまず迂廻して、問題を次のような対置に組みかえよう。

(A) 例えば「鐘の音を聴いている」というそのことの知覚（意識）は、聴覚そのものによる。

(B) 「聴いている」というそのことの知覚は、音を聴く聴覚そのものではなく、それとは明確に区別された別の意識による。(6)

問題の鍵は、「聴いているが、しかし聴いているという意識がない」という事態の把握にある。(A)の観点からすれば、それは何も聴こえないという事態である。他方、(B)の立場からは、「聴いている」という知覚意識が伴わなくとも、聴こえていることにかわりはないだろう。

しかし、これらの主張は対立するものではないと言えよう。もし本来の聴覚から(B)が排除している知覚意識が、「聴いているのは私だ」という反省的自己意識であるならば。実際、無我夢中で、また上の空で聴いていたということは日常の茶飯事である。今し方、夢中で、あるいは聴くともなしに鐘の音を聴いていた。しかし鐘の音を聴いていたという記憶はあるのだから、先ほども「聴いている」

という意識は（前反省的に）あったのだ。

それとも、その聴いていたという記憶は空虚で、あるのはただ私がそこに居たという記憶、「したがって私は聴いていたはずだ」という推論なのだろうか。だが、聴いていたという記憶がないということが、何を聴いていたかまったく憶えがないということであれば、それはもはや、先ほどは何も聴こえていなかったのだ、と言うべきだろう。

ところで、何も聴こえなければ、聴いているという意識もない。それでもしかし、聴いてはいるのだという(A)の観点は説明がつくだろうか。それは、聴こえる態勢にあること、つまり〈聴覚＝音〉のうち音が脱落しているという事態でなければならない（むろん、それは聴覚の破損、障害ということではない）。このような「聴いているが、何も聴こえない」聴覚が想定されるならば、これと交叉状に、聴覚が脱離した音、例えば聴かれることのない、しかし鳴り渡る鐘の音もまたなければならないだろう。現に聴かれてはいない、しかし鳴り響く音とは、現実性に対する可能性、顕在に対する潜在の概念である(7)。正常な聴覚（器官をもった有機体）がそこにあれば聴かれるだろう音、彼方の音、過去の、未来の音である。同様に、「聴いているが、何も聴こえない」聴覚とは、潜勢態・可能態としての聴覚、すなわち聴覚活動に対する聴覚能力である。

知覚の現実性を、知覚と知覚対象が分断された可能態の裾野から屹立する姿にみれば、「知覚の知覚」はありふれた事実である。「聴いているが、聴こえない」という純粋な志向性との対照において、音がとらえられ「聴こえる」ことは、いわば聴覚の覚醒であり、「聴いている」そのことの意識となる。

さらに、この知覚のアリストテレス的把握は、視・聴覚が色・音をもつというパラドクスを軽減するだろう。現実態としての視覚活動、聴覚活動にあっては、〈視覚――色〉、〈聴覚――音〉は分断しえないからである。知覚の当事者として、見ている私、聴いている私を語る場合でも、この当事者は知覚という出来事と無媒介的・一体的にあると把握されるのであって、決してその出来事を外から見ている、聴いているのではない(8)。それは、いま生き生きと動く、この視覚、聴覚であり、見えている色、聴こえる音である。このような事情は、痛みの場合にいっそう鮮やかに現われる。現実の痛覚と痛みを引き剥がすことは誰にもできない相談である(9)。

さて、では、このような知覚モデル(A)から「知の知」を構想すると〈Kテシス〉はどうなるか。明らかに、まったくの絵空事になるだろう。もちろん、無造作に知覚と知の構造とを同一視することはできない。例えば「知覚していた」ということと「知っていた」ということとは、まったく異なった意味をもつ。だから、というだけではないが、「知の知」において「自分自身を知る」という仕方で〝私〟が直接に与えられるということを、かりに承認してもよい。しかし、この「知の知」はたんに「知っている」という意識ではなく、知られる対象を包括する。したがって、〈Kテシス〉の主張するように「知の知」が他のもろもろの知にも関わることを当然の機能とするならば、そのような知は神のもとにしかありえない。つまり、そのような〝私〟は神にほかならない。だが、これは、神だけが知者であるというソクラテスの、あの神託の謎に対する最終判断を確認するものではある。こうしてわれわれは、ソクラテスの吟味に連れ戻される。

注

（1）本稿では、「自分にとっての益を知っている」という事柄の考察にあたって、次の論文から教示をえた。松永雄二「自然と自然を超えるもの——わたしの生のあることについて」（『新岩波講座　哲学』五、一九八七年）、八五—一一三頁。

（2）この点（ならびに『カルミデス』全体）の見事な解明については、次の論文を参照。加藤信明「知と不知への関はり——『カルミデス』篇における知の問題」（『理想』一九八三年六月号）、二一—四三頁。

（3）この話は、『国家』第二巻の「最も必要なものだけの国家」の焼き直しである。ただし、そこでは修理師（＝医師）は存在しえないけれども。なお、『国家』篇の当該箇所については次のすぐれた研究がある。吉田雅章「正義論と尊敬の原則」（『長崎大学教養部紀要（人文学部篇）』第二五巻、一九八四年）、一—二五頁。

（4）エクステルヌスのゴッドファーザー、H-N・カスタニエダの論文を参照。H.-N. Castañeda, 'On Knowing (or

Believing) that One Knows (Believes)', *Synthese*, 21, 1970, 187–203.
「自分自身」(カスタニエダの記法でいうところの'he*')が直接話法の「私」以外のいかなる指示表現とも置換されないということは、次のような言語的事実に示される。
一般に、「知っている」、「思う」などのいわゆる命題的態度によって閉じられる文には、その思考者(命題的態度の主語)の視点が内含される。しかし、「Aは(……)と知っている」と言表される命題全体は、この言表の発話者の視点に統御される。したがって、いま、命題的態度が係る括弧の内部に含まれる指示表現に着目してみると、それの括弧外対象へ(de re)の指示は、発話者に全面的に依存する。そして思考者の対象指示(de dicto)は発話者のそれに従属し、「知っている」という場合を除き、必ずしもこれと一致しない。実は、これによって思考の真偽の表現が可能になると言えよう(さらにそのことはまた、「知っている」というそのことの根源的な対話性を示唆する)。
ところで、これに対して、〝自分自身〟は発話者の視点に縛られることなしに、そのまま括弧外の先行詞=思考者(de se)に係るのである。その意味で〝自分自身〟(そしてこれとパラレルに〝私〟)は、例えば指標詞(indexicals)のような個体指示機能をもたないとも言えよう。

(5) 理由はむろん、〈Kテシス〉の急所はそこになかったからである。第一節および次注参照。

(6) ソクラテスの〈Kテシス〉論駁は、(B)を「知の知」のモデルに採用して展開されたとみることができる。この方向での「知の知」は「知っている」というそのことの意識に退化し、〈Kテシス〉の眼目(支配知の構図)は形骸化されるからである。

(7) Aristoteles, *De Anima*, I. 2. この箇所の的確な見取り図については、以下の論文を参照。L. A. Kosman, 'Perceiving that we perceive', *The Philosophical Review*, 84 (1975), 499–519.

（8）アンスコムはその有名な論文で、この 'unmediated agent-or-patient conceptions of actions, happenings, and states' をW・ジェームズの著書に引用されている自己意識の喪失者の事例に適用して、優れた洞察を披瀝している。E. Anscombe, 'The First Person,' in S. Guttenplans (ed.), *Mind and Language*, Oxford, 1975, 45-65.

（9）これは悪名高い「他我問題」のアルファでありオメガである（野家啓一編『哲学の迷路——大森哲学・批判と応答——』産業図書、一九八四年、一六一—二〇九）。他人の感じる痛みは私の感じる痛みではない。私にとって他人の痛みは、知覚はもちろん想像すらも——それはあくまで私の痛みの想像でしかないのだから——不可能なものであり、したがって私は他人の痛みの意味を了解できない。

しかし、このときわれわれは、可能態としての痛み（痛覚から引き離された痛みであり、当然痛くない）を、他人が現実に感じている痛みに塗りこめて、そして他人の痛みの意味を了解できないと言っている。だが、痛みの可能態と他人の痛みとはもとより全く別物であって、重ね合わせること自体が間違っている。狂った重ね合わせは剥ぎとるにしくはない。むろん、それは痛みの場合に限ることはできない。〈現実態＝知覚〉の当事者としての私はいない。少なくとも他人と区別、対比される私はそこにいないと言うべきである。

第十一章　技術知

知略衆にすぐれたイーアペトスの子よ、そなたは火を盗み、わしの心を騙らかして得意の様子だが、それはそなたにも、このさき生まれてくる人間どもにとっても大いなる悲嘆の種となるのだぞ。

ヘシオドス『仕事と日』(松平千秋訳)

人間のもつ技術はすべて、プロメテウスの贈物

アイスキュロス『縛られたプロメテウス』

技術観は、最終的には、知識のあり方、世界のあり方の問題に関わると言ってよい。今日の科学技術をめぐる課題を論ずる際にも、科学という近代の知(modern science)のあり方を問うことから始められねばならない。迂遠なように思われるだろうが、遡って知と世界のあり方として問われる問題なのである。

一　テクネーの意味場

まず、技術（テクネー）をめぐる最古のトポスの一つから始めて、技術の置かれているトータルな文脈を眺め渡しておこう。

「プロメテウスの火」は、技術（テクネー）をめぐる最古のトポスの一つである。おそらく鉄のテクノロジーの衝撃が残した痕跡であろう。黄金、銀、青銅の種族が入れ替わり地上を去った後、英雄たちの栄光の一時代をはさんで、「昼も夜も労役と苦悩に苛まれる」鉄の時代が到来する。もとはといえば、供犠をめぐってプロメテウスの奸智に欺かれ、怒ったゼウスが命の糧と火を隠したからである。プロメテウスは、この隠された火を盗み人間に与えるが、ゼウスはその報復として人間に罰を下し、「女」を創り出す。エピメテウスはうかつにもプロメテウスの警告を忘れ、ゼウスからこの美しい贈物を受け取った……。

『仕事と日』の詩人は鉄の種族に生まれあわせた悲嘆を歌った。

昼も夜も労役と苦悩に苛まれ、その熄む時はないであろうし
神々は苛酷な心労の種を与えられるであろう。

正義は腕力の中にあり、廉恥の心は地を掃うであろう。[1]

しかし、ヘシオドスからアイスキュロスまで約二世紀を経て、謀略に長けたトリックスターは技術的理性の化身となり、盗まれた火は技術の象徴となった。[2]

火の源を捜し出し、大茴香の茎に詰めて盗みとった。
これは人間にすべての技術を教えるものとなり、
大いなる便宜をもたらした。[3]

プラトンはやがて、多数の伝承説話を集大成する大きな神話システムを構想するが、それに先だって彼の初期に属する対話篇の一つで、この興隆期のアテナイに舞台を引き戻し、新しいプロメテウス説話をソフィストの長老プロタゴラスに語らせている。ここで、ゼウスとプロメテウスの知恵競べは二つの知、二つのテクネーの関係に組み変えられることになった（『プロタゴラス』320C sqq.）。技術は第一義的には、人間の生存に必要な道具を産出する制作的テクネーであること。これが新プロメテウス説話の前半を構成するものとなる。

(1)その昔、神々がはじめて生き物を大地の内部で創り出したとき、動物のそれぞれの種族に応じて身体器官を据え付ける仕事は、後知恵という意味の名をもつエピメテウスが行った。もともとこの仕事は彼の兄弟のプロメテウスに課せられたのだが、願い出て譲り受けたのだった。エピメテウスは生き残る機会が特定の種族に偏らぬように計らった。鋭い牙や爪をもたぬ動物には、速い逃げ足や翼を与え、強い生き物は少ない子しか儲けられぬように仕組んだ。こうして配分されるべき機能がすっかり使い果たされ、生き物がまさに地上に送り出されようとしたときになって、エピメテウスは人がまだ裸で取り残されているのに気づいた。その柔らかい足裏は歩行に難く、皮膚も無防備で寒暑を凌ぐに足らず、敵と戦うための牙や爪もない。火と技術は、このような人の種族の生存を図るために、プロメテウスによって贈られたのである。こうして人は地上に現れ、神々を祀り、言語その他を編み出した。

ここでは技術が原初的な所与としての「自然」に対抗して、第二の身体器官を制作するものと考えられている。逆に言えば、自然が技術に対立するものとして捉えられている。プロタゴラスの場合、それは生物出現以前からのマテリア（火、水、土等）を基層とし、種の闘争と均衡が支配する野性の世界である。この説話が本当にプロタゴラスの創作であるかは疑いもあるが、プロタゴラスならば語ったであろう話であることは間違いない。失楽園のペシミズムが跡形もないのが、際立った特色となっている。この作者はアイスキュロスの同時代人の他にはない。さらに言えば、技術と自然を対置する発想はプラトンのものではない。技術観と自然観は互いに相手を照らし出す。当面はしかし、この説話が埋め込まれた文脈を追ってみよう。(4)

(2)しかし、プロメテウスによって与えられた技術の力だけでは、人間が単独で外敵（野獣）から身を護るに十分ではなかった。人々は砦を築き社会を構成しようとしたが、かえって相互の争いが生じ殺しあう。もとの分散生活に戻った人間は徐々に衰滅していく。ゼウスはこの危機を救うためにヘルメスを派遣し、人と人とを結び付ける政治的テクネー（戒めと慎み）を人間のもとに届ける。

プロタゴラスの物語と比較されることの多い文献として、紀元前の一世紀後半に書かれた初期人類史の記述がある。(5)

……最初の人類は、各地にばらばらに散らばって、規律のない獣と変わらない生活を送り、野に出ては食べられる植物や、自生の果実を採取して糧食に充てた。野獣の攻撃を受け、互いに助け合うことの益を学び、またこの野獣に対する恐怖から集住するようになって少しずつお互いの行動様式を知るようになった。はじめ人間たちの音声は無意味で無区別であったけれども、しだいに少しずつ、音節の区切りをつけることによって言葉をなすようになった。そして人間たちは、ひとつひとつの事物についてお互いに対してしるし（*symbolon*）をきめて、あらゆるものに関する言明を、自分たちの間で理解しあえるようにしたのである。このような言葉の体系は、人間が住む地上の至るところで生じたけれども、それぞれの人種が自分たちの言葉を組織づける仕方は偶然的なものであったから、全人間が同じ語り方をするというわけには行かず、このために、ありとあらゆる特徴をもったさまざまの地域語が存在することになった。ところでこの人間たちは最初、生活に役立つものを何も見つけ出していなかったので、はなはだ難渋した日々を過ごしていた。裸で衣類はなく、住居もなく火を使うことも知らず、また食用植物の栽培に思い至ることもなかった。野生の食糧を一箇所に収納することを知らず、果実を欠乏に備えて貯蔵することもなかった。このために多くの者が冬の間に厳寒と食糧不足のために死んだ。以来、少しずつ経験に学んで、冬季には洞窟に退避し、果実でも保存に耐えるものはこれを貯蔵した。火やその他有用なものを少しずつ知るに及んで、技術や共同の生活に役立つその他諸々を発見した。………　(Diodorus Siculus, I. 8.1–7)

最初の人類は、ばらばらに散在し採取に生活の糧を求めていた。次に、野獣に対する防衛の必要から集住し、互いの交流により言語が創り出される。プロタゴラスとは反対に、遅れて技術はこのような社会性を基盤にして発現する。あるいはこの説明の方が説得的かもしれない。技術は生存の必要に対応しそれに釣り合ってあるよりは、むしろ多分に余剰と遊びの面をもっている。

しかしプロタゴラスの新プロメテウス説話の眼目は、社会的テクネーのメタ・テクネー性にある。制作的テクネーは、それだけでは本来の目的を果たすに足りないからだ。そしてこのような見方は、国家社会そのものを自然成長的なものではなく、実践的な対象とすることでもある。けれども肝腎の政治的テクネーについてみれば、それはヘシオドスが鉄の時代にあって衰退の一途をたどると憂慮したところの「正義と廉恥の心」を、たんに技術のあとに置き換えたにすぎない。生活様式そのものがすでに政治的テクネーであり、反社会的行為に対する矯正／排除の装置が自動的に機能しなければ社会は存在しない、という以上に出ないだろう。

いずれにせよ、技術が不可避的に生存の様式そのものを変えることを度外視すれば、政治的テクネーは依然不透明なままにとどまる。そのことの意味は逆に、技術を厳密に衣食住の必要に応じるものだけに限定して国家を構築する過程で露出するだろう。そのような力動的なモデルは、プラトンが正義とは何かを追求した中期の代表作『国家』に見ることができる(6)。

(1) 必要最小限の国家

プラトンは正義という政治的テクネーを見るために、その基礎作業として、国家から徹底的に贅肉をそぎ落とし、どうしても必要な最小システムを残すことから始めている。このシステムは、制作・生産技術の分割と交換結合の二大原理からなる。「ある仕事の時機というものを逸したら、その仕事はだめになってしまう」「なされる仕事の方は、なす人が暇になるのを待っていてはくれない」(370B)ことから、分業が必然化され、そしてその分業を可能にするものとして貨幣と商人が登場し、市場が形成される。ここで政治的テクネーは、素朴な生活様式それ自身の他に見あたらない。

彼らは穀物や葡萄酒や、衣服や履物をつくって暮らす。そして家を建てて、夏はたいてい裸・裸足で、冬はたっぷりと着こみ履物もはいて、働くことだろう。身を養う食べものとしては、大麦から大麦粉を、小麦からは小麦粉をつくって、それに火を通し、あるいはそのまま捏ね固めて、出来上がったお上品な菓子やパンを、葦やきれいな木の葉の上に盛りつけて出すだろう。蔓草や桃金嬢を敷いてつくった床の上に身を横たえて、自分も子供たちも楽しく食べ、そのあとで葡萄酒を飲み、頭には花の冠をいただいて神々を賛美しながら、お互いに楽しくいっしょに暮らすことだろう。……(372A–D)

(2) 膨脹国家とその維持制御

しかし、そのような生活では満足できない、という声があがる。こうして無限定な欲動というファクターが導入され、必要と技術の新しい循環が始まる。

寝椅子、食卓、その他の家具。御馳走、香料、香、遊女、菓子。絵画、刺繍、金、象牙その他。あらゆる猟師、真似の仕事に携わる者たち。召使、すなわち、教育掛り、乳母、子守り、着付け掛り、理髪師、料理人、肉屋、割烹人、豚飼い、豚その他多くの家畜類。医者。財貨を無際限に獲得する。領土拡張。戦争。軍隊……。(373A–E)

他方でまた、不満、つまりアモルフな欲望が不定形なそのままに自己増殖に向かう。なぜなら、貨幣が技術の交通を媒介するものから、欲望を蓄積するものに転化するからだ。われわれが必要なだけの限度を越えて無際限に獲得することに夢中になれるもの、それは無数の欲望の対象が、匿名のままにそれに代置されるところの一つのシンボルであるものにほかならない。

こうしてシステムは膨脹してゆき、やがて外部と衝突する。外に対して戦い、内に対してこれを守る力が生み出されねば、このシステムはたちまち瓦解するだろう。プラトンにとってこれが、政治的テクネーが形成される基本的所与である。

したがってその要諦は「羊の群を守る犬が狼にならぬように」、このシステムを守護する戦士機能を膨脹国家の欲動から完全に切り離すことにあった。音楽文芸・体育訓練によって勇気と自制と美醜の感受分別をそなえた戦士（守護者）を育成選抜する。統治の任に当たる者（守護者の中から十分な試練を経た思慮ある年長者を支配者につける）とこれを軍事的に補佐する任に当たる者は、質素な軍営生活を義務づけられ、私有財産と家族をもつこと、貨幣を扱うことが禁じられる。

一方、被支配者はもちろんこのような厳しい生活を課せられるものではないし、また耐えられるものでもないだろう。人々は自分自身の仕事に対してできるだけすぐれた専門の職人であることが求められ、それに最も適した経済的条件に置かれることになる。なぜなら、富は贅沢と怠惰を通して、貧乏は必要な道具その他の不調達のために、技術の作品を悪化させる。後者はさらに、卑しさと劣悪な職人根性をつくりだすからである（421C–422A）。

このようにして「自分の仕事をする」という正義の原理がこの国家において実現される。

(3) 袋の比喩

しかし、この暴発する要素を含みもった自己増殖的システムの自己制御モデルの主眼は、理知と気概と欲望のシステムとしての一個の人間を拡大鏡にかけることにあった。それゆえ「正義＝自分の仕事をする」は、根本的には「外的な行為にではなく内的な行為に関わる」のである。プラトンはこのようなシステムとしての人間を、複雑で多頭の巨大な怪物とライオン、そして小さな人間が癒着した一つの生き物に喩えている。

まず、複雑で多頭の動物の姿を一つ形づくってくれたまえ。まわりにつけたいくつもの頭には、穏やかな動物の頭もあれば、猛々しい獣の頭もあり、しかもそれらすべてを変化させたり、自分の中から生やしたりすることのできる怪物の姿を。……さらにそれと別に、ライオンの姿を一つと、人間の姿を一つ形づくってくれたまえ。ただしその大きさは、最初の怪物がずばぬけて最も大きく、二番目の［ライオン］が二番目に大きいものとしよう。……出来上がった三つの姿を一つに結びつけて、それらが互いに癒着し合って一つの生きものとなるようにしてくれたまえ。……さらに、それらの外側が一つのもの――人間――の似像となるようにまわりを仕上げてもらって、内部を見透すことができずに外側の被いしか見

ない者には、全体が人間という一つの生きものに見えるようにしてくれたまえ。(588C–E)

内なる人間が、おそらくはむしろ神的なものというべきそれが、全体としての人間を支配しなければならない。

あらゆる人にとって、神的な配慮によって支配されることこそが――それを自分自身の内に自分自身のものとしてもっているのがいちばん望ましいが、もしそうでなければ、外から与えられる思慮によってでも――よりよいのだ。(590D)

しかし、この意味での支配の知の内実は、(2)の〈国家＝人〉のモデルでは――それはあくまで正義論の方法論としてあった――開示されていない。いわばそこからの脱線論議として正しい国家の実現化（哲学者が王とならねばならない）が模索されることにおいて、「すべての魂がそれを追い求め、それのためにこそあらゆる行為をなすところのもの」(505E) に究極する知の追求の途として、つくり出されたのである。一般の技術は、自然物の生成や人工物の組み立て、あるいは人間の欲望を終局とするものである限り、この知の行程を中断するものでしかない。こうして、数学的諸学科を前奏曲とし、善美なるものの探求のために、これら学科の相互の内的な結びつきを見てとり、究極の善に遡源する哲学的問答法が、あらゆる学の冠石として置かれる。

プラトンにおいては、政治的テクネーは善のイデアの認識を条件づけられ、そして善は他の一切の学知を活性化し、可能にする究極原理の位置にある。政治的テクネーは、ここで建設された国家について次のように言われていることからも明らかなように、自己形成の技術でもあるのだ。

それ（ここで建設された国家）はおそらく理想的な範型として、天上に捧げられて存在するだろう――それを見ようと望む者、そしてそれを見ながら自分自身のうちに国家を建設しようと望む者のために。

（592B）

二　「大洪水の後」

政治的テクネーのメタ・テクネー性は、たとえば『ニコマコス倫理学』の最初の巻をみれば、アリストテレスにおいても依然変わることなく継承されているようにみえる――行為の究極目的となるものを対象とするのは、棟梁、建築家の技術（*architechtonikē* アルキテクトニケー）、すなわち政治的テクネーである。このテクネー（知識）の仕事は、国家がどのような技術を必要とするか、また市民は何をどの程度まで学ばなければならないかを定めることである。軍事・経済・司法の技術を支配し「他の諸学を活用し、何をすべきであり、またすべきでないかを法律に定める。政治的テクネーの目的は他の技術の目的を包括するものであり、窮極的には、それが人間（にとって）の善にほかならない」（1094a18-b11）。

しかし、政治的テクネーが学問体系全体において占める位置は、プラトンのそれから大きく変更されている。そのことを、次に『ニコマコス倫理学』第六巻を中心に確認しておこう。

まず、テクネー（技術）の定義から始めよう。

テクネーとは、他の仕方でもありうるものについての、真なるロゴス（理）を分けもった制作的ヘクシス。（1140a10）

「真なるロゴスを分けもつ」という条件については、次のような例をとってみよう。いま大工の見習いが親方の指示に従って立派な小屋を造ったとする。この場合、見習いが大工のテクネーをもっているとは言うことはできない。親方の指図に従っただけだからである。つまり、真なるロゴスというのは、作品を優れた作品たらしめる基準であり、親方のうちにあって見習いのうちになかった制作の手続きを発令指示する根源である。反対に偽なるロゴスが制作者のうちにあれば、それは制作を不可能にするのではなく、むしろ下手な作品をうみだすものなのである。

ヘクシス（所持態）とは文字通りには「持っている」ことであり、不定な可能性から区別された、一定の方向づけられた能力の概念にほぼ相当する。可能性ではあるが、完了を内包しているという点で単なる可能性ではない。したがって、完全現実態を第二番目の現実態とするところの、先発の現実態とも言いかえることができる。使用、行使に先行するところの所持、持ち前（habitus）である。感覚能力のように生得的な場合もあるが、多くは一種の獲得形質、獲得された一定の可能性である。そしてテクネーは、必然的に存在するのではない「他の仕方でもありうる事柄」（未来）に関わる実践の領域に属し、この内部でプロネーシス、すなわち行為（プラークシス）の知から区別された、制作知に限定される。

二つの知の第一の弁別標識は、制作と行為の相違に帰着される。

制作の場合には、その目的は当の活動とは異なるが、行為の場合はそうでない。そこでは「よく行為する」こと自体が目的なのである。(1140b6-7)

したがって、その目的や善さが当の活動自身であるような「行為」に対して、「制作」はその所産に善さや目的がある。制作の目的である制作物はさらに誰かが何かをするためのものであるのに対して、行為の目的にはその種の限定がつかない。行為の目的は立派な行為そのものであり（1139b1-3）、よき生である。行為の知であるプロネーシスは、「どのようなことがよく生きるということ一般のためになるかについての、すぐれた思量」（1140a24-28）であり、制作知はこれに従属するものでなければばならない。

さらにもう一つ重要な標識として、意図的過失が挙げられている。故意に誤るということは技術のテクネー性を否定するものとはならず、むしろその証になる（1140b22）。しかし行為の知であるプロネーシスについては、いうまでもなくそれは不可能である。

> 思慮（プロネーシス）は人間的な諸々の善についての、真なるロゴス（理）を伴った行為のヘクシスにほかならない。だが、技術についてはそのアレテー（優秀性）というものがあるが、思慮についてはない［思慮そのものがアレテーだから］。さらに技術の場合は、わざと過つ人は、かえって腕のいい職人であるのに対して、思慮の場合にそうするのは劣った者である。（1140b20–24）

では、政治的テクネーは制作知に対して支配的位置にあるプロネーシスと、どのような関係にあると考えられているか。結論をいえば、「政治的テクネーとプロネーシスは同じ所持態（能力）である、ただその発現の形が異なるのである」。プロネーシスは一個の人としての自己自身に関わる。しかしながら、人間は政治的動物であって、個人の善は家族や国家のそれから分かちがたい。プロネーシスはその最終的な発現形態にあっては政治的テクネーと一致するのである。

だとすれば、〈政治的テクネー＝プロネーシス〉にこそ、われわれの求める究極の知の内実がこめられるだろう。しかしながら、アリストテレスにとってそれは、「政治が神々を支配すると考えるにも似た」倒錯だったのである（1145a10 sqq.）。

アリストテレスの学問体系

『形而上学』の最初の部分で力説されているように、政治的テクネーをも含めて技術は哲学において求められる知ではない。哲学の起源は、何かの実用のためではなく、ひとえに知るためにこそ知識を求めることにあったからである。

それが制作的な知識でないことは、最初に知恵を求めた人々をみても明らかである。なぜなら人々は驚くということによって、今日も往時も哲学を始めたからである。当初は不思議な事柄の内でも身近な事象に驚嘆し、続いて徐々に前進して、次第に大きな事柄について問題を解き明かそうとした。月の変幻、太陽、星の運行、宇宙の生成等。驚嘆し、問題を抱える人は自分を無知と思い、…（中略）…したがって、無知を逃れるためにこそ彼等が哲学を始めたのであるからには、ただ知るためにこそ知識を求めたのであって、何かの実用のためでなかったことは明らかである。（以下、生活事情からも説明）

（『形而上学』982b11–28）

すでに初期の著作でも、「大洪水後」の想定の中で絵解きされているが、アリストテレスにみられる技術の一過性、知の行程の一方向性（実践知から観想知へ）は、プラトンの「洞窟の比喩」と鮮やかなコントラストをみせて印象的である。

大洪水の後、平野部は水中に沈み、そこに住んでいた人々も滅び、羊飼いなどのように、山岳地帯や山麓に散らばって生活していた人々が生き残った。このような設定のもとで、知の形成過程が描き出される。

(1) 生き残った人々は、身を養う手段を持たなかったので、必要に迫られて有用な工夫を考え出さねばならなかった。麦を挽く、種を蒔くなどである。このような生存の必要に役立つ物を見いだす工夫考案（*epinoia*）を知恵と呼び、これを考案した人を智者と呼んだ。

(2) 次に人々は、ホメロスが歌っているように、女神アテネの指図によってさまざまの技術を考案した。それは生活の必要にとどまらず、美と優雅を指向するものでもあった……

(3) 続いてさらに人々は、国家公共の事柄に目を向け、法律やその他国家を形成するところのすべてのものを発見し、この考案をもまた、知恵と呼んだ。実際かの七賢人とは、かかる国家社会の柱石となる徳を発見した人々だったのである。

(4) それから人々は道にしたがってさらに前進し、物それ自体（*auta ta sōmata*）、およびそれを作る「自然」の考察へ向かい、これを「自然の観想」という特別の名で呼んだ。このような観想を行う人々をわれわれは自然に関する事柄における智者と呼んでいる。

(5)「神的にしてこの世界を超えた、不変不動の存在」の認識へ進む。(『哲学について』fr. 8)

この行程は、(1)(2)各種制作学から(3)倫理・政治学の実践知と、(4)自然学、さらに(5)形而上学の観想知へと順次高められる序階にそのまま対応している。しかし、そのそれぞれの対象のあり方に基づいて、制作知と倫理政治的学の間よりも、実践と観想の間にはるかに強い一線が引かれているのである。固有な意味での哲学は、生活の必要を離れた(4)から始まる。技術と自然の間には越えがたい隔りがある。技術は、これを統括すべき実践知ともども、知識の範型たりえないのである。

それゆえ、アリストテレスが政治的テクネーを棟梁的技術と規定し、諸学はこれに従うものとするときでも、自然学その他の観想知は観想知である限りこの諸学の内に含まれないだろう。他の仕方でもありうる対象に関わる知が、そうでない必然的なあり方をする存在についての知を支配するなどということはできぬ相談だからである。技術はもとより、いかなる知も自然を支配しえない、ただ最高の知がこれを観想しうるのみである。「自然によるもの」は、動の始源をそれ自身に内蔵するのに対して、「技術によるもの」は動の始源がそれ自身とは別のところ(制作者)にある。また、自然世界の存在の様相は必然性であり、厳密な知識の成立を保証するのに対し、技術やプロネーシスの関わる領域は本来的に不確定な様相を呈している。それゆえまた、実践知は観想知に劣るとされるのみならず、究極の場面では廃棄されることになる。こうして自然と技術、観想と実践の強固な図式が完成する。(7)

実践知が姿を消した後に純粋観想知が制作技術に変身するなどとは、アリストテレスの知のシステムにおいては夢想だにできぬことである。ところが、現在のわれわれにとってそのような光景は、けっして絵空事ではない。むろん、アリストテレスは、制作に折れ帰るような知は純粋な観想知ではないと反論しただろう。然り、けれどもそれゆえにこそ、アリストテレスのいうような制作や行為から完全に絶縁された知の可能性は強い疑念がかけられることになる。

三　近代の知

テクノロジーの基本設計

そしてアリストテレス・スコラの図式は劇的に逆倒された。『哲学原理』の仏訳者に宛てた書簡の中で、デカルトが哲学の挿絵とした「学問（哲学）の木」は、実践知から観想知へと進められたアリストテレスの方向を反転する。さらに観想知の内部でも先後が入れ換えられ、数学的自然学が形而上学によって基礎づけられるのである。新しい自然学の幹が成長し、そこから勢い盛んな枝が、機械技術と医術が分岐するだろう。貧困や病に起因する悪はこれによって除かれよう。新しい自然学にもとづいた機械技術・医術によっていわば倫理的ながらくたが掃除されるとき、真の道徳が建設されるであろう。

近代科学の創設者たちは、一人デカルトのみならず、その後の目覚ましい進展の駆動力となった、このようなプランをひとしく抱いていたように思う。新しい自然学の原理と成果を世に知らせるべきだと考えるに至った理由を述べた『方法序説』第六部(8)では、科学が無数の発明をもたらし、科学的医学が病気の治療だけでなく、いつかは脳操作による精神の改善をも可能にするだろうことが示唆されている。

というのは、精神でさえも体質と身体諸器官の配置とに依存するところまことに大であって、人間を誰かれの区別なしに今までよりもいっそう賢明かつ有能ならしめる手段が何か見いだされうるものならば、それは医学のうちにこそ求むべきである、と私には思われるほどなのである。

デカルトはこのプランの実現が一個人の手に負えるものでないことを認め、多くの人の生涯と努力に、科学者の共同体に委ねた。知識がこの方向で進めば進むほど、実験がいよいよ必要となり、しかも実験が巨額の費用を要することを見通していたからである。テクノロジーの基本設計は最先端の今に至るまで、デカルトの構想を超えるものではない。

制作のアウタルキー

近代の科学技術は、かつて政治社会的テクネーと呼ばれた実践知のくびきから解き放たれている。そのアウタルキーは、技術が単なる制作にとどまらず、科学という客観的な世界についての理論に基礎づけられていることによる。

しかし、事の真相はむしろその反対ではないか。近代の知は構築の意志に貫かれた制作知の性格を色濃くもっている。自然の微細なメカニズムの探求によって得られる知は制作者の知であり、モデルとされる大制作者は全知全能の神である。

近代の知の概念は、自然科学が全面制覇する以前から、ホッブスやヴィーコに顕著なように、制作に裏打ちされていた。(9) ホッブスは、制作者の「実践的な理性」と切り離せない知識を観察者の知よりも優位に置き、これを「論証的知識」(demonstrative knowledge) と呼んだ。ホッブスが幾何学の論証性を認めるのは、幾何学がアリストテレスの言うような観想的学問であるからではなく、制作者の実践的理性と切り離せない基本性格のゆえであった。政治・倫理学が論証知であるというような主張は、アリストテレスからは絶対に出てこないだろう。

幾何学は論証可能な学術である、というのは、われわれがそこから推論を引き出すおおもとの線や形が、他ならぬわれわれ自身によって描かれたものだからである。また政治学・倫理学（civil philosophy）も論証可能な学術である。というのは国家社会はわれわれ自身の手でつくられるものだからである。しかしながら、自然の物体についてわれわれは、それをどのように構築すればよいかを知らず、すでに出来上がった結果からこれを推測するだけであるので、原因そのものを探求しても、けっしてそれは論証的には知られえない。ただ原因らしきものが論証されるにすぎないのである[10]。

同じ理由からヴィーコも数学を制作知（scientia operatrix）[11]と考えている。われわれがその働きを知ることができるのは、分解しまた再構成できるものだけであり、「何かが真であることの基準・準則はそれをつくったということである」。

真理性を測る基準を「作った」ということに認めるヴィーコは、歴史や社会の世界と違って、人間の作ったものでない自然の世界（il mondo della natura）についてはその可知性を疑っている。しかし実際には彼は自然科学の領域にも、その学問の方法を適用しようとしているから、ヴィーコのしている区分は程度の差であって、決定的なものではない[12]。たしかに、物質そのものとその法則は、初めからわれわれの外にあり、われわれには作ることができない。しかし逆の言い方も可能である。われわれがシミュレートできるような自然現象であれば、あるいはむしろそのような自然現象であってはじめて、自然科学でも論証ができるのだ。

したがって、ヴィーコにとって自然科学が知と称することができるのは、実験にかかり数学的処理を施される範囲内で、つまり制作知としての資格をもつ限りにおいてであり、制作が真理の基準なのである。デカルトの「精神の明晰判明な観念」は、それが精神自らのつくりだしたものでないのであれば「一般に何かが真であることの基準にもならないばかりか、精神そのものの何であるかについてさえその基準たりえない(13)」。

デカルト再見

ヴィーコはデカルトの敵対者として有名な人であるが、しかしデカルトは少なくとも自然科学の基本的性格について、彼とそれほど異なった見解を抱いていたわけではなかった。自然の世界はデカルトにとって、数学的に秩序づけられた機械にほかならない。宇宙の法則は、時間座標を導入した解析幾何学によって表現されるものである。この新しい数学的自然学はしかし、観察記述的であるよりはむしろ構築的であり、発生論的モデルを駆使する。

それら物質的なものの本性は、それらをすっかり出来上がった姿においてのみ見る場合よりも、……しだいに生まれてゆくさまを見る方が、はるかに理解しやすいのである。

（『方法序説』第五部）

そもそも、科学的知見の技術的応用が可能なのも、物質の力と働きが、職人たちの技術が知られるのと同じように、これを知ることができるからであった。

それらの一般的原理が私に教えるところでは、人生にきわめて有益なもろもろの認識にいたることが可能なのであり、学院で教えられる理論的哲学（philosophie spéculative）の代わりに、一つの実際的哲学（une pratique）を見いだすことができ、これによりわれわれは、火や水や風や星や天空やその他われわれをとりまくすべての物体のもつ力とそのはたらきとを、あたかもわれわれが職人たちのさまざまなわざを知るように判明に知って、それらのものを、職人のわざを用いる場合と同様それぞれの適当な用途にあてることができ、かくてわれわれ自身を、いわば自然の主人かつ所有者たらしめることができるからである。

（『方法序説』第六部）

デカルトは彼自身の科学的解明の適用対象を、現実世界ではなく、神が想像的空間のどこかに造ったとした場合の可能世界と呼んでいる（『方法序説』第五部）。それは宗教との対立を避けた（「学者たちの意見に賛成したり反対したりせずにすませるために、私は現にあるこの世界のほうはそっくり彼ら学者の論争にゆだねてしまおうと決心した」）という以上に、このような科学の世界制作的本質に根ざす態度表明であったと思われる。

科学の基礎にある形而上学

近代科学の圧倒的な成功の蔭で、しかし、哲学者たちはガリレオが着手しデカルトが精錬した形而上学の枠組に呪縛され、ここに残存する謎に悩まされる[14]。一方に、色も匂いも音もまた価値もなく、ただ幾何学的形状とそれの移動のみがある。運動幾何学の言葉によって完全に記述し尽くされる客観的実在の世界がある。他方に、これと精神を媒介にして因果的に連結され、産出された感覚的性質の氾濫する主観的世界がある。けれどもこの二元論において、外界から脳の中枢に至るまでの物理化学的な因果連鎖がどれほど精密に解明されても、最後の過程、すなわちいかにしてかくかくの感覚が生じるのか、脳細胞の興奮からどうして私がかくかくの感じをもつのかは説明できない。因果関係として説明することはできないのである。

逆の方向から言うと、今ここに見え触れられているテーブルがある。しかし科学を基礎づける形而上学によれば、それは知覚像にほかならない。いかなる感覚的性質ももたない「延長」として実在するテーブルの知覚像なのである。だがこの形而上学には、知覚像の「ほんとうの」テーブルそのものの形と大きさ、さらにはその存在の有無さえも知りえないという不可知論を内蔵している。二つの世界の一方は推測されるにすぎない現実であり、他方は体験される夢である[15]。

もちろん科学は哲学者の困惑におかまいなしに進行する。おそらく科学は、世界の基礎的なあり方から価値と生命を排除する、そのような形而上学に「基礎づけられた」わけではなく、より根源的なある衝動によって、逆にこの形而上学を呼び込んだのだ。確かなことは、これによって古い形而上学が一掃され、世界を隅々まで機械技術的にみる可能性が開かれ、弾みがつけられたことである。

新しい科学は、ガリレオに典型的にみられるように、硬直化した理論的・観想的理性に対する反逆である。科学的精神とは何よりも、在来の理論にはどのようにしても還元することのできない、辻褄の合わない事実（irreducible, stubborn facts）への強烈な執着が、抽象的一般化に向かう情熱と合体したものである。(16) 実験が新しい理論を生み、新しい理論が新しい実験を生むというように、科学は「新しい」ということを駆動力とする終りのない進展である。自然の世界の目的を知るのは神のみであり、トータルな意味の追求は排除されている。この基本性格において科学とテクノロジーとは区別がない。けれどもそうだとするならば、科学はその自己修正能力をもってしても、これを全体的な知識の範型とすることはできない。なぜなら、これを幹としてやがてそこから最高善が結実するとは期待できないからである。アリストテレスの知の区分、観想と実践との相互排除的な区分にはたしかに強い疑義がかけられる。しかし、アリストテレスのもっていた視点——行為の知が技術に対してもっていた意味——までもが無化されるものではない。

もちろん、デカルトその人が行為の知を無視した、というようなことが言いたいのではない。それは全くの濡れ衣になるだろう。客観的世界の法則の追求は、われわれに全く依存しない外なるものとわれわれの自由になる内なるものとを区別するための修練であった。偶然の運を頼む虚しい欲望を消去することであり、よく生きることにほかならなかった（「仮の道徳」第三格率）。けれども科学技術は、デカルトとは異なり、「空を飛ぶなどの絶対に不可能なことを知り、その欲望を消す」ということはない。

四　技術の原衝動と技術の原型

テクネーは監視さるべきか

制作知はそれ自身のうちに終局をもたない、したがって制作知がそれ自身だけであろうとするなら、そのような知の固有の発現形態は絶えざる進行であるだろう。また故意に誤ることはその知の資格に背くものではない。アリストテレスのこの指摘が正しいことは疑いえない。このことはテクノロジーの進展に歯止めをかける、監視体制をとることとの緊急性を喚起する。

しかし、近代の知の性格が以上みてきたようなものだとするならば、その深い動機は創造主の模倣であろう。神の創造を真似る、このことが不遜と考えられる理由は本当のところ定かでない。プラトンもアリストテレスも哲学を神の模倣と考えていた。アリストテレスの神は純粋観想者であり、それゆえできるだけこれに近いあり方をするのが人間の目標であり、幸福である（『ニコマコス倫理学』1178b7–23）。プラトンにとっては、可能な限り最も正しい人間になることが神を真似ることであった（『テアイテトス』176B–C）。

理由のはっきりしない禁止命令を繰り出すことは違反を奨励するようなものであり、悪いルールは故意に破られるだけでなく、うっかり忘れられるものである。とはいえ、禁止理由の不審を挙げつらえば、それ以上に近代科学における創造者の模倣はそのあり方が不審である。そこでは機械論に徹し、「事実」がいかにあるか、ただそれのみを見る機械論に徹しなければならぬと考えられている。その理由は、世界の基礎的なあり方を価値や目的で染めることが、創造主たる神の意志を推し量ろうとする傲慢とみなされたからだという[17]。けれどもこれがアリストテレス的な純粋観想ではなかったことはすでに見たとおりである。それは究極の目的（終り）なき世界制作に帰着するのではないか。

技術の原衝動

技術は第一義的には、人間の生存に必要な道具の制作的テクネーであった。馬が蹄を、また犀が甲をもつように、人はサンダルを履き、武具を身にまとう。政治的テクネーの外被を取り除けた、剥き出しの技術は身体と道具とを等置する思考であり、身体の時空レヴェルにおける巨大化を根本衝動としている。技術に遅れて登場する「女」は、そのような思考が作り出すアンドロイドになるだろう。人造人間は技術の見果てぬ夢であり、人間機械論の生みの親は技術である。人間をこのような思考の対象とすれば、それは身体メカニズムであるほかない。科学の形而上学においては、生命体は物質と同化し、心はこの世界の外部に置かれた視線と化す。この物心二元論は技術の原衝動に酷似している。

精神（心）と身体、自己と他者などの近代の科学的世界観のもとで先鋭化した諸問題は、思惟するものと延長という枠組みの中で理論的に解決できる事柄ではない。また、問題の発端に立つデカルト自身が指摘していたように、理論的に問われるべきことでもない。それは心身の合一した生の事実を忘れさせるか、さもなくば心の消去に行き着くだけである。デカルトの松果腺モデルは科学的認識の限界点・不可侵領域であり、生の意味に照らして判断されるべき実践・行為の問題である。

「だれかれの区別なしにより賢明かつ有能ならしめる」脳操作を行うとしよう。残念ながら平等原則は、もはやそれ以上意味が問われなくてよい絶対善ではない。賢明かつ有能とはどういうことかも自明ではない。

事の経緯は明らかに、実践に対する観想の優位に立ち戻ることではなく、トータルな実践知の確立を要求している。確かに見方によれば、二つの領域を峻別したアリストテレスの明確な立場は、今なお、行為の多岐にわたる綾を行動主義的なモデルで単純化することに対する防波堤にはなるかもしれない。しかし観想と実践は、その一方を強調すれば、他方が消えてなくなるような排反的関係に置くべきではない。プラトンの場合、実践が観想を要請し、そして実践に帰る。政治技術は制作技術のように身体の動作に埋め込まれているものではなく、むしろ数学のように純粋な認知の学であるが、しかし行為から離反するものでもない指令の術である[18]。だがもっと詰めていけば、典型的な制作知である機織技術と政治技術は、さまざまな働きの分化と結合において、また作品を美しくよく仕上げるという技術が含みもつべき価値性において同型なのである。

したがって、問題は実践知の確立よりもむしろ、遡って世界の基礎的なあり方から生命と価値を、世界を見てとるための一方法としてではなく、決定的・最終的に排除することの是非である。価値や目的を究極の場面で問わないことは、目的志向を無意識化し不定型な欲望を蓄積することになる。それは技術のあり方を歪めることになるだろう。

善の追求と終局の設定は繰り延べされるべきものではなく、死すべきわれわれにとってつねに現在の課題である。プラトンはその後期著作で、プロメテウス説話や洪水伝説がそれの断片であるような大きな神話システムを構想し、神が世界の舵を手放し宇宙に自らの運航をまかせたことによって発生するところの、神の模倣がその本質であるような「現在」を明らかにした[19]。

神が自ら宇宙を支配し、神々が生き物のそれぞれの種族ごとに牧者として任にあたっていた黄金時代には、動物も植物のように大地から生え出て大地に育まれ、互いに争い食らいあうこともなかった。人は裸であったが、季節は温和で、柔らかい草が十分に快適な臥所の役を果たした。日は西から昇り東に沈んだ。人の一生は、地中から老人の姿で産まれることからはじまり、次第に若くなり、幼児に至り、最期は縮小し消滅することで終った。性も家族も国家もなかった。時が満ち、地中の生命のストックが絶え、神は宇宙の舵取りから離れる。世界が反転激震し、多くの生物を滅ぼした天変地異ののち、静穏を取り戻した宇宙は造り主の父の教えを可能な限り思い起こして、自分の内部と自分自身を世話し統御することになる。こうして、世界が形成以前から内蔵する非コスモス性とこの神的想起との相克は、やがていつか世界の腐朽が再び神の帰還を呼び起こすそのときまで続けられる(265D–274E)。

技術はプラトンの神話学においても、困窮と必要によって生み出されたものである。しかしそこで自然と技術は対立関係に置かれているのではない。この点でプラトンとアリストテレスとは際だった相違を示す。「技術は一方では、自然が仕上げることの出来なかったものを補い、他方では自然を真似る」は、よく知られたアリストテレスの技術定義[20]であるが、プラトンにとって技術が人間の生活環境を整えるものであるとは言えても、後者は成り立たない。何よりも自然そのものが神によって造られた一つの生命であり、神を模倣する技術者である。自然の模倣が技術であるのは、一つの優れた技術の模倣がもう一つの技術になるということでしかない。技術の根拠は自然ではない。

ここで神の概念は、技術観の根底にある知識と世界のあり方を集約するだろう。

アリストテレスの神は純粋観想者であり、一切の実践と無縁である。そして自然の世界は実践的世界から絶対的に区別されるものであった。

プラトンの神はこの世界を可能な限り美しく構築した製作者である。ただし、この神はユダヤ・キリスト教の――そして科学が遠望する――創造主のように全知全能ではない。後者は無から一切を造りだし、世界のあらゆる細部までその意志と計画を貫徹している。プラトンが知識の究極的モデルとした神は、完全無欠な範型を観て、できるだけそれに似せつつ、もともとがアモルフな場に秩序を形成した、善なる知性である。神の世界形成には限界があり、この世界には消去しえない不確定要素が残存する。したがって、プラトンにとって微細なメカニズムはけっして確定的・必然的なあり方をするものではなく、もしこれがそれ自体のために探求されるとすれば、知識のあり方を本来の方向から逸脱させるものにしかならない。

しかし実際のところ、目的のない機械がありえないように、機械論は目的論と排反するものではなく補完的な関係にある。一つの現象を価値や目的を排除した機械的システムとしてみることができるのも、もともと価値や目的が、連続流動する諸現象の中に一定のパターンを認知させたからである。この全体的なあり方から目を逸し、所与の価値を吟味することを忘れるならば、目的意識を無意識化し不定型な欲望を蓄積することになる。それは技術をその原衝動のままに放置することになるだろう。技術を先導するものは、単に黄金時代への復元衝動ではない。プラトンはクロノス時代の人々と今の世の人々といずれが幸福かを話題にするが（272B–D）、その判定は多分、プラトンの神話に失楽園のモチーフを読む大方の予想を裏切るであろう。技術は自然環境の身体化を駆動力とするが、技術が技術である根拠はこの根源衝動に形を与え、作品もしくは行為がよい、美しいというそのことを測る基準（限定の原理）に求められる。

何か大きいものの大きいということが、小さいもの以外の何ものとの比較でも成り立たないとすれば、規矩との比較によってそれが大きいということもありえない。そうだとすれば、技術そのものもまた技術の作品もことごとく抹殺されることになろう。（中略）なぜならすべてこれらは、適正基準の超過と不足をあってはならぬものとして実際の動きを監視し、そのようにして尺度を保全し結果をすべてよく美しく仕上げるのだから。超過と不足は、測られるもの相互の比較によって測定されるだけでなく、適正なもの（美しい作品）の生成という観点からも測られる、としなければならない。(21)

（『ポリティコス』283C–285C）

すべての技術の根底にこの意味での測定があり、ここでの超過・不足現象において人の優劣善悪があらわになる。この基準がイデアである。この基準Mは超過と不足の序列の真中ではない。そのようなものであれば、相対比較に還元され、そこにはMよりよいという評価はない。作品、行為がよい、美しいというその基準になるものがMなのである。

(1)測られるもの相互の比較、順序化による数量的測定に対し、(2)作品が生じるのに必要な模範との比較による、いわば原技術的測定がなければならない。

技術の可能性は、この第二種の、いわば原技術的測定に依拠する。神、自然、人のいずれであれ、その技術の作品は原範型としてのイデアの写しである。プラトンはここで世界の構成原理を数に一元化するピュタゴラス的自然観を念頭に、もし測定がすべて数量的測定に尽くされ、美が抹消されようものなら、一切の技術が無に帰すであろうと警告する。テクノロジーは、その暴走が懸念されているが、しかしそれがもしこの第一種の測定に還元されるのであるならば、衰退し自滅するであろう。作品の評価を可能にするものこそが、翻ってその基本設計を左右するからである。

注

（1）ヘシオドス『仕事と日』176–178, 192.

（2）逆に再び失楽園のノスタルジーがここに投影されるとき、技術的進歩と道徳的退廃という、現在に至るまで繰り返される定型ができあがる。セネカは『ルキリウス宛書簡』（*Ad Lucilium Epistulae*, XC. 14）で、鮮魚の保存技術や鍵、錠について細かい文句を並べた後、工匠ダイダロス（技術知）と犬儒派のディオゲネス（実践知）を対置し、前者を退けている。cf. E. R. Dodds, *The Ancient Concept of Progress and other Essays on Greek Literature and Belief*, 1973, Oxford, Chap. I.

（3）アイスキュロス『縛られたプロメテウス』108–110.

（4）プロタゴラスは、政治的テクネーの専門性を示す議論の前に、それが他面、一定限度のもとでは万人に分けもたれてあることを絵解きする必要があった。

民主制の基本的な骨組をなすルールは、国家社会の構成員の資格を財産および血閥から切り離し、政治権力の交替をこの構成員間の選挙によって行うことである。ところでまたこの体制の下では、いわゆる技術的な問題の解決は、これを各々の領域の専門家に諮問するのに対して、政治的問題、国策は衆議にはかられる。このことは政治のテクネーがありえぬという前提に、民主制が拠って立っていることを意味するのではないか。するとこのようなテクネーを教えると称するものは、自ら詐欺師であることを認めるか、それとも民主制の原則を否定するかのディレンマに追い込まれる。この難所を切り抜けるのがこの大ソフィストの腕の見せどころであったのだ。

（5）これは原子論者のデモクリトス（プロタゴラスの同国人でもある）に由来すると解されたこともあった。

(6) 以下、引用は藤沢令夫訳『国家』(岩波文庫)による。

(7) 藤沢令夫「観ること(テオーリアー)と為すこと(プラークシス)」(『西洋古典学研究』XXII、一九七三年)。「形而上学の存在理由」(日本哲学会編『哲学』、一九七四年)。

(8) 以下、『方法序説』の引用は野田又夫訳(中公文庫)による。

(9) J. Hintikka, 'Practical vs. Theoretical Reason——An Ambiguous Legacy' in *Knowledge and the Known*, D. Reidel, 1974. I. Berlin, *Vico and Herder*, London, 1976(『ヴィーコとヘルダー』小池銈訳、みすず書房)。

(10) 'Six Lessons to the Professors of Mathematics' in *English Works*, Vol. 7, 184.

(11) Vico, *De Antiquissim*. Caput III. DE CAUSSIS, 4.(『イタリア人の太古の知恵』上村忠男訳、法政大学出版局)。

(12) それどころかいわゆる人文学と自然科学の間に厳密な方法論的差異がないということは、制作的実践の成否に依ってそれぞれの学問の位階が定まるということを意味する。自然環境の支配、社会的歴史的環境への働きかけはいずれがうまくいったか。実践知の地位は下落せざるをえない(Hintikka, *op. cit.*)。

(13) Vico, *op. cit.* Caput I. sec. i, 15.

(14) 大森荘蔵『知識と学問の構造』(旺文社、一九八三年。後に『知の構築とその呪縛』と改題してちくま学芸文庫再録)。

(15) A. N. Whitehead, *The Concept of Nature*, Cambridge, 1920 (1964), 30.

(16) A. N. Whitehead, *Sciense and The Modern World*, New York, 1925 (1967), 2-3.

(17) 野田又夫、『デカルト』岩波新書、一九六六年。

(18) 内山勝利「洞窟の内と外——プラトンにおける実践と観想をめぐって——」『思想』六八四号、一九八一年。(再録『哲学の初源へ——ギリシア思想論集——』世界思想社、二〇〇二年)。

(19)「現在」はつねに、永劫回帰する失われた楽園と回復の間としてある。
(20)『自然学』B 1. 193a16-31. また「技術は自然を模倣する」(同書 B 2. 194a21, B 8. 199a15-17)。
(21) ここの metrion は作品に組み込まれたもの。

第十二章　エピステーメーとテクネー

はじめに

この講座[1]のタイトルに含まれる「科学／技術」はラテン語に置き換えれば、scientia／ars であり、それに対応するギリシア語がエピステーメー／テクネーとなる。こちらは普通、（学的）知識／技術と訳されている。

ところで、こういう対置もしくは対照図式はプラトンにはない。エピステーメーとテクネーが交換可能な用語として使われている例はたくさんあるが[2]、ほかならぬそのエピステーメーを主題に論じた対話篇『テアイテトス』をみるのが一番の早道だろう。エピステーメーとは何か。ソクラテスの対話相手をつとめる少年テアイテトスは、のちにギリシア数学史上に名を残す逸材で、ここでも無理数の一般的定義にその片鱗をみせ、ソクラテスの賞讃を浴びるが、最初、この問いに対して事例を挙げて答えている。エピステーメーとは幾何学、天文学、音階理論、数論（算術）であり、また「靴作りやその他職人のテクネー」である、と。ソクラテスは自分の問いは、「何の」エピステーメーがあるか、つまり知識の関わる対象領域を訊いているのではなく、「エピステーメーそのものが何であるか」を尋ねるものであることを説明しようとして、その際に職人のテクネーをエピステーメーと言い換えてみせる。

ソクラテス　君が「靴屋のテクネー」というとき、それは履物を作るエピステーメーよりほかのことを言っているわけではないだろう。
テアイテトス　はい、ほかにありません。
ソクラテス　「木工のテクネー」ということならどうだろう。木製器具を作るエピステーメーにほかならないだろう。
テアイテトス　それに違いありません。

（『テアイテトス』146E）

むろんこの箇所の力点は、職人のテクネーも幾何学その他も、エピステーメーとして同一の相をもつということにある。それは言うまでもないことだが、しかし、幾何学、天文学、音階理論、算術について、「作ることに関わるエピーステーメー」のような言い換えはできないことも明らかであるから、テクネーという名は制作に関わるエピステーメー、制作知のこととして一般に了解されていたと言ってよさそうである。ところが、そのように非制作知として性格づけることによってテクネーから区別分離できると思われる数学的諸学科も、あとでもう少し詳しくみることにしたいが、同じプラトンの『国家』では、テクネーと呼ばれている（邦訳ではさすがに、技術ではなく、学術となっているが）。そしてさらに、同じその箇所の続きで、これらは（テクネーのほかにも）慣用的にエピステーメーの呼び名をもつが、「出発点となる原理を仮設のままに放置し、根拠づけていない」という理由で別の名前が必要である、と言われている。この学問はそのような意味で「知識」と単なる「思わく」との中間に位置づけられたのであるが、しかし、それを呼ぶのに適切とされた別の名前というのはテクネーではない。

もっとも、エピステーメーとテクネーが区別されていないといっても、それは用語法の上での話であり、事柄に即してみれば、それらしきものがないとはいえない。右の『国家』においても、(1)需要に応じ、生産・制作に関わる一般的なテクネー、(2)慣用的にはエピステーメーとも呼ばれている数学的テクネーが区別され、またプラトンの後期著作に属する『ピレボス』の「知識の種分け」が行われている箇所では、「われわれの学ぶエピステーメーは、職人的なものと学問・教養に関わるものとに分れる」とある。さらに『ポリティコス』をみると、認識の対象が固定している、いわば視覚的な純認知的テクネーと、身体の動作とともに対象が形成される制作・実践的テクネーの区別がされている。話をわざと混乱させてしまった観があるが、この主題は結局、「科学／技術」の並置ではおさまるものではなく、知識や学問の全体的な俯瞰図を必要とするのである。さらにまた、近代になって自然科学が知識のモデルないし基準となったという事実も考慮にいれなければならないだろう。知識の見取図というものが、もしあるとすれば、いわゆる科学とエピステーメーとは、そこにどのように描き込まれているのだろうか。

一　エピステーメー／テクネーと科学

何か大異変が起こり、われわれの科学的知識がすべて壊滅したとする。そして次代の生物にはただ一つのセンテンスしか伝え残すことができないとしたならば、最も少ない言葉で最も豊かな情報を含む言明は何になるであろうか。私の信ずるところ、それは原子論 atomic hypothesis（もしくは原子という事実なり何なりとお好きなように呼んでくださってもいいが）である。すなわち――すべてのものは原

> 子でできていて、その原子というのは永久に運動し、少し離れた距離では互いに引き合うが、近づきすぎると反発する微小な粒子である。
> (『ファインマン物理学』第一巻一章)[3]

科学の祖型(あるいはむしろ粗型というべきかもしれないが)は、古代ギリシアの原子論である。まずその形成過程のおさらいから始めることにしよう。

哲学と科学の起源

ギリシア哲学史は、最初の哲学者タレスの事績、たとえば日食の予言とか、万物の根源要素が水であると唱えたという話から始められる。一八九二年に書かれて以後たびたび改訂を経て版を重ねたJ・バーネットの『初期ギリシア哲学』は、ミレトスのタレスから原子論のレウキッポスまでを通覧して、ギリシア哲学の流れを「科学的」と特徴づける見方の代表的なものである。彼はこの書物で明らかにしようとした眼目を次のように表明している。[4]

> 初期のイオニアの学匠たちとともに何か新しいものが、つまりわれわれが科学と呼ぶものが出現したということ、そして以来ヨーロッパがたどることになった道を彼らがはじめて指し示し、その結果、科学とは

世界についてギリシア人の道に沿って考えることだと言えば、それが科学についての一つの充全な記述になるということ。

ここにいう「科学」(science)とは、イオニアのミレトス派(タレス―アナクシマンドロス―アナクシメネス)から原子論を結ぶ線上に成立するものにほかならない。最初に哲学した人々は、万物の原理として素材(質料)的原理、細かく言えば、「すべての存在を構成する根源要素であり、事物の生成の元にあり、事物が崩壊するとそれに還元されるもの」だけを考え、そして哲学の創始者タレスはそれを水であると主張した。しかし乾湿を両極としたとき、その一極に偏るものから、どうして乾いた火が生じるのか説明がつかない。したがって、根源要素はむしろ、中間的な何かある無限定なものであろう(アナクシマンドロス)。この「無限なるもの《ト・アペイロン》」という、いわば一種の「隠れた変数」は、次に経験的な世界における空気と特定し直され、その粗密によって物の基本元素である火水風土の形成が説明されることになった(アナクシメネス)。ところで空気に密度が生じるためには、空気の中にさらに空隙があることを要請するはずであるから、この考えの方向線はまっすぐに原子論を指している。実際には、アナクシメネスの学説に暗に包含されていた空虚が正式に原子論者によって容認されたのは、ミレトス派の活動した百年後であり、しかも一般には是認されなかったのだが。

このような哲学史の記述枠をつくったのはアリストテレスである。タレスは七賢人のひとりで、河川工事に長けた技術者であり、またすぐれた政治的見識をそなえていたことが歴史家のヘロドトスその他によって伝えられているが、「水」とか根源要素については、アリストテレス以前に言及している者は誰もいない。むしろギリシア語の「哲学」つまり「知を愛し求める（ピロソペイン）」という言葉の最も古い用例は、同じ七賢人のソロンについて言われているのに、アリストテレスがソロンを最初の哲学者に挙げていないのはなぜなのだろうか。[5]

ソクラテス以前の哲学が原子論の成立に向かってくっきりと道筋を描いていくこと、またこれがギリシアの学問の重要な一般的な特徴に連なるものであることは、確かな事実といってよい。しかし哲学（＝科学）発祥の地としてのミレトスは、原子論の成立地点から回顧的に眺められた起源である。といってもこれは錯視の産物だということを言いたいのではない。その視線の背後にアリストテレスの「知」のあり方についての考えがあることを確認しておきたいのである。

記憶・経験・テクネー・エピステーメー

アリストテレスは『形而上学』の最初の巻で、先に述べた哲学史の原型となるものを記述するにあたって、エピステーメーとテクネーを並べて、それらの経験からの発生を論じることから始めている。類似の出来事の連関についての記憶が多く繰り返されると、一つのまとまった経験をつくりあげ、そこからエピステーメーとテクネーが生じる（980a25–981a3）。

しかしこれに続く『形而上学』の記述は、もっぱらテクネーに集中している（なぜそうなったかは、のちほど明らかになるだろう）。経験とテクネーとは判断の型の違いによって区別される。「カリアスがこの病気にかかっていたとき、この処方が効いたし、またソクラテスの場合でもそうであり、さらに個々に多くの誰それの場合にそうであった」という判断をもつことは、経験に属する。他方しかし、「しかじかの体質の人が、これこれの病気にかかったときは、そうした患者のすべてに効いた」と判断することは、テクネーのはたらきである。いま体質のタイプA、病気のタイプB、処方のタイプCがあるとき、これらA、B、Cの意味連関が形成され、全称判断「すべてのxについて、xがAであり、かつBとなったならば、Cが有効である」の成立することが理解されたとき、それがテクネーであり、対して経験は多くの（「すべての」、ではない）個別的な事例を連ねたものである。経験は個々の事例に関する知見であり、テクネーは普遍的な事柄に関する知見である。『分析論後書』（100a4–9）では（原文はひどく読みにくいが）同様の説明のあとで、このような普遍が、「生成（なる）に関わるときテクネーのはじまりとなり、存在（ある）に関わる場合にはエピステーメーのはじまりとなる」ことが明言されている。テクネーのこのような規定は『ニコマコス倫理学』にもあるが、いま取り上げている『形而上学』のテキストでは、そのような標識によるエピステーメーとの区別はまったく現われない。

実用から観想へ

ところで、A、B、Cの意味連関、たとえば今述べたような「すべてのxについて、xがAであり、かつBであれば、Cが有効である」は、個別の認知「aはAであり、かつB」をその理解の前提条件としない。しかし行為の実用性からいえば、「カリアスの体質はかくかくでタイプAに属する。いま彼のかかっている病気はかくかくでタイプBのものである」ことを知る個別認識がなければならず、したがって、経験が重要である。

テクネーは実用性という点では経験に優るものではない。では、いかなる点で優越するのか。「知覚はなぜ火が熱いかを語らない。ただ熱いという事実を告げるのみである」。経験も同様に事実認定にとどまる。テクネーの価値は有用性にあるのではなく、原因・根拠の認識と理論的説明にある。このことから、テクネーのなかにも生活の必要のためのものと、楽しみのためのものとの二種類があるが、実用のためではない後者の方がより高度な知恵であることが力説されることになる。

プラトンと同様にアリストテレスにおいても、数学的諸学問を指して「もろもろの数学的テクネー」という呼び方を採用し、また「テクネーを発明した人々」について、そのエピステーメーの性格を問題とするときのように、テクネーとエピステーメーを、ほとんど置き換え可能な用語としている場合がみられる。それでも強いて区別すれば、テクネーはそれの活動する領域と相関的に語られ、エピステーメーはもっぱら知る働きそのものに焦点があるようにみえる。そしてテクネーの代表的なものは数学ではなく、テクネーそのものは「制作のエピステーメー」とも言い換えられているように、実用のためであれ、娯楽のためであれ、制作技術である。そして知の自然本来的な展開に従えば、テクネーもまた実用と制作を離れ、純粋なエピステーメーに変身し、究極の原因の観想に収斂するとされたのである――あたかも実用と娯楽はその飽和点をもつかのように。

そこからさらに、すでにこのようなテクネーのすべてが出そろったとき、娯楽のためでなく、実生活の必要のためでもないようなエピステーメー（知識）が発見された。そしてそれが最初になされたのは、人びとが閑暇にめぐまれた地域においてであった。そういうわけで、エジプトの地方で最初に数学のテクネーが成立した。そこでは祭司階級の人びとが暇な生活をすることを許されたからである。

（『形而上学』A1. 981b20–982a1）

しかし、数学が実用的か実用的でないかということは、どのような生が営まれているかということを抜きにしてはほとんど無意味な問いである。現に、エジプトの算術と幾何学は、リンド・パピルスによってある程度のことが知られるようになったが、先のアリストテレスの言及とは正反対に実用的なものである。穀物や果実に関して、とくに一定の人数にどれだけの分量が配分できるかといった実用的計算である。幾何学も同様に、面積や体積の計算に終始している。

けれどもしかし、アリストテレスの見解には正しい洞察が含まれているように思う。ひとが知恵に驚嘆するのは、たしかにその実用性を認めるからではない。というのは、実益は結果であり、ひとが驚嘆するのはむしろそれをつくりだす力だからだ。この点で、知恵の価値は今まさにその驚異に打たれることにつきるといってよいのであり、それが哲学のはじまりを驚きに認める『形而上学』の有名な一節（982b11–12）にも連続するだろう。これを敷衍して言えば、ひとは日食という現象に驚くとともに、それを予言した知恵にも驚くのである。

有名な日食の予言については、アナクシマンドロスはともかく、タレスが日食の原因を知っていたという証拠は何ひとつない。いずれにせよ当時、日食の自然法則の認識にもとづく予言は不可能であった。確実に言えるのは、誰か紀元前の五八五年に日食の起こることを予言した人がいたこと、そしてその人はミレトスのタレスであると伝えられたということである。タレスは、火の発見者がプロメテウスであるというのと同じような意味で、哲学的な知恵の創始者となった「文化英雄」であると考えられる(6)。彼は実証史学において扱われる人物であるよりはむしろ、象徴的記号論の対象とみなすべきだろう。

ところでアリストテレスの実用に対する観想の強調は、文明史的にみるとギリシアの哲学と科学の性格を言い当てるものになっている。日食の予言はバビロニア人による長期にわたる観察記録なしには不可能であったろう。また楔形文字の解読は、バビロニアの数学が高度な発達を遂げていたことを明らかにした。バビロニア人は記数の間に空隙をつくって零記号の代わりをさせ、60進法の位取り数体系を発明し（もっともこれは、最下位の零を表現できず読者の推測にまかせるほかはなかったが）、こと計算にかけては相当に高い水準にあったことが認められる。しかしながらバビロニアにおいては、一般的な定理や明確に展開された証明というものがまったく見られない。さらに、バビロニア人は$\sqrt{2}$の60進法による非常にすぐれた近似を発見したが、それ以上には進まなかった。これに対してギリシア人は、実用上たいして重要でないにかかわらず、$\sqrt{2}$が無理数であるというその事柄自体を凝視し、背理法による模範的な証明を行っている[7]。ここには、無限定なものにも明確な形を見ようとする強力な意欲が認められる。アリストテレスはこのようなギリシア的特性を、生活の実利から離れた観想（理論）の徹底にみたのである。自然を精しく観ることを追求した原子論は、その一つの達成に数えられるだろう。

「精しく観る」

アナクシメネスの主張した空気の変容が暗に要請していた空虚を容認するためには、実と虚を包含する存在の新しい「意味の制作」を必要とし、その際には空虚と無の違いを明らかにしなければならなかった。空虚の概念が、物を除けたときに現われる辺縁のないひろがり（しかし、これは空気と区別することが難しかったであろう)、さらに運動の条件、物の分割を可能にする分割線などの機能から織り合わされて成立するとき、これの補概念として原子が考えられたのである。

原子は「その量塊の微小性ゆえに目に見えない」という表現は、アリストテレスの『生成消滅論』(A 8, 325a30)における原子論の提示にもみられるが、そうではなく原子は見えないほど小さいものとして考えられているというのが真相である。原子はなぜ分割不可能なのか。「空虚を含まないから」というのは、表向きの理由にすぎない。それが本当の理由であれば、空虚を含まない大きな原子もありうることになるが、巨大原子の存在可能性はア・プリオリに排除されている。原子論の真の起源は、現象がそのままでは理解できないとき、われわれが精しく微細に知ろうとすることにある。そしてそれは感覚の限界に突き当たる。

> 認識には二種類あり、一つは真正のもの、もう一つは暗いものである。暗い認識とは、視覚、聴覚、嗅覚、味覚、触覚がそのすべてであり、真正の認識はこれと画然と分かたれる。……微細なものを追求して行くとやがて、暗い認識は視ることも聴くことも嗅ぐことも触れて感じることもできなくなり、それでもさらに微細な領域が探求されねばならないとき、真正の認識が発現する。
>
> (デモクリトス断片11(ディールスの補訂による))

このような意味であきらかに原子は思考の対象であり、それが諸現象の差異を生み出すこと、説明できること、そして整合性だけが重要になる。しかし、色、匂いをもっと精しく見ようとすれば、純化された色素や匂いの素の組合わせを考えるが、どうしてそれは形と大きさ、立体構造に行き着くのだろうか。原子論者が文字の形（と配列と位置）の比喩によって説明したように、形が差異を説明する表現力を充分にそなえたものだからである。また逆から言うと、われわれはものの形――たとえば遠くから丸く見える塔の形――をもっと精しく見ようとすることはあっても（それは実際はその形状をしたものを精しく見ようとしているのだ）、形そのものを精しく見ようとしたりはしない。形に微細・微小という性質はないのである。

二　科学的世界像に固有な特徴

われわれの感覚や知覚、観察は、強い個人的な色彩をもっていて、「物自体」（カントの用語を借りるが）の本性を伝えるものではない……現代の状況［量子力学のコペンハーゲン解釈］にあって新しいのは次のことだけである。われわれが環境から受け取る印象は感覚器官の本性とその時々の偶然的な状態に大きく依存しているが、しかし逆にまた、われわれが理解しようとする環境そのものもわれわれによって、とくにわれわれが設置する観測装置によって影響されているということである。しかし私はこれを主観の客観に対する直接影響とは呼ばない。なぜなら、主観とは何よりも感覚し思考するものであるからだ。感覚と思考は「物質エネルギーの世界」には属さない。それらがエネルギーの世界にはいかなる変化も起こすことができないのは、スピノザやシェリントン卿によってわれわれの知るところである。

（『精神と物質』第三章）(8)

高名な物理学者で、カントやショーペンハウアーなどの造詣も深い思索者であったエルウィン・シュレーディンガーは、『自然とギリシア人』(9)という小著で、初期ギリシア哲学の軌跡を回顧し、紀元前六世紀前半にミレトスで起こった出来事の意味を省察した。そして科学的世界像に固有の特徴は何かを問題にしながら、それがギリシア哲学に由来すること、もっとはっきり言えばギリシア人によって考案・発明されたことを確認している。そこで確認された「科学的世界像に固有の特徴」とは次の二点である。(1)自然は適切な観察・観測を根気よく行えば合理的に理解できる。(2)そのようにして観察知覚し認識する主観は、この世界像から（したがってまた自然から）排除される(10)。これが原子論に定点を置いた遡行的視界に映った光景であることは、いままで述べてきたことから容易に予測されるだろう。

自然が理解可能であること

自然世界の理解（悟性的認識）可能性とはどういうことなのかは、シュレーディンガーの説明でも必ずしも一義的ではないように思われる。まず発端においてそれは、擬人性を払拭した因果的説明を意味する。「自然現象はわれわれには窺い知れない、神々の恣意的な意図によって起こるものではない」ということは、事実ミレトス派の人々の雷や地震の説明において怪力乱神の類の超自然的原因が排除されていることからも確かめられる。(11) しかし、理解可能であるという確信から、次にその実行プログラムとして「世界を構成している全物質は、無限に多様であるけれどもまた共通するところも極めて多く、本質的には同じ素材のものに違いない」（タレス）という論点を提示するとき、シュレーディンガーが、「自然の合理的理解に向けてのミレトス派の決定的な寄与」を原子論の準備に認めているることは明らかだろう。彼はアナクシマンドロスをこの際には無視し、とくに「液体である水も、硬い固体の石も、基本的な気体物質の濃縮によって形成される」（アナクシメネス）という着想を高く評価する。

しかしながら、自然の理解可能性ということについていえば、強度の差を認めなければならないだろう。大森荘蔵は、その古今東西の自然観についてのみごとな分析と展望において、現代の科学的世界観から生命が排除されているのは、物として完全に理解できるとわれわれが思っているからであることを明らかにしている。事物の不透明な背後や細部の観察がとざされていて、物の動きとして理解できないと考えるとき、ひとはそれを「私に擬して」心あるものとして理解する。(12)

シュレーディンガーはアナクシマンドロスにすぐれた進化論的考察が残されていることから、ミレトス派は生命のない物質から生命が漸次つくられたと想定していたであろうと言うが、むしろ、物質と生命の境界が尖鋭でなく、彼らは根本要素を生きたものとみていたというほうが実情であろう。事実また、アリストテレスはタレスの発想が生命現象の観察から得られたのであろうと推定している。これに対して近代科学においては、細部に至るまで完全に物の動きとして理解できると信じられている。ホワイトヘッドは、「あらゆる細部にわたる生起が、完全に確定的なしかたで（しかも一般原理を個別的に実現しつつ）、その先行事象と関係づけられる」という強固な信念が近代科学の基底にあることを論じている。そしてこの信念は、中世神学に由来し、さらに遡れば、ギリシア哲学による自然の理性的秩序の観念と、自然が全知全能の神によって細部の隅々まで決定されているというユダヤ―キリスト教の信念に起源をもつことを指摘している。(13) これは、近代科学とギリシアの「科学」とのきわめて大きな相違である。

認識主観の自然からの排除

この排除は自然の「客観化」といってもよく、自然の無限に複雑に入り組んだ問題に直面したわれわれが、これを解くために採用した「単純化」である。しかし、これはほとんど無意識的な作業であるから、ミレトス派には明確に意識されていなかった。と、シュレーディンガーはそのように言うが、相当に無理があるように思われる。近代科学にみられるような徹底した「自然の理解可能性」をミレトス派に求めるのが筋違いであったことに対応して、認識主体の排除ということも、ここではまだ潜勢したままになっていたというべきであろう。

それが顕在化するのは、ミレトス派の活動期からおよそ百年を経た後のことである。

> 甘い・辛いも、熱い・冷たいも、また色もノモス（人為的取決め）の上のことにすぎない。真実には原子と空虚があるのみ。　（デモクリトス断片9）

ガレノスの『経験派の医術について』に引用されているところでは、これとほとんど同じ台詞が「知性」によって語られ、それに対して「感覚」が次のように応酬するシナリオになっている。「あわれな奴よ、われわれから確証を得ておきながら、われわれを打ち殺す気か。手を下せば、倒れるのはおまえなのだ」と（断片125）。

シュレーディンガーはくりかえし驚嘆の念をこめて、この断片に言及している。科学は直接に感覚から得られたデータ（それは複雑なしかたでつなぎ合わされているにせよ）に依拠しているにもかかわらず、それが描く世界には感覚的性質は含まれず、したがって感覚的性質を説明できないのである。そして細部に至るまで完全に物の動きとして理解できると信じられると、自然から生命と心、また意図や目的が排除される。とくに人間の身体についても、私が生き物ではなくたんに物として、それも生命との類推がはたらく火、水、空気でなく、たとえば石や土と同じ物の動きとして説明できると考えられたときである（ミレトスの哲学者もしくは自然学者はそこまでは徹底していない）。だが、私の身体が隅々まで物として完全に理解できるのであれば、私は死骸に包まれているのであり、要するに死んでいるのと同じではないか。デモクリトスはしかし、魂（生命）の原子を想定することでこの困惑をやり過ごしたようにみえる。

牢獄のソクラテス

さてこのような科学的世界像について、根本的な批判を提起したのはプラトンであった。ソクラテス最期の日の対話を綴った『パイドン』で、プラトンはソクラテスに彼が若い頃に自然探求に熱中したこと、そしてついには自分がこの種の研究には不向きであると思うに至ったというアイロニカルな告白をさせている。批判の対象は直接には原子論ではないが、原子論に連接する自然学的思考法である。ところで、ここでソクラテスが熱中したとされる問題が、生物体の形成や天地の性状と並んで、次のようなものであったことは注目してよいと思われる。

われわれの知る働きは血液によるのか、それとも空気や火によるのか。それともまたそのいずれでもなく、脳髄が聴くとか見るとかの感覚をつくりだし、そこから記憶と判断が成立し、この記憶と判断が固定すると、それによって知識（エピステーメー）が生じるのか。（90B）

なぜなら、これは難問をひきおこすはずだからである。人体も物の動きとして理解されると信じられているところで、同時に認識・知識の主体をそのような自然像の内部に組み込むならば、それは外にあるものを内に埋め込むことで、まともに考えれば、解決不可能な混乱をひきおこすだろう。その前兆ともいうべきものは、これより以前の対話篇である『メノン』の中に提示されている「色とは何か」の自然学的説明（エンペドクレス）にうかがえる。感覚器官には微小な通孔がいくつも空いていて、外部の物体から放出される流れが器官の通孔を通過接触する（適合する）ことによって感覚が生じる。そこでたとえば「色とは、その大きさが視覚に適合して感覚されるところの、物から発出される流れである」。この定式は、音や匂いにも適用されている。つまり、器官の通孔のサイズによって、諸感覚性質が識別され、またもっと細かい色の違いも、サイズ（いまならば波長と言うだろう）

の違いによって識別されると考えられている。認識のロボット工学のようなものを想像すると、似たようなモデルがつくられそうである。しかしプラトンは、ここでそのような説明に強い疑念を表明している。

有名な「想起説」がはじめて提示されるのは、この対話篇においてである。それは自然学的説明に対する直接の反応として表明されているのではないが、対比されてよいだろう。エンペドクレスは適合感覚からの類推で、認知を身体の内外の要素の一致と考えた。(14) プラトンは学習し知に至ることを「想起」の過程であると考えた。それは記憶の科学的説明によくあるような、脳に残された痕跡との一致ということではない。知るということは、時間の切片である今における脳内の出来事によっては説明できない。想起説はそのような置き換えを拒むものとして、「不死なる魂が前生において観たものを思い出す」という物語形式で述べられている。それは無知の空白を知に至る必須の条件として、かつての状態が回復されるということであり、ここには時間と世界の再組織化が含意されているのである。

だが、『パイドン』に話を戻そう。この箇所で試みられているのは何か。語られている劇的な経過は興味深いものがあるが、省略して骨子だけをみることにしたい。

(i)「食物の摂取から、その消化吸収（分解と再組成）を経由して、新しい骨肉が生まれる。肉が肉に、骨が骨に付け加わることによって、身体は大きくなる」。ソクラテスはこのような、かつては自分もまったく自明だと思っていた説明を斥ける。ここでのソクラテスの論難がわかりにくい理由は、取り上げられている「大小」の例が、色とか熱さ・冷たさと違って、もっと物と密着して考えられている物のサイズに関わるからである。ソクラテスの批判の要点は、物の動きと配置は「(より)大きい」という意味を形成しないということにつきるだろう。

(ii)アナクサゴラスの「万物を秩序づける原因はヌゥス[知性]である」という考えは、自然の理性的秩序を理解する試みの表明であったはずであるが、皮肉にも自然学の描く世界におけるヌゥスの不在を強烈に印象づけるものとなった。実際の説明において、価値や目的に表されるような善がそこから完全に排除されていることが、かえって鮮明になったのである。それはちょうど、ソクラテスがいま牢獄に坐っていることの原因として、骨や腱によるメカニズムで説明するのと同じように見当違いのことであった。

イデア論の素描

プラトンは善という原因を遠望しつつ、物が世界の真実なあり方を定めることを否定し、物的原因を斥けた。「大きい」とは物の動きによってではなく、測ることを介して生み出されるのである。これはわれわれが勝手に決めるということではない。測られるものがなければならないのはもちろんだが、しかしまた測る以前に「大」がなければならないのである。進むべき方向は、他の何ものにも還元されない、端的にまさにそれであるもの（イデア）に遡及して経験を分析し、意味連関を究め、善の認識を志向することである。

『パイドン』ではまた『メノン』が先に提示した「想起」が捉え直され、感覚的似像を機縁にして原型の知に遡る働きとされた。これによって逆に感覚的判別の場面にも、想起の度合に応じて、イデアの働きが認められることになる。こうして自然世界も、制作者のモデルを介することにより、範型としてのイデアの写しとして理解される。いわゆる科学的説明は、補助原因の解明として位置づけられることになるが、自然に関しては、その感覚的似像性と流転性の制約から、完全に厳密な確定的知識はなく、近似的な認識が可能なものと考えられることになったのである。

三　知識の見取図

されば、きみたちには交替に洞窟に降りて人々とともに生活し、闇の世界のものを見ることに慣れてもらわなければならない。慣れればその人々よりも幾層倍もはっきりと見ることができ、似像のひとつひとつが何であり、何の似像かも知ることができるだろう。きみたちは美や正や善について、すでにその真実の姿を見たのだから。

（『国家』520C）

アリストテレスの学問図式

アリストテレスは、初期の著作『哲学について』において、大洪水による文明の消滅を想定し、原初的な生活場面に引き戻して「知」のあり方を考えているが、そこで示された段階図式は先に見た『形而上学』の箇所の下絵にしてみることができるだろう。知恵と呼ばれたものは、まず⑴麦を挽き、種を播くといった糧を確保し、身を養う手段の工夫であり、次いで⑵生活に役立つだけでなく美しく優雅なものをつくる工匠の術（テクネー）、⑶続いて国家社会を一つにまとめるものの考案や徳である。さらに進んで、⑷人工物ではなく物そのものとそれをつくる自然の考察で、「自然の観想」と呼ばれるものが現われ、最後に、⑸この世界を超えた不変不動の神的存在を認識する知恵の最高段階に至る。

『ニコマコス倫理学』（第六巻三—七章）では、テクネー、エピステーメー、プロネーシス、ソピアー、ヌゥスの五つの認識の働きを、主体の心的能力と対象のあり方に即して術語的に区別しているが、それはこの五段階の区別にだいたい対応している。厳密な意味でのエピステーメーは、「他の仕方ではありえない」つまり必然的な対象について、論証を遂行することのできる能力・状態であり、テクネーは「あることもないことも可能」で、その生成の根源が制作者の側にある事物について、いかにすればそれが生じるかを知っている状態である。

そしてソピアー（知恵）は、原理を直知するヌゥスと論証を働かすエピステーメーを兼備した状態であるとされる。『形而上学』第六巻（1025b23 sqq.）では、エピステーメーをもう少し一般的に「特定の存在と類に領域を限って、……主題となるものの何であるかについては、あるいは感覚による明証から出発し、あるいは根本仮設として受け取ることから出発して、対象とする類の本質的諸属性を、必然性の強度の差はあれ、論証するもの」と規定した上で、観想的エピステーメーについて、それぞれの扱う特定の対象領域によって自然学と数学と神学の区分をしている[15]。まとめると、次のようになるだろう。

テクネー（技術）	制作的	(1) 生存手段、生活に役立つものの工夫 (2) 娯楽や美のための制作技術
プロネーシス（賢慮・実践知）	行為的	(3) 法、社会的な徳
ソピアー（知恵） ＝ヌゥス（直観知） ＋エピステーメー（論証知）	観想的	(4) 自然学 (4′) 数学 (5) 神学［第一哲学］

この観想（理論）と実践の図式は、自然と人為の区別と重なって、以後のヨーロッパの学問の強固な伝統となる。そして、この図式は近代に至って転倒された[16]。ただし転倒であって、図式そのものは維持されたままである。その重要な帰結を簡単に述べておくと、(1)アリストテレス的観想の理念を人間的価値の世界からの排除というかたちで継承するが、近代科学は同時にまた世界制作知の性格を濃厚に帯びる。(2)アリストテレスにおいてはテクネーを限定するものとして、辛うじて保持されていたところのプロネーシスが欠落する。その結果、科学においてはエピステーメーとテクネーが通底してしまっている。これらの間を本来の意味で隔て、差異分別する働きが不在なのである。科学は一面では純粋に観ることであり、他面では、もう一つの世界を形成しようとする意志なのである。

プロネーシスの位置

アリストテレスの右の図式では、狭義のエピステーメーとテクネーの間に実践行為の知であるプロネーシス（賢慮）が位置するが、しかしわれわれが先に見てきたような、知恵が原因・根拠の認識に遡行するものであることを確認する『形而上学』の箇所では、プロネーシスは言及されなかった。プロネーシスはそのような意味で、哲学にとって副次的な知であることになっている。

ところで、「大洪水後」のような想定のもとで原初的な生の場面に戻って知のあり方を考察するという方法は、もともとプラトンが『法律』において採ったやり方である。しかしプラトンの場合、それは生存に役立つテクネーの保存と発明の後、さらに国制と立法が長い時を経て、どのようにして成立するかを探求するためであった。また、『ポリティコス（政治家）』はもっと大がかりに、多くの神話がその断片であるような、「宇宙の反転」という神話体系を構想し、神の配慮と保護のもとにあった状態から、自分で生活と自分自身の配慮をしなければならない人間の本質と現在を描き出している。そしてこれも出発点は政治のエピステーメー・テクネーの探求であったから、以上のプラトンの観点は、アリストテレスのいうプロネーシスの段階に停滞するものと思われるかもしれない。

しかし、プラトンにとって「プロネーシス」は実践的な意味はもちろん含みもつが、アリストテレスのように局限された術語ではなく、「知恵」とほとんど同義に使われている。全体的な知識観が異なる以上、用語だけ取り上げて比較しても無意味なことになる。次に、プラトンのその見取図をみることにしたい。

『国家』のカリキュラム

『国家』第七巻で「哲学者＝王」を育成するための教育プログラムが構想され、そこにおいて諸学科が審査されている。これによってプラトンの知識観を瞥見することができる。

洞窟の奥で壁に向かって固定されている囚人に喩えられるところのわれわれの魂を、生成するものから実在するものへ、「夜を混じえた昼から真実の昼へ」と向け変える力をもつエピステーメーは何か。まず初等教育で行われる「体育」と「音楽・文芸」が審査されるが、これは省略してよいだろう。

諸テクネー

(a)快楽や装飾のための贅沢品を制作する技術、(b)農業・牧畜などの技術、(c)機織り、履物つくり、木工、建築などの制作技術や仕事。

これらは、いずれも思わくや欲望の充足を目的としたり、生成するものにもっぱら関わるものであるから失格である（533B）。

ディアノイア（悟性的思考）

「計算し数える能力」はすべてのテクネーとエピステーメーが必要とする。数学的諸学科は魂を目に見える事物のもとに安住させず、実在の観想へ引っ張る力をもつとともに、戦士にとっても有用である。すなわち、計算術・数論、幾何学と、さらに立体幾何学、天文学、音階調和論の三学科が加わる。

しかし、これらは「自分が用いる仮設を絶対に動かせないものとして放置し、それらをさらに説明して根拠づけることができないでいる」。そのかぎりにおいて、醒めた目で実在を見ているのではなく、実在について夢みているものである（533C）。このことから「最大の学」の前奏曲の役割を与えられる。

ノエーシス（理性的思惟）

感覚されるものの補助を一切借りず、善のイデアに到達するまで前提を遡り、次にそこを真の出発点にして最後の結末に降る哲学的な問答・対話である。

プラトンにおいて厳密な意味でエピステーメーと呼ばれるのは、この最後のイデアを対象とする哲学的問答法だけである。純粋観想であるが、アリストテレスのそれとは内実がまったくといってよいほど異なる。

『ピレボス』の知識の種分け

この対話篇でソクラテスは、快楽の詳細な分析を行い、これが終了した後、次に知識（ヌゥスとエピステーメー）の吟味を開始する。その最も純粋なものを見きわめて、それと最も真実な快楽とを混ぜ合わせた生が、最もよき生となるだろうという見込みからである。まず、職人的エピステーメー／教養的エピステーメーの二分がなされる。前者は「手を使うテクネー的なエピステーメー」とも「いわゆるテクネー」とも呼ばれ、音楽演奏（笛の技術、琴の技術）、医術、農耕技術、操船術、軍隊統帥術、建築技術が例として挙げられている。

この職人的エピステーメーについて、次に、「精密性」を基準にした、いわばエピステーメー度というべきものが導入される。精密性を高めるのは「数える、測定、秤量する技術」で、テクネーからこれを除くと、想像予測や勘だけが残される。こうしてみると最もエピステーメー度の高いものは建築技術で、低いものが楽器演奏になる。この二つの典型例を両極に、さまざまの度合のテクネーが並ぶ。さらに最も精密なテクネーは、そのまま測定技術を取り出したもので、算術、計算、測定（幾何学）になるが、これが諸テクネーに組み込まれて指導的役割をはたすものと、哲学する者が研究するものと二通りのあり方をもつ。後者が最初に述べられた、「教養的エピステーメー」である。『国家』のカリキュラムでも、数学諸学科は、戦士にとっての有用性と哲学する者にとって実在に眼を向けさせる働きとの二重の役割がもたされていた。そして続いて『国家』と同様に、真実在をめぐって「問答する力」が、精密性と真実性の基準から数学の上位に立てられ、ここではヌゥスとプロネーシスという呼び名を与えられた。

対照表は以下のようになる。

『国家』	『ピレボス』
諸テクネー	1 音楽演奏など（想像予測、勘を用いる） 2 建築技術など（計数・測定・秤量を用いる） 3 建築・商業に用いられる算術、計算、測定術
ディアノイア　数学諸学科	4 哲学する者の算術、計算、幾何学
ノエーシス　ディアレクティケー	5 問答する力――ヌゥス・プロネーシス

ここで、2と3は実際には同じものだろう。また『国家』の「線分の比喩」にならって、1をエイカシア（似像知覚）、2をピスティス（確信）と呼んでよいかもしれない。ディアノイアの段階を経てノエーシスに至ることを洞窟の上昇に喩えた『国家』では、哲学者は再度、洞窟の下降を義務づけられていた。『ピレボス』にはそういったモチーフはないけれども、われわれのよき生の形成のために（「家へ帰る途を見つける」ために）、神的なエピステーメーだけでなく、ここに挙げられたテクネー・エ

ピステーメーは音楽も含めてすべて容認されたのである。

注

（1）岩波講座『科学／技術と人間』。

（2）プラトン全集別巻『総索引』（岩波書店、一九七八年）の「技術」および「知識」の項を参照。

（3）R. Feynman, R. B. Leighton & M. Sands, *The Feynman LECTURES ON PHYSICS*, Vol. I, Addison-Wesley, 1963, Chap. 1, sec. 2.

（4）J. Burnet, *Early Greek Philosophy*, London, Fourth Edition 1930, Preface to Third Edition.

（5）Herodotus, I 30（ヘロドトス『歴史』巻一、三〇）。

（6）cf. H. Cherniss, 'The Characters and Effects of Presocratic Philosophers' in *Studies in Presocratic Philosophy*, Vol. 1, ed. by D. J. Furley and R. E. Allen, London, 1970. この論集にその論文が再録された著名な学者の何人かは、アナクシマンドロスをギリシア哲学の始祖としている。

（7）幾何学的には、正方形の対角線の長さが辺の長さと不可通約であるという事実。この証明は背理法による典型例としてアリストテレスも何度か言及し、『分析論前書』（A 23, 41a23-7）のアレクサンドロス註解では内容が記載されている。他には言うまでもないが、エウクレイデス『原論』（X. Prop.117）。

(8) E. Schrödinger, *Mind and Matter*, Cambridge, 1958, Chap. 3.

(9) E. Schrödinger, *Nature and The Greeks*, Chap. III, VII, Cambridge, 1954.

(10) 『精神と物質』(*ibid.*) で回顧されるところによると、当時シュレーディンガーの見解は、科学史的事実を述べたものとは受け取られず、科学の規範的な基本原理を立てたもののように誤解されたという。しかし、世人の誤解は事実と規範の混同からではなく、シュレーディンガーの science 概念にあったように思う。シュレーディンガーは認識主観の世界からの排除の前提なしには、自然の認識は途方もなく難しいものとなるが、不可能だとは考えていない。しかしそのときの science は、いわゆる自然科学とはみなされないだろう。

(11) 例えば雷はゼウスの怒りによるのではなく、中に閉じ込められた風が雲を切り裂くときに生じる(アナクシマンドロス)。また地震は、旱魃、あるいは逆に大雨のために大地が割れて崩落することによって生じる(アナクシメネス)。アリストテレスもこの最初の哲学者(自然学者)を「神話的な仕方で凝った説明を行う人々」に対して「論証によって説明する人々」と呼んでいる(*Met.* B 4, 1000a18-22)。

(12) 『知の構築とその呪縛』(ちくま学芸文庫、一九九四年)。しかしまた「物の動きとして理解する」と「私に擬して理解する」の中間に、類比的・比喩的に理解するということがあるように思われる。

(13) A. N. Whitehead, *Science and the Modern World* (Lowell Lectures, 1925), New York, 1967, 12.

(14) エンペドクレスはすべてのものが四元要素から調合・合成されていて、人間の知情意もこれらによって生じると考えた。とくに血液は諸元素がもっともよく混ざりあっているもので、知の働きはこれに負っている。cf. Theophrastus, *De sensu*, 10 [= DK A86].

(15) 「自然学は、独立に存在するが不変不動ではないものを対象とし、数学のいくつかの分野は、不変不動ではあるが、おそらく独立には存在せず質料をまとっているものを対象とする。第一のエピステーメーこそが、不変不動でまた独立に存在するものを対象とする」(1026a13-16)。

(16) この点については、本書十一章で、ホッブス、デカルト、ヴィーコを例にして論じた。

引照文献

Ackrill, J. L.[1] 'Anamnesis in the Phaedo : Remarks on 73c–75c', in E. N. Lee, A. D. P. Mourelatos and R. M. Rorty (eds.), *Exegesis and Argument, Phronesis,* suppl. vol. 1 (Assen), 181–187.

——— [2] 'In Defence of Platonic Division', in O. Wood and G. Pitcher (eds.), *Ryle,* 1970, 373 sqq.

Allen, R. E.[1] (ed.), *Studies in Plato's Metaphysics,* Routeledge, 1965.

——— [2] *Plato's Parmenides,* Oxford, 1983.

Anscome, E. 'The First Person', in S. Guttenplans (ed.), *Mind and Language,* Oxford, 1975, 45–65.

Barford, R. 'A Proof from the Peri Ideon Revisited', *Phronesis,* 21 (1976), 198–206.

Berlin, I. *Vico and Herder,* London, 1976.（『ヴィーコとヘルダー』小池銈訳、みすず書房）

Bluck, R. S. [1] *Plato's Phaedo,* London, 1955.

———[2] 'False Statement in the Sophist', *Journal of Hellenic Studies,* LXXVII, 1957.

———[3] *Plato's Meno,* Cambridge, 1961.

———[4] *Plato's Sophist,* ed. by G. C. Neal, Manchester, 1975.

Burnet, J. [1] *Plato's Phaedo,* Oxford, 1911.

———[2] *Early Greek Philosophy,* London, Fourth Edition 1930.

———[3] *Greek Philosophy,* New York, 1968.

Castañeda, H.-N. 'On Knowing (or Believing) that One Knows (Believes)', *Synthese,* 21, 1970, 187–203.

Cherniss, H. F. [1] *Aristotle's Criticism of Plato and the Academy,* New York, 1976 (1944).

——— [2] 'The Relation of the Timaeus to Plato's Later Dialogues', in Allen [1].

——— [3] 'The Characters and Effects of Presocratic Philosophers' in *Studies in Presocratic Philosophy,* Vol.1, edited by D. J. Furley and R. E. Allen, London, 1970.

Classen, C. J. 'The Study of Language among Socrates' contemporaries', *Proceedings of the African Classical Association,* 1959, 33–49. (repr. *Sophistik,* Darmstadt, 1976, 215–247.)

Cornford, F. M. *Plato and Parmenides,* London, 1935.

Denniston, J. D. *Greek Prose Style,* Oxford, 1960.

Diels-Kranz, *Die Fragmente der Vorsokratiker,* Berlin, 1954⁷.

Dodds, E. R. *The Ancient Concept of Progress and other Essays on Greek Literature and Belief,* Oxford, 1973.

Feynman, R., Leighton, R. B. & Sands, M. *The Feynman lectures on Physics,* vol. I, Addison-Wesley, 1963

Fine, G. 'False Belief in the Theaetetus', *Phronesis,* XXIV (1979), 70–80.

Freeman, K. *Greek City-States,* New York, 1963.

Fujisawa, N. ''Ἔχειν, Μετέχειν, and Idioms of 'Paradeigmatism' in Plato's Theory of Forms', *Phronesis,* 19 (1974), 30–58.

Gallop, D. *Phaedo,* Oxford Univ. Press, 1975.

Hackforth, R. [1] *Plato's Examination of Pleasure,* Cambridge, 1945.

——— [2] *Plato's Phaedrus,* Cambridge, 1952.

——— [3] *Plato's Phaedo,* Cambridge Univ. Press, 1955.

Hamlyn, D. W. 'The Communion of Forms and the Development of Plato's Logic', *Philosophical Quarterly,* V 1955.

Hintikka, J. 'Practical vs. Theoretical Reason——An Ambiguous Legacy' in *Knowledge and the Known,* D. Reidel, 1974.

Hobbes, T. 'Six Lessons to the Professors of Mathematics' in *English Works,* Vol.7.

Kerferd, G. B. *The Sophistic Movement,* Cambridge, 1981.
Kosman, L. A. 'Perceiving that we perceive', *The Philosophical Review*, 84 (1975), 499–519.
Kostman, J. P. 'False Logos and Not-being in Plato's Sophist', in J. M. E. Moravcsik (ed.), *Patterns in Plato's Thought,* Dordrecht, 1973, 192–212.
Mansion, S. 'La critique de la théorie des idées dans le ΠΕΡΙ ΙΔΕΩΝ d'Aristote', *Revue Philosophique de Louvain,* XLVII, 1949.
Owen, G. E. L. [1] 'The Place of Timaeus in Plato's Dialogues'(1953), in Allen[1].
———— [2] 'A Proof in the Peri Ideon' in Allen [1].
Peck, A. L. 'Plato's Sophist : the *συμπλοκὴ τῶν εἰδῶν*', *Phronesis,* 1962.
Ross, W. D. *Plato's Theory of Ideas,* Oxford, 1951.
Ryle, G. *Plato's Progress,* Cambridge, 1966.
Sayer, K. M. *Plato's Analytic Method,* 1969.
Schrödinger, E.[1] *Mind and Matter,* Cambridge, 1958.
———— [2] *Nature and The Greeks,* Cambridge, 1954.
Strang, C. 'Plato and the Third Man' in Vlastos [1].
Tarán, L. 'The Creation Myth in Plato's Timaeus', in J. P. Anton & G. L. Kustas (eds.), *Essays in Ancient Greek Philosophy,* New York, 1971, 372–407.
Taylor, A. E. *Plato, The Man and His Work,* London, 1960 (1926).
Vico, G., *De Antiquissima Italorum Sapientia ex Linguae Originibus Eruenda.* (『イタリア人の太古の知恵』上村忠男訳、法政大学出版局、一九八八年)

Vlastos, G.[1] (ed.), *Plato*, I, New York, 1971.
——— [2] 'Reasons and Causes in the Phaedo', reprinted in Vlastos [1].
——— [3] *Plato's Universe*, Seattle, 1975.
Whitehead, A.N. [1] *The Concept of Nature*, Cambridge, 1920 (1964).
——— [2] *Science and the Modern World*, New York, 1925.
Williams, C.J.F. 'Referential Opacity and False Belief in the Theaetetus', *Philosophical Quarterly*, 1972, 289–302.
Zimmern, A. *The Greek Commonwealth*, Oxford, 1961.

内山勝利『哲学の初源へ——ギリシア思想論集——』世界思想社、二〇〇二年。

大森荘蔵『知識と学問の構造』旺文社、一九八三年（『知の構築とその呪縛』ちくま学芸文庫、一九九四年）。

加藤信朗『初期プラトン哲学』東京大学出版会、一九八八年。

田中美知太郎『田中美知太郎全集』第三巻、筑摩書房、一九六九年。

———『プラトンII——哲学(1)——』岩波書店、一九八一年。

中畑正志「『パイドン』における、アイティアーとしてのイデア」『古代哲学研究』XII、一九八〇年。

野家啓一編『哲学の迷路——大森哲学・批判と応答』産業図書、一九八四年。

野田又夫『デカルト』岩波書店、一九六六年。

朴一功「「太陽」「線分」「洞窟」の比喩再考」『古代哲学研究』XV、一九八三年。

藤沢令夫『イデアと世界』岩波書店、一九八〇年。

———『ギリシア哲学と現代』岩波新書、一九八〇年。

松永雄二『知と不知——プラトン研究序説』東京大学出版会、一九九三年。

吉田雅章「正義論と尊敬の原則」『長崎大学教養部紀要（人文学部篇）』第二五巻、一九八四年。

プラトン全集、岩波書店、一九七四―七八年。

＊

カバー
セザンヌ「ラ・ロシュ＝ギュイヨンへの曲がり角」(*Cézanne, Le tournant à La Roche-Guyon, 1885 : Smith College Museum of Art*)

扉
水嶋明美「林檎のなかの風景」から

初出一覧

第一章……新岩波講座『哲学』第一四巻、一九八五年。

第二章……同右。

第三章……『古代哲学研究』(VII)、一九七五年(原題「消滅概念を中心とする一つの整理――『パイドン』の魂不死論証の周辺――」)。

第四章……『古代哲学研究』(IX)、一九七七年(原題「想起説の導入状況――『メノン』の場合――」)、『古代哲学研究』(XXXVI)、二〇〇四年(原題「イデアについて――序説――」第二節「探求のパラドクス再考」)。

第五章……『理想』(五五六号)、一九七九年。

第六章……『哲学研究』(五四五号)、一九八二年。

第七章……『西洋古典学研究』(XXXIII)、一九八五年。

第八章……『理想』(六三六号)、一九八七年(原題「オナル・スキアース」)。

第九章……『古代の自然観』創文社、一九八九年(原題「プラトン――「自然主義のドグマ」との対決――」)。

第十章……『実践哲学の現在』世界思想社、一九九二年。

第十一章……岩波講座『転換期における人間』第五巻、一九九〇年(原題「技術知の位相と技術的進歩」)。

第十二章……岩波講座『科学/技術と人間』第一巻、一九九九年。

あとがき

本書はもう何年も前から、いまは筑波大学名誉教授の廣川洋一先生から論文集を編むことを勧められていたのが、ようやく日の目を見たものである。こんなに遅れたのは、私がとてもその気になれなかったからで、なにしろ悪い状態で書かれたものもあるので、うっかり読み返したりすると鬱病を発症する怖れがあったのだ。御好意はありがたいけれども、私は自分の心の静穏のほうが大切だった。しかし、出版社まで斡旋されて、日本学術振興会に補助金申請書をつくらなければならない破目におちいった。書式を見ると「刊行の目的及び意義」だとか「本刊行物を当該年度に刊行する意義」だとか、これほど厚顔無恥になれるのかという項目がある。そんなものがあってたまるか。この時点できっぱり断わることにした。

ところが、廣川先生は筑波大学を定年退官の後、京都の龍谷大学に赴任され、先生からは京都に在職中になんとか出版をというお声をかけられた。「哲学と文学（ミーメーシス）」関連は別個の一テーマを構成しているので、それを除いた全論文集を出したらどうか。私はその頃いっそ書き直そうかという気持になっていて、大学の哲学概論の講義も「プラトン哲学入門」に切り換えて、とりあえずイデア論の成立まで学生に理解できるような話ができないか試してみた（最近聞いたところではまったく理解できなかったそうだ）。その方向で四年前に「イデアについて」という羊頭狗肉の論考を藤澤令夫先生を囲む門下生の集い（「イリソス会」）で発表したが、いつになく先生のコメントは甘かった。会の終了後、年長の弟子たちと妙に優しくなられたものだなと話したのを覚えている。翌年の二月末日、先生は亡くなられてしまった。

この年から翌年にかけての冬のことだったと思うが、神崎繁氏の仲介で東京のある編集者からプラトンの翻訳を出版したいので協力してほしいという電話があった。プラトンは藤澤先生が全訳されるのが望みうるベストであったが、いまはそれもかなわぬ夢となってしまった。しかし、『プラトン全集』は先生以外の方々の訳業も水準以上であって改訳しなければならないようなものではない。お断りしようと思ったが、関西まで来られると面倒なことになるので東京へ出張の折にお会いした。電話とはずいぶん印象が違って、ひどく感じのいい方であった。以前フランスの作家ビュトールを案内したとき、毎晩（ではなかったかもしれない）お嬢さんにプラトンを読み聞かせているという話を聞かされ、たいそう羨ましかった。子供が読めるようなプラトンの翻訳を出したい。また若い研究者に活躍の場を与えたい。そのためには雑誌を出すのがいちばんよいのだが、現今の出版状況ではままならない、というようなことを聞いているうちに、断わるつもりでいたのが間抜けなことに、お引き受けしますというような展開になってしまったのである。全体の監修者のひとりとして廣川洋一先生にお願いするということだった。

その年の春、桜の季節に廣川先生から連絡があって龍谷の学舎にお訪ねすると一枚の紙を取り出された。標題が『イデア・原範型への途』とあり、三部構成の目次（十四章）が書き出されていた。こういう体裁の本を例の編集者に出版依頼し承諾を得たという。監修者を引き受ける交換条件にしたのだろうか、参ったな。三十年以上昔の若き日の内山勝利、鎌田邦宏、山田弘明、山本千洋、中川純男、山口義久、山田道夫ほかの面々に、それから山野耕二先生に捧げることにしよう。まあ、精霊流しのようなものだ。そういった経緯があって、だいたい翌年刊行の運びとなったのだが、その平成十八年の五月にくだんの編集者というか哲学書房の社主でもある中野幹隆さんから末期癌の告知を受けたという知らせがあり、とどのつまりは十月までは生きていないだろうから出版はやめということになった。中野さんは翌年に亡くなった（ご冥福を祈ります）。

廣川先生の提示された論集のうち、「洞窟の正午」（『古代哲学研究』XIX、一九八七年）は――十数年前失火のため私は書籍の大半をなくしていた――わざわざ古代哲学会の若いメンバーにコピーを依頼して取り寄せたのだが、一読あまりのつまらなさに気が遠くなったので廃棄した。また「虚構の真実」（『哲学』四〇号、一九九〇年）は別テーマだから省くことにしたので、全体は十二章になった。

もはや他人事のような言い方だが、第一部「風景」の二章は、新岩波講座『哲学』に書いたもので、このシリーズはたしか若手を起用する方針だったと聞いている。いくら若手登用でも、ソクラテスとプラトンでは目立ちすぎる。心配になったのか、編集者がわざわざ訪ねて来た。顔を見たからといってどうなるものでもあるまいが、それとなくプレッシャーをかけようとしたのかもしれない。そのせいでもないが、やたらと力みがかっている。この際少しほぐそうかと思ったが、ちょっと突つくだけで倒れそうだ。出だしの文章だけ活字ポイントを小さくするほか、ほんの微修正しかできなかった。プラトンに関しては、時期的には第七章の論文のあとのものである。

第二部「測量」の各論文の出発点は、断わるまでもないけれど、私の指導教授であった藤澤令夫先生のプラトン解釈に全面的に依拠している。また見る人が見れば、松永雄二先生の影響の跡が随所に認められるだろう。第三章「魂と消滅」は大学院修士課程のときに『古代哲学研究』に書いたもので、この雑誌はもともと藤澤先生が学生のレポートのいくつかが埋もれるのを惜しんで創設されたのだが、同時に『西洋古典学研究』と同じように、ただし哲学畑でギリシア語の引用が自由にできるようにとの配慮もあった。そこで私のもとの論文も原文の引用がかなりあるが、専門家以外の人には無意味なので今回の再録では削除し、あわせて節を立て題をつけた。また、その後に業績目録などの作成を課せられたとき、若気の至りでタイトルに凝ったのを後悔したことが一再ならずあったので、この際、長い論文題名は簡単にした。

第四章「想起」と第五章「イデア・原範型の消息」は舌足らずな悪文の評をとったもので、この機会に手を入れた。奇妙なことに藤澤先生はこういうものが何よりも嫌いであったはずなのに、容認されていたように思う。もう一つおかしなことがあって、この「想起」の原論文とまったく同じ趣旨の卒業論文を書いた学生がいて恬として恥じる気配もない、すみやかに卒業してもらうことにしたと藤澤先生が慨嘆だか怒りだかよくわからない口調で話されたことがあった。剽窃の意識がなかったということは、おそらく暗号文を解読したのであろう。こんなことの繰り返しがあっては私も難儀だから、書き直しをするほかない。読み返してみると、自分の立てた設問に明確に答えていない。はっきりした解答を表明するために、「探求のパラドクス」に先の「イデアについて」の一部を接合した。大がかりな改修工事が必要だと思っていたのだが、意外にも補強だけで済んだ。第五章は、最初の第一節が硬直していたので、引用を増やしゆるい書き方を採用したのだが、こちらはうまく行ったかどうか心もとない。アリストテレスの『イデアについて』を研究している人でなければ辛抱して読みとおすことができないかもしれない。

第五章の二節から第七章まではもともとは連続していて、本書に取柄があるとすればここだけであろう。といっても、おそらくこの頃の私にとってという意味で、内発的に書かれた論文はこれが最後になるからだ。六章の「「分割法」考案」、七章の「脱喩化の途」は、いずれも学会発表がもとになっている。こうしてふりかえると、忘れていたことが泉のように湧き上がってくる。「「分割法」考案」はもとの原稿を藤澤先生に閲読していただいた。『パルメニデス』に力点がかかりすぎているから、その辺は削ったほうがよかろうという批評であった。辞去する前に、こういう場合、論文の末尾に「某先生の御批正を仰いだ」という後書きがあるのをみかけるが、どうみても権威づけにしか思えないので、そういうことはしたくないと申し上げた。先生は笑った。「脱喩化の途」については中畑正志君をまじえて討議していただいた。しかしあまり進展はないままに中座した先生の所持していた『西洋古典学研究』をのぞいてみると、「〈範型／似像〉関係から類似の分離を断行すべきである」という私の主張の欄外に「無理無理」という鉛筆書きがあった。私としては、「似ている、いや似ていない」の論争は不毛で、論争の舞台を変える必要があると考え、いわば肉を切らせて骨を断つという戦略を採用しただけであったのだが。先生は『プラトンの哲学』で、別に私に宛てたものではないが、「何かがイデアに似ているなら、イデア＝原物もその似像に似ている（ソクラテスの肖像画がソクラテスに似ているなら、ソクラテスもその肖像画に似ている）というのは、たしかにふつうの語感としてはおかしい」ことを認めつつ、「似ている」という事柄自体にさかのぼり、「AがBに似ているならBもAに似ている」という双方向的な関係は、「たとえBが原物そのもので、Aが似像であったとしても、真であるといわねばならない」。「私は、……プラトン学者がなぜこれを有効な反論であると考えたのか、まったく理解に苦しむ」と書かれている。肉を切らせるつもりが骨まで断ち切られていたかもしれない。

第八章については、これはもとから抱いていたテーマについて時間をかけて熟考しようと思っていたのが、『理想』の「プラトン特集」で急遽、寄稿を求められたため、未熟なままに世に送り出すことになってしまった。これも今回は「洞窟の世界」に改題し、またもとはなかった節題をつけ、さらに第三節の「二世界論」を書き足した。二〇〇四年に青土社から出された『現代思想』増刊号にプラトンの『国家』の案内を書いたとき、世にいうプラトンの「二世界論」に触れたのだが、枚数の制約があって語り残したことが多かったので、この機会に補った。第九章「「自然主義のドグマ」との対決」は、藤澤令夫「知るもの、生きるもの、動くもの」、松永雄二「或る出発点の思考」の露払いぐらい以上のものではない。

第三部「迂回」についてはとくに言うべきことはない。「〈私〉」は対話篇の注解を変則的に行ったもので、書いているときはそれなりに楽しかった。「技術」について関心をもたれた方には、藤澤先生の「いま「技術」とは」と併読することをお勧めする。最後の第十二章は苦い思い出である。「エピステーメーとテクネー」という題の論稿を求められ引き受けたのだが、その後で、勤務先の定員削減（教員養成課程の定員を減らせという官からの命令）という事態が起こり、その対策の責任者に任命されてしまった。眼の前が真っ暗になった。それから一年後、岩波の編集者から悲鳴の声がとどいた。第一回配本なのに、おまえの原稿だけができあがらないので、落ちてしまう。編者からも強い叱責のファックスが送られてきた。勤務先には、病気で倒れたということにしてもらった。仮病をつかった三日間で書き上げたものである。編集者も懲り懲りしただろうが、私も懲りた。

最後に、捨子を拾い養い親となってくださった廣川洋一先生、出版に向けて労を惜しまれなかった京都大学学術出版会（前編集長）の小野利家氏、編集を担当された私と同門の（『プラトンのミュートス』の著者）國方栄二氏に、あらためてお礼を申し上げたい。それから二年前に、私の勤務先の滋賀大学教育学部の学生だった森本智君、野村昇吾君、前田麻澄さん、坂口弥生さんに原稿の電子化を、今回は索引づくりを、いま学部四回生の稲館彩子さんに手伝ってもらった。

これらの人びとの助けがなければこの本はできなかったので、ともに喜んでもらえれば、これほど嬉しいことはない。

ペリクレス Pericles　7-11, 22-23
ヘロドトス Herodotos　13, 32, 35n.11, 325, 350n.5
ホッブス Hobbes　301
ホメロス Homeros　10, 18
ホワイトヘッド Whitehead, A.N.　250n.5, 316n.15-16, 335, 351n.13

マ行

松永雄二　68n.8, 93n.1, 178n.1, 277n.1
マンシオン Mansion, S.　147n.3

ヤ行

吉田雅章　277n.3

ラ行

ライル Ryle, G.　178n.6
リュシアス Lysias　19
ロス Ross, W.D.　178n.4, 179n.14

セヤー Sayer, K.M.　179n.15
ゼノン(エレアの) Zenon　64
ソクラテス Socrates　11,20,22-23,26-34,37,47-48,55,64,91,98-101,110-111,114,116-118,120n.1,133,146,149-150,172,182,185,212,233-234,236,248-249,255-261,266-267,277,319-320,337-340,348
ゾロアスター Zoroaster　205
ソロン Solon　6,325

タ行

ダイダロス Daidaros　117-118,315n.2
田中美知太郎　34n.2,35n.21,n.25,68n.1
谷川俊太郎　121
タラン Tarán, L.　250n.1
タレス Thales　34n.10,323-324,329,334-335
チャーニス Cherniss, H.　147n.4,148n.12,201n.4,350n.6
テアイテトス Theaitetos　14,319
ディオゲネス(シノペの) Diogenes　152-153,155,160,315n.2
ディオゲネス・ラエルティオス Diogenes Laertios　21
テイシアス Teisias　23
テイラー Taylor, A.E.　93n.2
テオドロス Theodoros　14
デカルト Descartes　299-300,303-306,309,
デニストン Denniston, J.D.　35n.18
デモクリトス Democritos　13,315n.5,331,336-337
トゥキュディデス Thucydides　10,34n.1,n.5-6,n.9

ナ行

中畑正志　68n.2
野田又夫　316n.8,n.17
野家啓一　279n.9

ハ行

朴一功　68n.5
ハムリン Hamlyn, D.W.　201n.5
ハクフォース Hackforth, R.　93n.1-4,179n.11,180n.22
バーネット Burnet, J.　35n.15,250n.4,251n.6,323,350n.4
バーフォード Barford, R.　147n.5
バーリン Berlin, I　316n.9
パルメニデス Parmenides　133,146,170,172,182,184-185
ヒッピアス Hippias　12,18,20
ヒッポクラテス Hippocrates　13
ヒッポダマス Hippodamas　15
ピロストラトス Philostratos　35n.13
ピンダロス Pindaros　95
ヒンティッカ Hintikka, J.　316n.9
ファイン Fine, G.　202n.13
ファインマン Feynman, R.　322-323,350n.3
藤澤令夫　69n.9,n.11,178n.1,179n.8,n.18,180n.20,n.23,202n.9,251n.12,316n.6-7
ブラック Bluck, R.S.　93n.2,178n.4,179n.12,202n.10
プラトン Platon　9, passim
フリーマン Freeman, K.　35n.14
プルタルコス Plutarchos　34n.7,35n.22
プロタゴラス Protagoras　12-17,20-23,113,218-222,284-286,315n.4
プロディコス Prodicos　12,18
プロメテウス Prometheus　16,281-285,311,329
ペック Peck, A.L.　202n.11
ヘシオドス Hesiodos　18,281,315n.1
ヘラクレイトス Heracleitos　34n.10,191,224,232

人名索引

307n.3 は、本書の 307 頁注(3)を指す。

ア行

アイスキュロス Aischylos　281, 284, 315n.3
アクリル Ackrill, J.L.　137-138, 147n.9, 179n.6
アナクサゴラス Anaxagoras　91, 231-233, 340
アナクシマンドロス Anaximandros　324, 329, 334-335, 350n.6, 351n.11
アナクシメネス Anaximenes　324, 330, 334, 351n.11
アニュトス Anytos　32
アラン Alain　209
アリストテレス Aristoteles　23, 35n.19,n.23, 120n.2, 122, 125, 134, 143, 203-207, 210, 273, 286, 292, 295-296, 298-299, 301, 306-308, 312, 325, 327-331, 342, 344-345, 347, 350n.7, 351n.11
アリストパネス Aristophanes　20, 28
アレクサンドロス(アプロディシアスの) Alexandros　122, 147n.1, 350n.7
アレン Allen, R.E.　201n.1
アンスコム Anscombe, E.　279n.8
イェーガー Jaeger, W.　205
イソクラテス Isocrates　19
ヴィーコ Vico　301-303, 316n.11-12
内山勝利　316n.18
ウィリアムズ Williams, C.J.F.　202n.13
ヴラストス Vlastos, G.　250n.4, 251n.10
エウクレイデス Eucleides　350n.7
エウリピデス Euripides　7
エピクラテス Epicrates　152
エンペドクレス Empedocles　338-339, 351n.14
オーウェン Owen, G.E.L.　147n.2,n.7,n.10, 148n.13, 178n.1, 179n.19, 201n.3
大森荘蔵　316n.14, 335

カ行

カスタニエダ Castaneda, H.-N.　277n.4
加藤信朗　68n.7, 277n.2
カーファード Kerferd, G.B.　35n.10
久保正彰　34n.9
コストマン Kostman, J.P.　201n.6, 202n.7
コズマン Kosman, L.A.　278n.7
ガリレオ Galilei　305-306
カルミデス Charmides　255-256, 260, 266
ガレノス Galenos　336
カント Kant　332-333
ギャロップ Gallop, D.　147n.8
クセノクラテス Xenocrates　147n.11
クセノポン Xenophon　26, 35n.17,n.24
クラッセン Classen, C.J.　35n.16
クリティアス Critias　255-256, 259, 265-267
クレイステネス Cleisthenes　6
コラクス Corax　23
ゴルギアス Gorgias　12, 19, 23-25, 118
コーンフォード Cornford, F.M.　251n.11

サ行

シモニデス Simonides　18
ショーペンハウアー Schopenhauer　333
ジマーン Zimmern, A.　34n.3
シュレーディンガー Schrödinger, E.　333-337, 351n.8-10
ストラング Strang, C.　148n.14, 178n.1
スピノザ Spinoza　333
セネカ Seneca　315n.2

出典索引

307n.3 は、本書の 307 頁注(3)を、また括弧内の数字は当該注が現れる頁を指す。

［著者略歴］
小池　澄夫（こいけ　すみお）

滋賀大学教育学部教授
1949年　長野県生まれ
1979年　京都大学大学院文学研究科博士課程単位取得退学
1984年　滋賀大学教育学部講師を経て現職

主な著訳書
『コピー』現代哲学の冒険（共著、岩波書店）
『ソクラテス以前の哲学者断片集』（共訳、岩波書店）
イソクラテス『弁論集』１～２（京都大学学術出版会）

イデアへの途《みち》

2007年9月15日　初刷第一刷発行

著　者　小　池　澄　夫
発行者　加　藤　重　樹
発行所　京都大学学術出版会
京都市左京区吉田河原町15-9
京大会館内　（606-8305）
電　話　075 - 761 - 6182
ＦＡＸ　075 - 761 - 6190
振　替　01000 - 8 - 64677
http://www.kyoto-up.or.jp/
印刷・製本　株式会社 太 洋 社

ISBN978-4-87698-728-3　定価はカバーに表示してあります
Printed in Japan